T0349006

Los náufragos del Wager

DAVID GRANN

Los náufragos del Wager

Historia de un naufragio, un motín y un asesinato

Traducción de Luis Murillo Fort

RANDOM HOUSE

Penguin
Random House
Grupo Editorial

Título original: *The Wager*

Primera edición: febrero de 2025

© 2023, David Grann
Publicado por acuerdo con The Robbins Office, Inc.
Gestión de derechos internacionales: Susanna Lea Associates
© 2025, Penguin Random House Grupo Editorial, S. A. U.
Travessera de Gràcia, 47-49. 08021 Barcelona
© 2025, Luis Murillo, por la traducción

Mapas: Jeffrey L. Ward

Impreso en Colombia - *Printed in Colombia*

ISBN: 978-84-397-4457-3

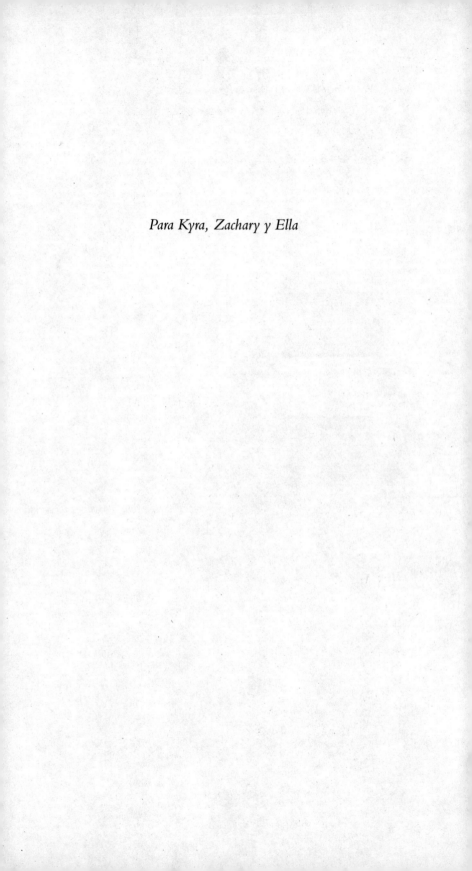

Para Kyra, Zachary y Ella

ÍNDICE

Cada uno es el héroe de su propia historia.

MARY MCCARTHY

Quizá haya una fiera. [...] Quizá la fiera
somos nosotros.

WILLIAM GOLDING,
El señor de las moscas

NOTA DEL AUTOR

Confieso que yo no vi con mis propios ojos cómo chocaba el barco contra las rocas ni cómo la tripulación ataba y amordazaba al capitán. Tampoco fui testigo ocular de los engaños y los asesinatos. No obstante, he dedicado años a rastrear los pecios archivísticos: los cuadernos de bitácora arrojados por las olas, la mohosa correspondencia, los diarios veraces solo a medias, los documentos que han sobrevivido al consejo de guerra. Pero, más importante aún, he estudiado los relatos publicados por aquellos que estuvieron involucrados, personas que no solo fueron testigos de los acontecimientos sino que influyeron directamente en ellos. Intenté hacer acopio de todos los hechos a fin de determinar qué sucedió realmente. Con todo, es imposible eludir los discordantes, y a veces antagónicos, puntos de vista de quienes participaron. Por ello, en lugar de suavizar las diferencias o de matizar las ya matizadas pruebas, he intentado presentar todos los aspectos y dejar que sea el lector quien aporte el veredicto final: el juicio de la historia.

PRÓLOGO

El único testigo imparcial fue el sol. Durante días estuvo observando aquel extraño objeto que se bamboleaba en mitad del océano, sacudido sin piedad por el viento y las olas. En un par de ocasiones la embarcación estuvo a punto de estrellarse contra un arrecife, y aquí se habría acabado esta historia. Sin embargo –tanto si fue cosa del destino, tal como algunos proclamarían después, como si fue simple chiripa–, acabó recalando en una ensenada de la costa sudoriental del Brasil, donde fue visto por algunos habitantes.

Con sus más de quince metros de eslora por tres de manga, puede decirse que era una embarcación en toda regla, si bien parecía que la hubieran armado a base de retales de madera y de tela y luego machacado hasta dejarla irreconocible. Las velas estaban hechas jirones; la botavara, resquebrajada. El casco supuraba agua de mar y del interior emanaba un hedor insoportable. Los observadores, al acercarse más, oyeron sonidos inquietantes: a bordo se apretujaban treinta hombres, todos ellos prácticamente en los huesos. Sus prendas estaban casi desintegradas y sus rostros cubiertos de pelo, enmarañado y salobre como las algas.

Algunos estaban tan débiles que ni levantarse podían. Uno no tardó en exhalar su último suspiro. Pero un individuo que parecía estar al mando se puso en pie con un extraordinario esfuerzo de voluntad y proclamó que eran náufragos del HMS Wager, un buque de guerra británico.

Cuando la noticia llegó a Inglaterra, fue recibida con incredulidad. En septiembre de 1740, en medio de un conflicto imperial con España, el Wager, con unos doscientos cincuenta hombres a bordo entre oficiales y tripulación, había zarpado de Portsmouth como parte de una escuadra con una misión secreta: capturar un galeón español lleno de tesoros y conocido como «el mejor botín de todos los mares». Cerca del cabo de Hornos, en la punta de Sudamérica, la escuadra había sido víctima de un huracán, y se creía que el Wager se había hundido con todos sus ocupantes. Pero 283 días después de haber sido avistado por última vez, esos hombres reaparecieron milagrosamente en Brasil.

Habían naufragado frente a una desolada isla próxima a la costa de Patagonia. La mayoría de los oficiales y tripulantes había perecido, pero ochenta y un supervivientes habían logrado hacerse a la mar en una embarcación improvisada con restos del Wager. Apretujados a bordo hasta el punto de no poder moverse apenas, navegaron en medio de grandes temporales y olas gigantescas, tormentas de hielo y terremotos. Más de cincuenta hombres murieron durante la ardua travesía, y para cuando los pocos que quedaban alcanzaron Brasil tres meses y medio más tarde, habían recorrido casi tres mil millas marinas, una de las más largas singladuras de que se tiene constancia. Los náufragos fueron aclamados por su ingenio y su valor. Como señaló el jefe del grupo, costaba de creer que «la naturaleza humana pudiera soportar las desgracias por las que hemos pasado».

Seis meses después otro bote tocaba tierra; en medio de una ventisca quedó varado en un punto de la costa sudoccidental de Chile. Era una embarcación más pequeña aún, una canoa de madera propulsada por una vela hecha con jirones de manta cosidos entre sí. Iban a bordo otros tres supervivientes y su estado era todavía más aterrador. Estaban medio desnudos, macilentos, y los insectos se cebaban en lo poco que les quedaba de carne. Uno de los tres deliraba de tal manera que, según lo expresó un compañero, «había perdido la cabeza; no se acordaba de nuestros nombres… ni del suyo tampoco».

De vuelta en Inglaterra, una vez recuperados, estos hombres lanzaron un sorprendente alegato contra los compañeros de viaje que habían recalado en Brasil. No eran tales héroes, sino unos amotinados. En la controversia que siguió a dicho anuncio, con acusaciones y contraacusaciones por ambas partes, quedó claro que los oficiales y tripulantes del Wager habían sacado fuerzas de flaqueza para subsistir en la isla bajo circunstancias extremas. Enfrentados a la inanición y a temperaturas bajísimas, decidieron construir un puesto de avanzada y reinstaurar el orden naval. Pero, conforme la situación empeoraba, oficiales y tripulantes del Wager (esos presuntos apóstoles de la Ilustración) cayeron en un estado de depravación digno de Hobbes. Hubo facciones encontradas, saqueos, deserciones, asesinatos. Algunos de los hombres sucumbieron al canibalismo.

De vuelta en Inglaterra, las figuras principales de ambos grupos, junto con sus aliados, fueron convocadas por el Almirantazgo para someterse a un consejo de guerra. El tribunal amenazaba con hacer pública la naturaleza secreta no solo de los acusados, sino también de un imperio cuya autoproclamada misión era propagar la civilización occidental.

Varios de los encausados publicaron sus sensacionalistas –y extremadamente discordantes– relatos de lo que uno de ellos calificó como «turbio e intrincado» asunto. Los informes de la expedición influyeron en filósofos como Rousseau, Voltaire y Montesquieu, como también, más adelante, en Charles Darwin y dos de los grandes novelistas del mar, Herman Melville y Patrick O'Brian. El principal objetivo de los imputados era influir en el Almirantazgo y en la opinión pública. Un superviviente de uno de los grupos redactó lo que según él era una «narración veraz», insistiendo en que «he tenido sumo cuidado de no incluir ni una sola falsedad: toda mentira sería de lo más absurda en un escrito pensado para reivindicar el carácter del autor». El líder del otro bando aseguró, en su propia crónica de los hechos, que sus enemigos habían aportado una «narración imperfecta» y «mancillado nuestros nombres con las peores calumnias». Y juraba: «Nuestro éxito o nuestro fracaso dependen de la verdad; si la verdad no nos apoya, nada podrá hacerlo».

Todos imponemos cierta coherencia —cierto significado— a los caóticos acontecimientos de nuestra existencia personal. Hurgamos entre las imágenes crudas de nuestros recuerdos, seleccionando, puliendo, borrando. Emergemos convertidos en los héroes de nuestra propia historia; es lo que nos permite vivir con lo que hemos hecho… o no hemos hecho.

Pero aquellos hombres creían firmemente que su vida dependía ni más ni menos de las historias que contaran. Si no eran capaces de aportar un relato convincente, podían acabar colgados del penol de un barco.

PRIMERA PARTE

EL MUNDO DE MADERA

1

EL TENIENTE DE NAVÍO

Cada uno de los hombres de la escuadra llevaba consigo, además de un baúl o maleta de marinero, su propia y gravosa historia. Quizá tenía que ver con un amor despechado, o con una secreta condena a prisión, o con una esposa embarazada que lo veía zarpar entre lágrimas. Quizás era hambre de fama y dinero, o miedo a la muerte. David Cheap, teniente de navío del Centurion, el buque insignia de la escuadra, no era una excepción. Escocés corpulento de cuarenta y pocos años, nariz prominente y mirada intensa, Cheap estaba huyendo: de peleas con su hermano sobre la herencia familiar, de acreedores que le perseguían, de deudas que le impedían encontrar una novia adecuada. En tierra, Cheap parecía un hombre condenado, incapaz de navegar por los inesperados bajíos de la vida. Sin embargo, cuando estaba en el alcázar de un buque de guerra británico, surcando los océanos con la gorra ladeada y un catalejo, irradiaba confianza en sí mismo (algunos dirían que incluso cierta arrogancia). El mundo de madera de un barco —un mundo limitado por el rígido reglamento de la Armada y las leyes del mar y, sobre todo, por la curtida camaradería entre hombres— le había proporcionado un refugio. De repente notó allí un orden diáfano, una claridad de objetivos. Y el último destino del teniente de navío Cheap, pese a los innumerables riesgos que comportaba, desde morir de una epidemia a perecer ahogado o bajo el fuego de cañones enemigos, le brindaba lo que él más ansiaba: una oportunidad de optar por fin al premio más valioso y ascender a capitán de su propio navío, y convertirse así en un señor de los mares.

El problema era que no podía dejar atrás la condenada tierra. Estaba atrapado —como si le hubieran echado una maldición— en el muelle de Portsmouth, junto al canal de la Mancha, poniendo todo su febril pero vano empeño en lograr que el Centurion estuviera debidamente equipado y listo para zarpar. Su imponente casco de madera, de 43 metros de eslora por 12 de manga, permanecía varado en una grada. Carpinteros de ribera, calafates, ebanistas y armadores iban y venían por las cubiertas como ratas (que también abundaban), en medio de una cacofonía de martillos y sierras. En las adoquinadas calles próximas al astillero apenas si cabía un alma, con tantas carretillas y tantos carros tirados por caballos, más un ejército de ganapanes, mendigos, carteristas, marineros de toda ralea y prostitutas. A intervalos regulares, un contramaestre hacía sonar su silbato y momentos después veías salir hombres de las cervecerías, despedirse de antiguos o nuevos amores, y subir corriendo a bordo de sus respectivos barcos para evitar los latigazos del oficial.

Era el mes de enero de 1740 y el Imperio británico se apresuraba a movilizarse para la guerra contra España, su rival imperial. Y en un movimiento que había aumentado repentinamente las expectativas de Cheap, el entonces capitán del Centurion, George Anson, había sido ascendido a comodoro por el Almirantazgo para dirigir la escuadra de cinco barcos de guerra contra los españoles. Fue una decisión inesperada. Como hijo que era de un oscuro caballero rural, Anson no ostentaba el nivel de mecenazgo, la pasta —o «el interés», como se decía en términos más educados— gracias a la cual muchos oficiales subían en el escalafón. Anson, que contaba entonces cuarenta y dos años, había ingresado en la Armada a los catorce y servido durante casi tres décadas sin haber dirigido ninguna campaña militar importante ni pescado un lucrativo botín.

Alto, de rostro alargado y frente alta, tenía como un halo de lejanía. Sus ojos azules eran inescrutables, y apenas si abría la boca como no fuera en compañía de sus pocos amigos de confianza. Un político, tras reunirse con él, comentó: «Para variar, Anson habló poco». Casi nunca escribía cartas, como si dudara de la capacidad de las palabras para transmitir lo que sentía o veía. «Le gustaba muy poco leer, y menos aún escribir o dictar sus propias cartas, y esa aparente indolencia [...] le granjeó la ojeriza de muchos», escribía un pariente suyo. Más adelante un diplomático bromearía diciendo que Anson sabía tan poco de la vida, que había «dado la vuelta al mundo pero sin estar nunca dentro».

Sea como fuere, el Almirantazgo había visto en él lo que Cheap también había detectado en sus dos años como miembro de la tripulación del Centurion: Anson era un formidable hombre de mar. Tenía un gran dominio de aquel mundo de madera, y, lo que es más, un gran dominio de sí mismo: bajo presión se mantenía siempre frío e inalterable. Su pariente señalaba: «Tenía un elevado sentido de la sinceridad y del honor y practicaba ambas cosas a rajatabla». No solo había cautivado a Cheap, sino a todo un séquito de protegidos y oficiales de menor graduación, que competían por ganarse su favor. Más adelante uno de ellos informaría a Anson de que estaba más en deuda con él que con su propio padre, y que estaba dispuesto a hacer cualquier cosa para «estar a la altura de la buena opinión que tiene usted de mí». Si conseguía tener éxito en su nuevo cometido como comodoro de la escuadra, Anson estaría en posición de nombrar al capitán que le pareciera mejor. Y Cheap, que había sido anteriormente segundo teniente a las órdenes de Anson, era ahora su mano derecha.

Al igual que Anson, Cheap había pasado buena parte de su vida en el mar, una existencia dura de la que al principio había confiado en escapar. Como observó una vez Samuel Johnson: «Ningún hombre será marinero si se las apaña para que lo envíen a prisión, pues estar en un barco es como estar en la cárcel, pero con el riesgo añadido de morir ahogado». El padre de Cheap había sido propietario de una gran finca en Fife, Escocia, y era además el segundo Laird de Rossie, uno de esos títulos que sonaban a nobleza aunque no la confirieran del todo. Su lema, esmaltado en la cimera familiar, era *Ditat virtus*: «La virtud enriquece». Tenía siete hijos de su primera esposa y, muerta esta, tuvo seis más con su segunda, entre ellos David.

En 1705, el año en que David cumplía ocho, su padre salió a por un poco de leche de cabra y cayó muerto. Como era costumbre, fue el mayor de los varones –James, hermanastro de David– quien heredó el grueso de la propiedad. Y así David se vio zarandeado por fuerzas que escapaban a su control, en un mundo dividido entre primogénitos y segundones, entre poseedores y desposeídos. Para agravar las cosas, James, convertido ahora en el tercer Laird de Rossie, descuidaba con harta frecuencia el pago de la asignación que les correspondía a sus hermanastros y su hermanastra. Dicen que nobleza obliga, pero será que hay excepciones. Forzado a buscarse la vida, David trabajó de aprendiz con un comerciante, pero sus deudas no menguaban y en 1714, el año en que cumplía diecisiete, se hizo a la mar, decisión que su familia recibió con lógico agrado; como su tutor escribió al primogénito: «Cuanto antes se marche, mejor para ti y para mí».

Después de estos reveses, Cheap solo parecía más consumido aún por sus enconados sueños, más decidido a eludir lo que él llamaba un «desdichado destino». A solas, en un océano alejado del mundo que él conocía, quizá podría probarse a sí mismo frente a los elementos, ya se tratara de hacer frente a tifones, de combatir contra barcos enemigos o de rescatar a sus compañeros de alguna calamidad.

Pero aunque Cheap había perseguido a unos cuantos piratas –incluido el manco irlandés Henry Johnson, que disparaba su arma apoyándola en su muñón–, aquellos primeros viajes le procuraron escasos incidentes. Cheap había sido enviado a patrullar por las Antillas, una misión generalmente considerada entre las peores debido al espectro de enfermedades: la fiebre amarilla, la disentería, el dengue, el cólera.

Pero Cheap había aguantado. ¿No era acaso un punto a su favor? Es más, se había ganado la confianza de Anson hasta ascender a teniente de navío. Sin duda contribuyó a ello el desdén que compartían por la cháchara imprudente, o lo que Cheap consideraba un «asunto de vapores». Un pastor escocés que con el tiempo trabaría amistad con Cheap señalaba que Anson lo había contratado porque era «un hombre juicioso y con conocimientos». Cheap, antaño acuciado por las deudas, estaba solo a un peldaño de su codiciada condición de capitán de navío. Y ahora que había estallado la guerra con España, estaba a punto de conocer lo que era una batalla naval en toda regla.

Este conflicto bélico era la consecuencia de la interminable competencia entre las potencias europeas por ensanchar sus respectivos imperios. Rivalizaban entre ellas por conquistar o dominar cada vez más territorio con el objeto de explotar y monopolizar los valiosos recursos naturales y mercados de otras naciones. Eso supuso someter y destruir innumerables pueblos indígenas, cosa que justificaban asegurando que se trataba de propagar la «civilización» –incluso cuando se trataba del cada vez más amplio mercado de esclavos a uno y otro lado del Atlántico– a los territorios incultos del globo terráqueo. España era desde hacía tiempo el imperio dominante en América del Sur, pero Gran Bretaña, que ya tenía colonias en el litoral oriental de América del Norte, estaba en plena ascensión y decidida a romper el dominio español.

Luego, en 1738, el capitán de un buque mercante, Robert Jenkins, fue convocado en el Parlamento, donde según parece afirmó que un oficial español había atacado su bergantín en el Caribe y, acusándolo de sacar azúcar de contrabando de colonias españolas, le había cortado la oreja izquierda. Parece ser que Jenkins enseñó su apéndice cercenado, que guardaba en conserva dentro de un frasco, y puso su «causa al servicio de mi país». El incidente encendió todavía más las pasiones parlamentarias y la propaganda libelista, y al final la gente reclamó sangre −oreja por oreja− y, ya puestos, un buen botín. El conflicto recibió el nombre de la guerra de la Oreja de Jenkins.

Las autoridades británicas no tardaron en pergeñar un plan para lanzar un ataque contra uno de los núcleos de la riqueza colonial española: Cartagena de Indias. De esta ciudad a orillas del Caribe partía en convoyes armados gran parte de la plata extraída de las minas del Perú. Una impresionante flota compuesta por 186 barcos, al mando del almirante Edward Vernon, llevaría a cabo la que sería la mayor ofensiva anfibia de la historia. Pero hubo otra operación, esta mucho más pequeña: la que se le encomendó al comodoro Anson.

Con cinco barcos de guerra y una balandra de práctico, Anson y unos dos mil hombres debían cruzar el Atlántico y doblar el cabo de Hornos, «tomando, hundiendo, quemando o destruyendo de un modo u otro» barcos enemigos a fin de debilitar las plazas fuertes españolas entre la costa del Pacífico en Sudamérica y las islas Filipinas. Al urdir este plan, el gobierno británico quería evitar la impresión de que estaba fomentando simplemente la piratería. No obstante, el objetivo principal exigía recurrir al puro y simple robo: apoderarse de un galeón español cargado con plata virgen y cientos de millares de monedas de plata. Dos veces al año España enviaba un galeón así (no era siempre el mismo barco) desde México hasta las Filipinas para comprar allí sedas, especias y otros productos asiáticos, que eran vendidos a su vez en Europa y en las Américas. Estos intercambios eran cruciales para el funcionamiento del imperio comercial español.

Cheap y el resto de los que tenían órdenes de llevar a cabo la misión apenas si sabían nada de lo que se traían entre manos quienes estaban al mando, pero una seductora perspectiva les sirvió de acicate: conseguir una parte del tesoro. El capellán del Centurion, el reverendo Richard Walter, de veintidós años, que luego redactaría una crónica de la singladura, describía el galeón como «el botín más deseable que nadie pudiera imaginar en cualquier parte del globo terráqueo».

Si Anson y sus hombres triunfaban —«si Dios tiene a bien bendecir a nuestras fuerzas», en palabras del Almirantazgo—, seguirían circunnavegando la Tierra antes de regresar a casa. Le habían proporcionado a Anson un código cifrado para sus comunicaciones por escrito, y un oficial le advirtió de que la misión debía ser llevada a cabo «en el mayor de los secretos y de la manera más expeditiva posible». De lo contrario, la escuadra de Anson podía llegar a ser interceptada y destruida por la numerosa armada española que estaba siendo reunida bajo el mando de don José Pizarro.

A Cheap le esperaba la travesía más larga de cuantas había vivido hasta entonces (podía estar fuera tres años), y la más arriesgada de todas. Pero él se veía como un caballero errante de los mares en busca del «mayor botín de todos los océanos». Y, de paso, tal vez ascendería a capitán de navío.

Pero Cheap temía que, si la escuadra no zarpaba pronto, podría acabar aniquilada por una fuerza más peligrosa aún que la armada española: los turbulentos mares del cabo de Hornos. Solo unos pocos marinos británicos habían logrado sobrevivir a unos vientos que soplan continuamente con la fuerza de una galerna, a unas olas que pueden alcanzar casi treinta metros de altura y a unos icebergs que acechan por doquier. Los hombres de mar pensaban que el mejor momento para doblar el cabo de Hornos era durante el verano austral, entre diciembre y febrero. El reverendo Walter citaba esta «máxima vital» explicando que en invierno no solo el mar era más fiero y las temperaturas más gélidas; había también menos horas de luz diurna en las que poder divisar la no cartografiada costa. Por todo ello, argumentaba, navegar cerca de aquel desconocido litoral era «de lo más angustioso y terrible».

Pero desde que se había declarado la guerra, en octubre de 1739, el Centurion y los otros buques de la escuadra –incluidos el Gloucester, el Pearl y el Severn– estaban atracados en Inglaterra a la espera de ser reparados y equipados para la nueva singladura. Los días pasaban despacio y Cheap no podía hacer nada al respecto. Llegó el mes de enero de 1740 y todo seguía igual; otro tanto en febrero y marzo siguientes. Estaban en guerra con España desde hacía casi medio año, pero la escuadra aún no estaba lista para zarpar.

Debía de ser todo un espectáculo. Los barcos de guerra se contaban entre las máquinas más sofisticadas creadas hasta la fecha: castillos de madera flotantes que surcaban los mares a fuerza de viento y velamen. En consonancia con la naturaleza dual de quienes los habían concebido, estaban pensados para ser instrumentos de muerte y, a la vez, hogar para cientos de marineros que vivían juntos como una familia. En una suerte de mortífera partida de ajedrez naval, estos barcos eran desplegados alrededor del globo para conseguir lo que sir Walter Raleigh imaginó en su día: «Aquel que domina los mares domina el comercio del mundo; aquel que domina el comercio del mundo domina también sus riquezas».

Cheap sabía hasta qué punto el Centurion era un buen barco. Veloz y robusto, y con un peso de unas mil toneladas, tenía, como los otros barcos de guerra de la escuadra de Anson, tres imponentes mástiles con vergas cruzadas (los palos desde los que se largan las velas). El Centurion podía desplegar hasta dieciocho velas a la vez. El casco relucía de barniz, y en la popa, pintadas en relieve dorado, llevaba varias figuras de la mitología griega, entre ellas Poseidón. En la proa lucía un león de casi cinco metros tallado en madera y pintado de rojo. Para aumentar las probabilidades de sobrevivir a los cañonazos del enemigo, el casco tenía doble tablazón; en algunos puntos el grosor era de más de un palmo. El barco contaba con varias cubiertas superpuestas, dos de las cuales tenían hileras de cañones en ambos costados, cuyas negras y amenazadoras bocas asomaban de troneras cuadradas. Augustus Keppel, guardiamarina de quince años que era uno de los protegidos de Anson, se jactaba de que ningún otro barco de guerra tenía «nada que hacer» contra el poderoso Centurion.

Pero construir, reparar y equipar un bajel de estas características era un empeño hercúleo incluso en las mejores circunstancias; en un periodo de guerra, era un caos. Los astilleros reales, que se contaban entre los más grandes del mundo, no daban abasto: barcos con vías de agua, barcos a medio construir, barcos que había que cargar y descargar. Los buques de Anson estaban en la zona que se conocía como Rotten Row. Por muy sofisticados que fueran los buques de guerra con todo su trapo y su mortífera artillería, estaban hechos básicamente de materiales sencillos y perecederos: cáñamo, lona y, sobre todo, madera. Para construir un solo buque de guerra de grandes dimensiones podían ser necesarios hasta cuatro mil árboles; dicho de otro modo, talar cuarenta hectáreas de bosque.

Aunque la de roble era la madera de preferencia, también las maderas duras estaban expuestas a los elementos erosionadores de las tormentas y del mar. El *Teredo navalis* –un molusco rojizo que puede alcanzar más de un palmo de longitud– roía los cascos. (Colón perdió dos barcos por ese motivo durante su cuarto viaje al Caribe). Las termitas se cebaban en cubiertas, mástiles y puertas de camarote, lo mismo que el llamado «reloj de la muerte», un escarabajo que perfora la madera. Por si fuera poco, un hongo en particular devoraba el núcleo de madera de la embarcación. En 1684, Samuel Pepys, secretario del Almirantazgo, descubrió estupefacto que numerosos barcos de guerra en construcción estaban ya tan carcomidos que «corrían peligro de hundirse en el amarradero mismo».

Según un importante constructor, un buque de guerra normal duraba solo catorce años. Y para sobrevivir tanto tiempo, había que rehacer prácticamente el barco entero después de cada larga travesía: arboladura, aparejo y recubrimiento nuevos. No hacerlo era exponerse al desastre. En 1782, mientras estaba anclado cerca de Portsmouth y con toda su tripulación a bordo, el Royal George –con sus 55 metros de eslora, el mayor buque de guerra del mundo durante una época– vio cómo su casco empezaba a llenarse de agua. Se hundió sin remedio. La causa fue motivo de debate, pero finalmente una investigación señaló el «estado de podredumbre general de sus maderas». Se calcula que perecieron ahogadas unas novecientas personas.

Cheap se enteró de que una inspección había concluido que el Centurion padecía la lista habitual de heridas marinas. Un constructor apuntó que el recubrimiento de madera del casco estaba «tan carcomido» que habría que arrancarlo y poner uno nuevo. El palo trinquete, hacia la proa, tenía una oquedad podrida de un palmo de hondo y las velas estaban –como Anson anotó en su cuaderno– «muy roídas por las ratas». Los otros cuatro buques de la escuadra se enfrentaban a problemas similares. Para complicar aún más las cosas, cada barco debía llevar toneladas de provisiones, incluyendo sesenta mil metros de cuerda, unos mil cuatrocientos metros cuadrados de vela y toda una granja compuesta de gallinas, cerdos, cabras y ganado bovino. (Subir a bordo semejante colección de animales era un empeño de locos: como se lamentaba un capitán británico, a los cabestros «no les gusta el agua»).

Cheap rogó a la administración naval que acelerara el proceso para terminar los preparativos. Pero ya era cosa sabida en tiempos de guerra: aunque gran parte del país clamaba por entrar en batalla, la gente no estaba dispuesta a pagar suficiente para ello. Y la marina de guerra estaba sometida a muchísima presión. Cheap podía ser muy irascible, su humor cambiaba como lo hace el viento, y ahora se encontraba varado en tierra, ¡como un chupatintas! Fastidió a funcionarios de los astilleros para que sustituyeran el mástil dañado del Centurion, pero ellos insistieron en que aquella oquedad se podía remendar sin más. En vista de ello, Cheap escribió al Almirantazgo condenando aquella «extraña manera de razonar», y finalmente se salió con la suya. Pero a costa de perder más tiempo.

¿Y dónde estaba el bastardo de la flota, el Wager? A diferencia de otros barcos de guerra, no había nacido para la batalla; originalmente faenaba como buque mercante sobre todo en las Indias Orientales. Pensado para grandes cargamentos, era un navío barrigón y difícil de gobernar, un engendro de setenta metros de eslora. Iniciada la contienda, la Armada, necesitada de barcos, lo había comprado a la Compañía de las Indias Orientales por casi cuatro mil libras esterlinas. Desde entonces, permanecía secuestrado a unos ciento treinta kilómetros al nordeste de Portsmouth, en Deptford, un astillero de la Marina Real a orillas del Támesis, donde estaba experimentando una metamorfosis: los camarotes fueron destrozados, se practicaron agujeros en las paredes exteriores, se anuló una de las escaleras.

Dandy Kidd, el capitán del Wager, supervisaba los trabajos. De cincuenta y seis años de edad y presunto descendiente del bucanero William Kidd de infausto recuerdo, era un marino experimentado… y supersticioso también: veía portentos acechando en las olas y en los propios vientos. Había alcanzado muy recientemente lo que era el sueño de Cheap: gobernar su propio barco. Al menos desde la perspectiva de Cheap, Kidd se había ganado el ascenso, a diferencia del capitán del Gloucester, Richard Norris, cuyo padre, sir John Norris, era un conocido almirante; sir John había contribuido a asegurarle a su hijo un puesto en la escuadra, señalando que habría «acción y también buena fortuna para los que sobrevivieran». El Gloucester fue el único navío de la escuadra en ser reparado con prontitud, lo que provocó las quejas de otro capitán: «Pasé tres semanas en el muelle sin que clavaran un solo clavo, y todo porque el hijo de sir John Norris tenía prioridad».

El capitán Kidd tenía su propia historia. Había dejado en el internado a un hijo de cinco años, llamado también Dandy, pues el niño no tenía madre que lo cuidara. ¿Qué sería de él si su padre no superaba la travesía? Sí, el capitán Kidd temía ya los malos presagios. En el cuaderno de bitácora escribió que su nuevo barco estuvo en un tris de dar la «vuelta de campana», y había advertido al Almirantazgo de que quizás era un barco «raro», en el sentido de que se escoraba de manera poco normal. Para añadir lastre al casco a fin de que no volcara, se cargaron a través de las escotillas más de cuatrocientas toneladas de arrabio y grava en la húmeda, oscura y cavernosa sentina.

Los operarios tuvieron que afanarse en medio de uno de los inviernos más fríos registrados en Inglaterra, y justo cuando el Wager estaba ya listo para navegar, Cheap se enteró de que algo extraordinario había sucedido: el Támesis se heló; gruesas e inquebrantables olas de hielo cubrían el cauce de orilla a orilla. Un funcionario de Deptford aconsejó al Almirantazgo que retuvieran al Wager hasta que el hielo se fundiera. Ello supuso esperar dos meses más, para consternación de Cheap.

En mayo, el antiguo mercante de la Compañía de las Indias Orientales salió por fin de los astilleros convertido en buque de guerra. La Armada clasificaba los barcos por el número de cañones que portaban, y dado que el Wager tenía veintiocho, se lo consideraba de sexta categoría, el rango más bajo. Fue bautizado así en honor de sir Charles Wager, primer lord del Almirantazgo, que a la sazón contaba setenta y cuatro años. El nombre del navío parecía muy adecuado: ¿acaso no estaban jugando todos con sus vidas?*

Mientras el práctico guiaba al Wager corriente abajo por el Támesis, luchando con la marea de aquella importantísima vía comercial, se cruzaron con barcos cargados de azúcar y ron procedentes del Caribe, otros que venían del lado oriental con sedas y especias de Asia, así como balleneros que regresaban del Ártico con aceite de ballena para lámparas y productos de cosmética. En medio de todo ese tráfico fluvial, la quilla del Wager se encalló en un banco de arena. ¡Imaginaos un naufra-

---

* *Wager* significa «apuesta» en inglés. (N. del T.).

gio nada más empezar! Pero el problema quedó pronto solucionado, y en julio el barco llegó por fin al puerto de Portsmouth, donde Cheap le dio un buen repaso. Todo hombre de mar era un implacable observador al que no se le escapaban las elegantes curvas de un barco ni sus patéticos defectos. Y aunque el Wager había adquirido la orgullosa estampa de un buque de guerra, no podía ocultar del todo su antiguo ser, y el capitán Kidd insistió al Almirantazgo —pese a lo tardío de la fecha— para que le dieran al barco una nueva capa de barniz y pintura y quedara así reluciente como los otros.

Hacia mediados de julio, eran ya nueve los incruentos meses transcurridos desde que estallara la guerra. Si la escuadra se daba prisa en zarpar, Cheap confiaba en que podrían alcanzar el cabo de Hornos antes de que terminara el verano austral. Pero a los barcos de guerra les faltaba todavía el elemento más importante de todos: hombres.

Debido a la longitud de la travesía y al carácter anfibio del plan de ataque, cada barco de la escuadra de Anson debía llevar a bordo un número mayor del previsto de marineros e infantes de marina. Se esperaba que el Centurion, un bajel de cuatrocientos hombres, zarpara con alrededor de quinientos, mientras que el Wager llevaría a bordo unos doscientos cincuenta, casi el doble de su dotación habitual.

Cheap se había cansado de esperar a que llegaran tripulantes, pero la Armada había agotado las existencias de voluntarios y en Gran Bretaña no había leva. El «primer» primer ministro, Robert Walpole, advirtió que la falta de tripulación había vuelto inservible un tercio de la flota naval. «¡Oh, gente de mar!», exclamó en el transcurso de una reunión.

Mientras Cheap se las tenía con otros oficiales para conseguir marineros para la escuadra, recibió otra inquietante noticia: los hombres reclutados estaban cayendo enfermos. Sentían que la cabeza les explotaba, los miembros les dolían como si alguien les hubiera dado una paliza. En algunos casos, a estos síntomas se les sumaban diarrea, vómitos, rotura de vasos sanguíneos y fiebres de hasta 41 grados. (Esto conducía al delirio: «cazar al vuelo objetos imaginarios», tal como lo describía un tratado de medicina de la época).

Hubo hombres que sucumbieron antes incluso de hacerse a la mar. Cheap contabilizó al menos doscientos enfermos y más de veinticinco muertos solo en el Centurion. Él había llevado consigo a su joven sobrino Henry para que hiciera su aprendizaje en alta mar, pero ¿y si perecía? El mismo Cheap, aun siendo tan indómito, estaba aquejado de lo que él denominó un «estado muy abúlico de salud».

Fue una devastadora epidemia de «fiebre de los barcos», lo que se conoce ahora como tifus. En aquel entonces nadie entendía que la causa era una bacteria transmitida por piojos y pulgas. Los barcos transportaban multitud de hombres que se apretujaban en lamentables condiciones de falta de higiene, de ahí que se convirtieran en letales transmisores de la infección, más mortíferos que una lluvia de balas de cañón.

Anson dio instrucciones a Cheap de que llevara cuanto antes a los enfermos a un hospital improvisado en Gosport, cerca de Portsmouth, con la esperanza de que se recobraran a tiempo para la travesía. Pero la escuadra seguía necesitando hombres desesperadamente. El hospital no tardó en quedar colapsado y muchos hombres hubieron de ser alojados en tabernas de las cercanías, donde recibían más alcohol que medicinas, y donde a veces tres pacientes debían compartir un solo camastro. Un almirante señaló: «En estas miserables condiciones, mueren muy rápido».

Ante el fracaso de los intentos pacíficos de completar las tripulaciones, la Armada recurrió a lo que el secretario del Almirantazgo no dudó en llamar una táctica «más agresiva». Grupos armados abordaban a marineros para obligarlos a prestar servicio en la flota; de hecho, era un secuestro con todas las de la ley. Dichos grupos recorrían ciudades y pueblos a la caza de todo aquel que tuviera los signos reveladores del hombre de mar: la típica camisa a cuadros y el típico pantalón de rodilleras anchas y el típico gorro; los dedos tiznados de brea, que en un barco era el material empleado para casi todo a la hora de hacerlo más duradero y resistente al agua. (A los marinos se los conocía como «breas»). Las autoridades locales recibieron orden de «apresar a todo marinero, barquero, batelero, pescador y farero que encuentren por el camino».

Un marino explicaría después que en una ocasión, caminando por Londres, un desconocido le tocó en el hombro y exigió saber: «¿En qué barco estás?». El marino negó que fuera un hombre de mar, pero las yemas teñidas de brea lo delataron. Entonces el desconocido hizo sonar un silbato, e instantes después aparecía una cuadrilla. «Me vi rodeado por siete u ocho rufianes; más adelante averigüé que eran una patrulla de leva —escribía el marino—. Me llevaron a rastras por varias calles mientras los viandantes les lanzaban toda clase de improperios, mostrando su solidaridad conmigo». También había patrullas de leva acuáticas; escudriñaban el horizonte a la espera de barcos mercantes, el más fértil de los cotos de caza. Muchas veces, los apresados eran hombres que volvían de lugares muy lejanos y no habían visto desde hacía años a sus familias; dado el riesgo que suponía una nueva y larga travesía, era muy probable que no volvieran a verlos nunca más.

Cheap hizo buenas migas con un joven guardiamarina del Centurion llamado John Campbell, a quien habían obligado a alistarse cuando formaba parte de la tripulación de un mercante. La patrulla había asaltado el barco, y, viendo Campbell que se llevaban a la fuerza y entre lágrimas a un hombre ya mayor, se ofreció a sustituirlo, a lo que el jefe de la patrulla comentó: «Prefiero un joven con arrestos a un viejo que no para de lloriquear».

Dicen que Anson quedó tan impresionado por el gesto de Campbell que lo nombró guardiamarina. Pero la mayor parte de los marinos hizo cuanto estuvo en su mano para escapar de los agentes de reclutamiento, ya fuera escondiéndose en sentinas atestadas, ya haciéndose constar como fallecidos en las listas de personal, ya abandonando barcos mercantes antes de arribar a puerto. En 1755 una patrulla rodeó una iglesia londinense en persecución de un lobo de mar que se hallaba dentro, y este, según informó un periódico, logró escabullirse disfrazado de dama «con una capa larga hasta los pies, capucha y bonete».

Aquellos que no lograron escapar fueron transportados en las bodegas de barcos pequeños conocidos como gabarras, que eran como mazmorras flotantes, con rejas claveteadas sobre las escotillas e infantes de marina montando guardia armados de mosquete y bayoneta. «Pasamos allí apretujados el día y la noche siguientes; no había espacio para estar sentado o de pie separado de los demás —recordaba un marino—. Nuestro estado era verdaderamente lastimoso; muchos de los hombres estaban mareados, unos vomitaban, otros fumaban, mientras que había muchos que se desmayaban por falta de aire, abrumados por la pestilencia reinante».

Las familias, al enterarse de la detención de un hijo, un hermano, un marido, un padre, corrían hasta el lugar de donde zarpaban las gabarras, con la esperanza de ver a sus seres queridos aunque fuera solo un momento. En su diario, Samuel Pepys describe una escena de esposas de marineros apresados en un muelle cercano a la Torre de Londres: «En mi vida he presenciado una manifestación de pasión tan natural como al ver a aquellas mujeres desgañitarse de pena, correr hacia los lotes de hombres que eran conducidos a bordo para buscar a sus maridos respectivos, llorar cada vez que uno de los barcos zarpaba y seguirlo con la mirada hasta que se perdía bajo el claro de luna. Oírlas me causó una gran congoja».

La escuadra de Anson recibió docenas y docenas de hombres obligados a servir. Cheap seleccionó al menos a sesenta y cinco para el Centurion; por muy desagradable que le hubiera parecido el sistema de reclutamiento, necesitaba todos los hombres posibles. Sin embargo, los reclutados a la fuerza desertaban a la primera oportunidad, lo mismo que algunos voluntarios que abrigaban dudas sobre la misión. En un solo día, treinta hombres desaparecieron del Severn. De los enfermos enviados a Gosport, muchos de ellos aprovecharon las laxas medidas de seguridad para fugarse, o, según lo expresó un almirante, para «largarse en cuanto son capaces de ponerse a cuatro patas». Entre una cosa y otra, más de doscientos cuarenta hombres abandonaron la escuadra, entre ellos el capellán del *Gloucester*. Cuando el capitán Kidd envió otra patrulla a reclutar más gente para el *Wager*, seis miembros de la misma desertaron también.

Anson ordenó que la escuadra fondeara lo bastante lejos del puerto de Portsmouth como para que fuera imposible conseguir la libertad a nado, una táctica frecuente que instó a un marino atrapado a escribir estas palabras a su mujer: «Daría lo que fuese, incluso cien guineas si fuera preciso, por llegar a la orilla. Cada noche me quedo tumbado sin más en la cubierta… No tengo ninguna esperanza de poder volver a tu lado… haz lo que buenamente puedas por los niños, que Dios proveerá hasta que yo regrese».

Cheap creía que un buen marino debía poseer «honor, coraje… temple», y es seguro que quedó consternado ante la calidad de los reclutas. Las autoridades locales, sabedoras de la impopularidad de la patrulla de leva, solían deshacerse de los indeseables. Pero estos reclutas eran la escoria, y los voluntarios tampoco eran mucho mejor. A la vista de un grupo de ellos, cierto almirante comentó que «vienen cojitrancos y con sífilis, sarna, mal del rey y sabe Dios qué más, todo lo que han pillado en los hospitales de Londres, y solo servirán para propagar infecciones en los barcos; el resto son en su mayoría ladrones, rateros, purria de [la prisión de] Newgate y la hez misma de Londres». Y concluyó diciendo: «En ninguna de las guerras anteriores vi jamás una caterva de despojos humanos tan lastimosa; en pocas palabras, son tan deleznables que ni siquiera puedo describirlos».

Para solventar, al menos en parte, la escasez de hombres, el gobierno envió a la escuadra de Anson 143 infantes de marina −que en aquellos tiempos era una rama del Ejército de Tierra− con sus propios oficiales. Los infantes de marina debían ayudar en las invasiones terrestres y echar también una mano en el mar. Lo malo es que eran tan bisoños que no habían puesto nunca el pie en un barco y ni siquiera sabían cómo disparar un arma de fuego. El Almirantazgo reconoció que eran «inservibles». A la desesperada, el alto mando tomó la medida radical de reunir para la escuadra de Anson a quinientos soldados inválidos procedentes del Royal Hospital, en Chelsea, un hogar de pensionistas creado en el siglo XVII para veteranos que devinieron «viejos, lisiados o valetudinarios en el servicio a la Corona». Muchos tenían más de sesenta o setenta años, eran reumáticos, duros de oído, medio ciegos, sufrían convulsiones o les faltaba tal o cual miembro o extremidad. A tenor de todo ello, se los había considerado no aptos para el servicio activo. El reverendo Walter dijo de ellos que eran «una colección de los seres más decrépitos y miserables».

De camino a Portsmouth, casi la mitad de dichos inválidos consiguió escurrir el bulto, incluido uno que salió corriendo a la pata (de palo) coja. «Todos aquellos que tenían piernas y fuerzas para hacerlo, desertaron», señalaba el reverendo Walter. Anson suplicó al Almirantazgo que hiciera lo imposible por sustituir aquel «destacamento de viejos achacosos», en palabras de su capellán. Pero no había reclutas disponibles, y cuando Anson despidió a algunos de los más enfermos, sus superiores le ordenaron subirlos de nuevo a bordo.

Cheap vio llegar a aquellos inválidos, muchos de ellos tan débiles que hubo que subirlos a los barcos en camilla. Las caras de miedo hablaban por sí solas: todos estaban convencidos de que zarpaban rumbo a la muerte. Como reconoció el reverendo Walter: «Con toda probabilidad sucumbirán inútilmente a persistentes y dolorosas enfermedades, y todo ello después de haber entregado la actividad y la fortaleza de sus años jóvenes al servicio de su país».

El 23 de agosto de 1740, tras casi un año de demoras, la batalla antes de la batalla tocó a su fin con «todo a punto para dar comienzo a la travesía», según escribió en su diario un oficial del Centurion. Anson ordenó a Cheap que disparara uno de los cañones; era la señal para que la escuadra soltara amarras. Momentos después, la flota (los cinco barcos de guerra, un práctico de veinticinco metros –el Trial–, además de dos pequeños cargueros –el Anna y el Industry– que acompañarían a la escuadra durante una parte de la travesía) cobraba vida. Los oficiales salieron de sus aposentos, los contramaestres hicieron sonar sus silbatos entre gritos de «¡Todos a cubierta!»; la tripulación iba de acá para allá apagando candelas, trincando cois, desplegando velas. Todo cuanto rodeaba a Cheap –que era los ojos y los oídos de Anson– parecía estar en movimiento, y luego también los barcos empezaron a moverse. Adiós a los recaudadores, a los ingratos burócratas, a las frustraciones sin cuento. Adiós a todo eso.

Conforme descendía por el canal de la Mancha en dirección al Atlántico, el convoy fue rodeado por otros barcos que también partían, compitiendo por el viento y el espacio. Varios buques colisionaron, con el subsiguiente pánico entre la gente de a bordo no iniciada en asuntos marineros. Y luego el viento, veleidoso y voluble como los dioses, cambió de dirección y se les puso de cara. La escuadra de Anson, incapaz de hacerle frente, se vio forzada a regresar al punto de partida. Dos veces más se pondría en marcha... para batirse de nuevo en retirada. El 5 de septiembre, el londinense Daily Post informaba de que la escuadra estaba aún «a la espera de vientos favorables». Después de tantos apuros y tribulaciones –los apuros y tribulaciones de Cheap–, parecía que estuvieran condenados a no moverse de aquel sitio.

Pero el 18 de septiembre, cuando el sol estaba poniéndose, notaron una brisa propicia. Hasta algunos de los reclutas más recalcitrantes se alegraron de ponerse finalmente en marcha. Al menos tendrían tareas que cumplir y se distraerían un poco; además, ahora podrían ir en pos de aquella especie de tentación bíblica: el galeón. «A los hombres les animaba la esperanza de hacerse inmensamente ricos —escribió un marinero del Wager en su diario—, y de regresar al cabo de unos años a la patria cargados con las riquezas del enemigo».

Cheap asumió su puesto de mando en el alcázar, una plataforma elevada junto a la popa que hacía las veces de puente de mando y que albergaba la rueda del timón y una brújula. Aspiró el aire salobre y escuchó con atención la espléndida sinfonía que sonaba a su alrededor: el mecerse del casco, el restallar de las drizas, el chapoteo de las olas contra el tajamar. Los barcos avanzaban en elegante formación con el Centurion en cabeza, sus velas desplegadas como alas.

Pasado un tiempo, Anson ordenó izar un gallardete rojo —el de su rango de comodoro de la flota— en el palo mayor del Centurion. Los otros capitanes dispararon cada uno trece cañonazos a modo de salva: una ovación atronadora que dejó una estela de humo en el cielo. Los buques emergieron finalmente del Canal, totalmente renacidos, y Cheap, siempre alerta, observó cómo la orilla iba alejándose hasta que, por fin, no hubo a su alrededor más que el intenso azul del mar.

2

VOLUNTARIO Y CABALLERO

John Byron despertó por los desquiciados gritos del contramaestre del Wager y sus ayudantes anunciando el primer turno de guardia: «¡Arriba, dormilones! ¡Arriba todos!». No eran aún las cuatro de la mañana, todavía de noche, aunque desde su litera en las entrañas del barco Byron no podía verlo. Como guardiamarina a bordo del Wager —tenía solo dieciséis años— su puesto estaba por debajo del alcázar, bajo la cubierta superior e incluso de la cubierta inferior, donde los marineros corrientes dormían en cois suspendidos de las vigas. A Byron le había tocado en suerte estar en la parte de popa del sollado, un agujero húmedo, mal ventilado y desprovisto de luz natural. Por debajo solo quedaba ya la sentina, con sus putrefactas aguas estancas cuyo hedor atosigaba a Byron, que dormía prácticamente encima.

El Wager y el resto de la escuadra llevaban apenas dos semanas en alta mar y Byron no se había aclimatado del todo al entorno. La altura del sollado era inferior a cinco palmos, y si no agachaba la cabeza cuando estaba de pie, se daba con ella contra el techo. Compartía aquel agujero con los otros guardiamarinas. Cada uno disfrutaba de un espacio de poco más de medio metro de ancho en el que colgar el coy; a veces el codo o la rodilla chocaban con el cuerpo del que dormía al lado. Aun así, eran casi dieciocho gloriosos centímetros más que los que tenían asignados los marineros normales, aunque bastante menos de los que los oficiales gozaban en sus literas, sobre todo el capitán, cuyo camarote contiguo al alcázar incluía una alcoba, una zona de comedor y un balcón con vistas al mar. Lo mismo que en tierra firme, había una prima en concepto de espacio: allí donde uno apoyaba la cabeza señalaba el lugar que ocupaba en el orden jerárquico.

La bóveda de roble contenía los pocos objetos que Byron y sus camaradas habían conseguido meter en los baúles de madera donde guardaban todas sus posesiones para la travesía. A bordo, estas cajas hacían las veces de silla, mesa de juegos y escritorio. Un novelista describía el aposento de un guardiamarina del siglo XVIII mencionando las pilas de ropa sucia y «platos, vasos, libros, bicornios, calzas sucias, peines, una camada de ratones blancos y un loro en su jaula». Pero el tótem de las dependencias de cualquier guardiamarina era una mesa lo bastante larga para un cuerpo humano. Allí se amputaban extremidades. Servía también de quirófano para el cirujano, y así la mesa era un recordatorio de los peligros que entrañaba la travesía: una vez que el Wager entró en combate, el hueco de Byron se llenó de serruchos y sangre.

El contramaestre y sus ayudantes los pregoneros seguían dando voces y haciendo sonar sus silbatos. Iban por las diferentes cubiertas farol en mano y se inclinaban sobre marineros soñolientos, gritando: «¡Arriba o al suelo!». A todo aquel que no se levantara le cortarían la cuerda de la que pendía el coy, con el subsiguiente costalazo contra la cubierta. El contramaestre del Wager, un tipo fornido de nombre John King, difícilmente habría tocado a un guardiamarina, pero Byron sabía que era mejor no provocarle. Los contramaestres, responsables de dirigir a la marinería y administrar los castigos —entre ellos azotar a los rebeldes con una vara de bambú—, tenían fama de matones. Con todo, en el caso de King había algo especialmente inquietante. Un miembro de la dotación señaló que King era de «un talante tan irascible y perverso» y utilizaba «un lenguaje tan ofensivo, que no había quien lo aguantara».

Byron tenía que levantarse a toda prisa. No había tiempo para bañarse, cosa que de todos modos apenas hacía nadie, debido a las limitadas existencias de agua; empezó a vestirse, esforzándose por superar la incomodidad que pudiera producirle mostrarse desnudo delante de unos desconocidos y vivir entre tanta inmundicia. Byron venía de uno de los más antiguos linajes de Inglaterra —sus antepasados se remontaban a la conquista de los normandos— y había nacido noble por ambas ramas de la familia. Su padre, ya fallecido, había sido el cuarto lord Byron, mientras que su madre era hija de un barón. Su hermano mayor, el quinto lord Byron, era par de la Casa de los Lores. Y John, por ser el hijo pequeño de un aristócrata, era, en la jerga de la época, un «honorable» caballero.

Qué lejos parecía estar el Wager de Newstead Abbey, la finca familiar de los Byron, con su impresionante castillo, parte del cual había nacido como monasterio en el siglo XII. La propiedad, de un total de 1.200 hectáreas, estaba rodeada por el bosque de Sherwood, legendario escondite del famoso Robin Hood. La madre de Byron había hecho grabar el nombre y fecha de nacimiento de su hijo —8 de noviembre de 1723— en una ventana del monasterio. Aquel joven guardiamarina estaba destinado a ser el abuelo del poeta Lord Byron, que en sus románticos versos evocaría con frecuencia Newstead Abbey. «La mansión propiamente dicha era inmensa y venerable», escribió, y añadía que «causaba una gran impresión, / al menos en aquellos que tienen los ojos en el corazón». Dos años antes de que la escuadra de Anson zarpara de Portsmouth, John Byron, que entonces contaba catorce años, había abandonado la elitista Westminster School para alistarse como voluntario en la Armada. En parte fue porque su hermano mayor, William, había heredado la finca de la familia, junto con la manía que a tantos Byron aquejaba… y que acabaría siendo el motivo de que derrochara la fortuna familiar reduciendo Newstead Abbey a puras ruinas. («La casa de mis antepasados está en decadencia», escribió el poeta). William, que organizaba falsas batallas navales en un lago y que hirió de muerte a un primo suyo en un duelo a espada, era conocido como el Villano o el Lord Malvado.

A John Byron le habían quedado pocos medios para ganarse la vida de manera respetable. Podía entrar en la Iglesia, como hizo más adelante uno de sus hermanos, pero eso era demasiado aburrido para su sensibilidad. Podía optar por el Ejército de Tierra, como tantos otros caballeros, porque pasaban muchos ratos montados a caballo sin hacer nada y dando una imagen de gallardía. Luego estaba la Armada, la Marina Real, donde había que dar el callo y ensuciarse las manos.

Samuel Pepys había intentado fomentar en jóvenes aristócratas y caballeros la idea de que hacerse a la mar era «un honorable servicio». En 1676 instauró una nueva política con el fin de hacer dicho camino más atractivo para jóvenes con privilegios: si realizaban su aprendizaje en un buque de guerra durante al menos seis años y aprobaban un examen oral, serían nombrados oficiales de la Marina Real de Su Majestad. Dichos voluntarios, que a menudo empezaban como sirvientes de un capitán, o lo que se conocía con el apelativo de «muchacho con carta de acreditación», acababan siendo nombrados guardiamarinas, lo cual les confería un estatus ambiguo en un barco de guerra. Obligados a trabajar como marineros normales a fin de que aprendieran «los rudimentos del oficio», se los reconocía también como oficiales en periodo de adiestramiento, futuros tenientes y capitanes de navío, quizás incluso almirantes, y se les permitía estar en el alcázar. Pese a estos alicientes, la carrera naval se consideraba algo indecoroso para una persona con el pedigrí de Byron, toda una «perversión» en palabras de Samuel Johnson, que conocía a la familia. Sin embargo, a John Byron le tentaba mucho la mística del mar. Le fascinaban los libros sobre hombres de mar como sir Francis Drake, hasta el punto de que los había llevado consigo a bordo del Wager, historias de proezas marítimas que atesoraba en su baúl de marinero.

Pero incluso para jóvenes aristócratas atraídos por la vida en el mar, el brusco cambio de circunstancias podía resultar traumático. «¡Dioses, qué diferencia! –recordaba uno de tales guardiamarinas–. Yo me esperaba una casa elegante con cañones en las ventanas, un disciplinado grupo de hombres; en fin, algo así como un Grosvenor Place flotante, un arca de Noé». En cambio, señalaba, la cubierta estaba «sucia, resbaladiza y mojada; los olores eran abominables; la vista en general repugnante; y cuando reparé en el desaliñado atuendo de los guardiamarinas, vestidos con aquellas raídas casacas, aquellos sombríos chubasqueros, aquellos gorros apelmazados, sin guantes y algunos sin zapatos siquiera, olvidé toda la gloria… y, casi por primera vez en mi vida, y ojalá pudiera afirmar que fue la última, saqué el pañuelo, me tapé la cara y lloré como el crío que era entonces».

Aunque a los marineros forzosos y pobres se les daban unas prendas básicas –calzones, lo llamaban–, para evitar lo que se consideraba «nada saludables malos olores» y «repugnante bestialidad», la Marina Real no había establecido aún uniformes oficiales. Pese a que la mayoría de los hombres de la posición de Byron podían permitirse unos encajes y un toque de seda, sus atuendos debían atenerse por lo general a las exigencias de la vida a bordo: un sombrero para protegerse del sol; una chaqueta (normalmente azul) para no coger frío; un pañuelo de cuello, para enjugarse la frente; y unos pantalones, curiosa prenda que habían puesto de moda los marinos. Como la chaqueta, esta prenda era corta para evitar que los hombres se engancharan con los cabos, y cuando había temporal se les daba una capa de protectora –y pegajosa– brea. Incluso vestido de tan humilde guisa, Byron tenía una planta formidable, con aquel cutis pálido y radiante, los grandes e inquisitivos ojos castaños, los bucles de pelo. Más adelante, un observador diría de él que era irresistiblemente guapo, «el campeón de su promoción».

Byron descolgó la hamaca y la enrolló junto con sus sábanas. Luego pasó de una entrecubierta a la siguiente trepando por una serie de escaleras de cuerda, procurando no extraviarse en las ignotas panzas del buque. Por fin, cual minero tiznado de negro, emergió al alcázar por una escotilla y aspiró aire fresco a bocanadas.

La mayor parte de la dotación del buque, Byron incluido, había sido dividida en dos grupos de guardia (cada uno de un centenar de personas) que se alternaban; mientras el grupo al que pertenecía él trabajaba arriba, los que habían estado antes de guardia descansaban abajo, agotados. En medio de la oscuridad, Byron oyó pasos apresurados y toda una babel de acentos. Había hombres de todos los estratos sociales, desde dandis hasta indigentes; estos últimos tenían la paga embargada, pues de otro modo no podían costearse ni los calzones ni los utensilios de comer que proporcionaba Thomas Harvey, el sobrecargo. Además de los artesanos de la profesión naval −carpinteros, toneleros y veleros−, había gente de mil y una ocupaciones.

Entre la tripulación había como mínimo un marinero negro, de Londres. Se llamaba John Duck. La marina británica protegía el comercio de esclavos, pero si un capitán estaba necesitado de hombres con experiencia, muchas veces enrolaba a negros libres. Aunque la sociedad a bordo de un barco no estaba tan rígidamente segregada como su contrapartida en tierra, sí existía mucha discriminación. Y Duck, que no dejó noticia escrita, corría un grave peligro que no afectaba a ningún marinero blanco: en caso de ser capturado en ultramar, podía acabar siendo vendido como esclavo.

A bordo había además docenas de niños −alguno no tenía más de seis años− que deseaban convertirse en marineros u oficiales. Y había viejos muy viejos, como Thomas Maclean, el cocinero, que tenía ochenta y tantos años. Varios miembros de la tripulación eran casados y con hijos; Thomas Clark, el piloto y maestre del barco, había llevado consigo a su hijo menor. Como observó un marino, «se podría decir que un buque de guerra es un epítome del mundo, en el sentido de que hay una muestra de cada carácter, algunos hombres buenos y algunos malos». Entre los últimos, señalaba, había «salteadores, cacos, rateros, libertinos, adúlteros, tahúres, libelistas, buscavidas, impostores, chulos, parásitos, rufianes, farsantes, petimetres venidos a menos».

La marina británica era conocida por su habilidad para hacer de un conjunto de individuos díscolos lo que el viccalmirante Horatio Nelson llamó «una banda de hermanos». Pero el Wager tenía una insólita cantidad de hombres conflictivos y reticentes, entre ellos James Mitchell, el compañero de camarote del carpintero. A Byron le daba más miedo Mitchell que el contramaestre King; parecía arder de furia asesina. Byron aún no conocía a fondo la verdadera naturaleza que anidaba en sus compañeros, o incluso en sí mismo: una larga y peligrosa singladura tenía que sacar inexorablemente a la luz lo más oculto de cada persona.

Byron ocupó su puesto en el alcázar. Los que estaban de guardia hacían algo más que permanecer alertas: participaban en el complejo manejo del buque, un leviatán que jamás dormía y que estaba constantemente en movimiento. Byron, en su calidad de guardiamarina, debía echar una mano en todo, desde recoger velas hasta llevar mensajes de los oficiales. Enseguida descubrió que cada persona tenía su puesto distintivo, que designaba no solo dónde trabajaba en el barco sino también el lugar que ocupaba dentro de la jerarquía. El capitán Kidd, que dirigía el barco desde el alcázar, estaba en el pináculo de dicha estructura. En alta mar, fuera del alcance de cualquier gobierno, su autoridad era enorme. «El capitán, para sus hombres, tenía que ser padre y confesor, juez y jurado —escribía un historiador—. Tenía más poder sobre ellos que el propio rey, pues el rey no podía ordenar que flagelaran a un hombre. El capitán podía ordenarles, y lo hacía, entrar en combate, y de este modo tenía en sus manos la vida y la muerte de toda la tripulación». El teniente Robert Baynes era el segundo de a bordo del Wager. A sus cuarenta años, había servido en la marina durante cerca de una década y presentado elogiosas cartas de acreditación de dos capitanes anteriores. Sin embargo, buera parte de la tripulación lo consideraba un hombre irritantemente dubitativo. Aunque venía de una familia notable (su abuelo, Adam Baynes, había sido parlamentario), muchas veces se referían a él como Beams, «arrogante», lo cual, fuera o no intencionado, le pegaba bastante. Él y otros oficiales de servicio supervisaban las guardias y se aseguraban de que las órdenes del capitán se cumplieran. En su calidad de pilotos, el maestre Clark y sus ayudantes trazaban el rumbo del barco e indicaban al contramaestre la derrota más adecuada; el contramaestre, a su vez, daba instrucciones a los dos timoneles que manejaban el timón de rueda.

Los que no eran marineros sino que estaban allí por su oficio particular formaban su propia unidad social: el velero que remendaba lonas, el armero que afilaba espadas, el carpintero que reparaba mástiles y taponaba peligrosas grietas en el casco, el cirujano que atendía a los enfermos. (A sus ayudantes se los conocía como los chicos de las gachas, por los platos de esa comida que servían habitualmente en la enfermería).

También los marineros estaban separados en función de sus habilidades concretas. Los gavieros, que eran jóvenes y ágiles y admirados por su temeridad, trepaban palos arriba para desaferrar y plegar velas, así como para escrutar el aire cual aves de presa. Luego venían los que estaban asignados al castillo de proa, donde controlaban las velas envergadas en el estay de proa y se ocupaban también de levar y echar las anclas, la mayor de las cuales pesaba unas dos toneladas. Los hombres del castillo solían ser los de mayor experiencia, como atestiguaban los estigmas que años de mar habían dejado en sus cuerpos: dedos retorcidos, piel correosa, cicatrices de latigazos. En el escalón inferior, situados en cubierta junto al ruidoso y defecante ganado, estaban «los del combés», pobres marineros de agua dulce sin experiencia en el mar y relegados a las tareas más rutinarias y desagradables.

Por último, y en una categoría especial, estaban los infantes de marina: soldados separados del Ejército de Tierra que eran también unos pobres marineros de agua dulce. En alta mar, dependían de la autoridad naval y debían obedecer al capitán del Wager, pero estaban al mando de dos oficiales del ejército, un capitán de nombre Robert Pemberton, flaco como una esfinge, y su impulsivo teniente, Thomas Hamilton. Este último había sido asignado en un principio al Centurion, pero lo cambiaron de barco tras enzarzarse en una pelea a cuchillo con otro infante y amenazarlo con un duelo a muerte. En el Wager, los infantes de marina no hacían básicamente más que echar una mano en faenas de fuerza física. De surgir alguna insurrección a bordo, el capitán les ordenaría a ellos sofocarla.

Para que el buque funcionara lo mejor posible, cada uno de los elementos citados debía integrarse en una sola organización perfecta. La ineficacia, las meteduras de pata, la estupidez, la embriaguez... cualquiera de estas cosas podía provocar una catástrofe. He aquí la descripción que un marino hacía de un buque de guerra: «un conjunto de maquinaria *humana* en el que cada hombre es una rueda, un fleje o una polea, todos ellos moviéndose con maravillosa precisión y exactitud obedeciendo a la *voluntad* del maquinista: el todopoderoso capitán».

Por las mañanas, Byron observaba el trabajo de estos componentes. Aún estaba aprendiendo el arte de navegar, iniciándose gradualmente en una civilización tan misteriosa y extraña que a uno de los chicos le parecía estar «siempre dormido o soñando». Es más, se esperaba que Byron, en cuanto que caballero y futuro oficial, aprendiera también dibujo, esgrima y danza... y fingir al menos que entendía algo de latín.

Un capitán británico recomendaba a todo joven oficial en periodo de adiestramiento llevar consigo a bordo una pequeña biblioteca con los clásicos de Virgilio y Ovidio, más poemas de Swift y Milton. «Que cualquier tonto pueda ser marino es una idea equivocada —explicaba el capitán—. No sé de ninguna otra profesión que requiera una educación tan consumada como la de oficial naval. [...] Es preciso que sea un hombre de letras e idiomas, un matemático y un perfecto caballero». Por lo demás, Byron tenía que aprender a gobernar, ayustar, bracear y virar por avante, a interpretar las estrellas y las mareas, a usar un cuadrante para fijar la posición y a medir la velocidad del barco lanzando al agua un cabo provisto de nudos a espacios regulares y contando luego cuántos nudos pasaban entre sus manos en un periodo determinado de tiempo. (Un nudo equivalía a poco más de una milla terrestre por hora).

Necesitaba desentrañar un nuevo y enigmático lenguaje, descifrando para ello un código secreto; de lo contrario sería puesto en ridículo como un marinero de agua dulce más. Si le ordenaban «cazar la escota», pobre de él que fuera a por su mosquete. No debía hablar de letrina sino, antes bien, del beque, que era básicamente un agujero en el castillo de proa por el cual las heces iban a parar al mar. Y no quisiera Dios que se le escapara decir que «iba» en un barco en lugar de «estar» en uno. También a él le colgaron un mote. Los hombres empezaron a llamarle Jack: John Byron se había convertido en Jack Tar, el marino por antonomasia.

En la era de la navegación a vela, cuando navíos propulsados por el viento eran el único puente para cruzar los vastos océanos, el lenguaje náutico era tan ubicuo que fue adaptado por la gente de tierra firme. Expresiones como «a todo trapo», «irse a pique» o «a palo seco» se volvieron populares.

Byron no solo tenía que aprender a hablar como un marino —y a maldecir como tal—, sino también a soportar un régimen punitivo. Su vida diaria estaba gobernada por las campanadas que señalaban el paso de cada media hora en el transcurso de la guardia de cuatro horas. (Media hora se calculaba haciendo vaciarse un reloj de arena). Así, un día tras otro, una noche tras otra, cuando oía tañer las campanas se daba prisa en ocupar su sitio en el alcázar, temblando todo él, las manos callosas, los ojos legañosos. Si quebrantaba las reglas podían atarlo al aparejo o, peor aún, azotarlo con el gato de nueve colas, un látigo provisto de otras tantas correas terminadas en sendos nudos que se clavaban en la piel.

Otra de las cosas que Byron estaba aprendiendo eran los placeres de la vida en el mar. La comida —a base sobre todo de carne salada de buey y de cerdo, guisantes secos, gachas de avena y galletas— era sorprendentemente abundante, y a Byron le gustaba cenar en su cubículo con otros dos guardiamarinas, Isaac Morris y Henry Cozens. Mientras tanto los marineros se congregaban en la cubierta de armas, de cuyo techo colgaban mediante sogas unas tablas de madera que había que bajar para que sirvieran de mesa a unas ocho personas. Dado que cada cual se sentaba con los compañeros de su elección, dichos grupos eran como familias cerradas cuyos miembros se hacían confidencias mientras se deleitaban con la ración diaria de cerveza o aguardiente. Byron estaba empezando a forjar el tipo de amistad profunda que nacía de compartir tan angostos aposentos, y se hizo especialmente amigo de su compañero de rancho Cozens. «Nunca he conocido a nadie de tan buena pasta… —escribió Byron—, cuando estaba sobrio». Había otros momentos de diversión, en especial los domingos, cuando podía darse que un oficial gritara: «¡Todo el mundo a jugar!». Y aquel buque de guerra se transformaba en un área recreativa, con los hombres jugando al backgammon y los muchachos tonteando en las jarcias. Anson se había ganado fama de astuto jugador de cartas (su inexpresiva mirada conseguía enmascarar sus intenciones). El comodoro era también un gran aficionado a la música. Cada grupo tenía al menos uno o dos violinistas, y los marineros ejecutaban gigas y *reels* por la cubierta. Una de las canciones más populares iba sobre la guerra de la Oreja de Jenkins:

> *Las orejas le arrancaron, hendiéronle la nariz,*
> *y entre mofas la oreja le entregaron.*
> *«Llévasela a tu amo», dijéronle con desdén.*

Pero nuestro rey a sus súbditos ama tanto,
que los humos le bajará al altivo monarca hispano.

Lo que más le gustaba a Byron era probablemente sentarse en la cubierta a escuchar historias por boca de los viejos lobos de mar, historias de amores perdidos, de naufragios y batallas gloriosas. Eran historias plenas de vida, la vida de quien las contaba, la vida que había escapado antes a la muerte y que, con un poco de suerte, volvería a hacerlo.

Subyugado por el espíritu romántico de todo ello, Byron inició lo que acabaría convirtiéndose en un hábito: incluir sus propias observaciones en las entradas de su diario. Todo le parecía «de lo más sorprendente» o «asombroso». Tomaba nota de criaturas singulares, como aquella ave exótica –«la más sorprendente que haya visto nunca»– que tenía cabeza de águila y unas plumas que eran «negras como el azabache y brillantes como la mejor de las sedas».

Un día oyó esa aterradora orden que, tarde o temprano, recibe todo guardiamarina: «¡Tú, arriba!». Byron había practicado en el palo de mesana, y ahora le tocaba trepar por el mucho más imponente palo mayor, el más alto de los tres con sus treinta metros aproximados. Una caída desde semejante altura podía acabar con su vida, como le había ocurrido a otro tripulante del Wager. Un capitán británico recordaba que, en una ocasión, cuando dos de sus mejores muchachos estaban trepando por el palo mayor, uno de ellos resbaló y golpeó sin querer al otro, con lo que ambos cayeron en picado. «Dieron de cabeza contra la boca de los cañones. [...] Yo estaba por el alcázar y hube de presenciar aquel horrible espectáculo. No puedo explicar lo que sentí entonces, y ni describir siquiera la congoja que se adueñó de toda la tripulación». Byron tenía sensibilidad artística (un amigo dijo que sentía afinidad por conocedores y entendidos) y era bastante susceptible al hecho de parecer un delicado lechuguino. En una ocasión le dijo a un miembro de la tripulación: «Soy capaz de soportar adversidades como el que más, y debo acostumbrarme a ellas». Empezó a trepar. Era vital hacerlo por el lado de barlovento del palo, de forma que, si el barco se escoraba, su cuerpo quedara al menos pegado a las cuerdas. Resbaló en un larguero y tuvo que apoyar los pies en unos flechastes, cordeles horizontales ligados a los obenques, los cables casi verticales que sujetaban el mástil. Valiéndose de ese entramado a modo de escalera de mano, Byron logró izarse. Ascendió tres metros, luego cinco, después ocho. A cada vaivén del mar, el mástil se bamboleaba hacia delante y hacia atrás, los cabos temblando entre sus manos. Había completado casi un tercio de la ascensión cuando llegó a la altura de la driza principal, la verga que se extendía desde el mástil como los brazos de una cruz y desde la cual se desplegaba la vela mayor. La driza del palo trinquete era donde solían colgar a los condenados por amotinamiento; como se solía decir: «Subes por la calle Escalera, bajas por la avenida Soga».

No mucho más arriba de la driza principal estaba la cofa, una pequeña plataforma donde se apostaba el vigía y donde Byron pudo descansar. La manera más sencilla y segura de acceder allí era meterse por el agujero que había en el centro de la plataforma. Ahora bien, esta opción era considerada estrictamente cosa de palurdos y cobardes. A menos que Byron quisiera ser ridiculizado durante el resto de la travesía (¿y no sería mejor, en tal caso, lanzarse de cabeza a la muerte?), tenía que recorrer el borde de la plataforma agarrándose a unos cables conocidos como arraigada. Estos cables formaban ángulo respecto a la vertical, de modo que su cuerpo fue inclinándose más y más hasta que la espalda le quedó casi paralela a la cubierta. Sin dejarse vencer por el pánico, Byron tanteó con el pie en busca de un flechaste y subió a pulso a la plataforma.

Una vez en la cofa, apenas si tuvo tiempo para celebrarlo. El mástil no era un simple poste de madera muy largo, sino que constaba de tres grandes «palos» empalmados entre sí.

Y Byron solo había escalado la primera de estas secciones. Los obenques convergían conforme él iba ascendiendo, de modo que el espacio entre ellos era cada vez más angosto. Un escalador inexperto lo habría tenido difícil para encontrar dónde apoyar el pie, y a aquella altura no había ya espacio entre los flechastes donde introducir el brazo para descansar unos segundos. Zarandeado por el viento, Byron rebasó la verga de mesana, que era donde iba asegurada la segunda de las velas en tamaño, y después las crucetas, unas piezas de madera donde el vigía podía sentarse y tener una vista más clara. Byron siguió ascendiendo, y cuanto más alto subía, más notaba el bamboleo del mástil, hasta el punto de parecerle que estaba agarrado a la punta de un péndulo gigante. Los obenques que le servían de sujeción daban violentas sacudidas. Para protegerlos de los elementos, estos cables estaban embreados, y el contramaestre era el responsable de que estuvieran siempre en buen estado. Byron se enfrentaba a una ineludible verdad del mundo de madera: la vida de cada hombre dependía del buen hacer de los otros. En ese sentido era como las células del cuerpo humano; una sola célula maligna podía destruir a todas las demás.

Por fin, a casi treinta metros sobre el agua, Byron llegó a la verga de juanete, donde iba colocada la vela más alta del palo macho. Un cabo estaba atado en la base de la verga, y Byron hubo de recorrerlo arrastrando los pies y doblado sobre la verga para no perder el equilibrio. Esperó órdenes: aferrar la vela o arrizarla, es decir recogerla parcialmente para disminuir la cantidad de trapo expuesto a vientos fuertes. Herman Melville, que serviría durante la década de 1840 en un buque de guerra estadounidense, escribía en *Redburn*: «La primera vez arrizamos gavias y juanetes en una noche sin luna, y me vi colgado sobre la verga con once marineros más mientras el barco se encapotaba y se empinaba como un caballo loco. [...] Pero, tras varias repeticiones, me acostumbré a ello». Y agregaba: «Es asombroso lo rápido que un muchacho supera su timidez de trepar a lo alto. En lo que a mí respecta, mis nervios se volvieron tan estables como el diámetro del globo terráqueo. [...] Le encontré gusto a aferrar los juanetes y sobrejuanetes en pleno vendaval, cosa que requería que hubiera dos marineros en la verga. Todo ello provocaba una especie de delirio salvaje, un torrente de sangre en el corazón; y una alegre, excitante y palpitante sensación en el organismo entero cuando el cabeceo del navío te propulsaba hacia las nubes de un cielo tormentoso y te veías allí arriba como un ángel del Juicio Final flotando entre el cielo y la tierra».

Situado ahora en el ápice, muy por encima de todo el ajetreo en las cubiertas del barco, Byron pudo ver el resto de las naves de la escuadra. Y, más allá, el mar: una inmensidad de agua en la que se veía ya dispuesto a escribir su propia historia.

A las cinco de la mañana del 25 de octubre de 1740, treinta y siete días después de que la escuadra zarpara de Inglaterra, un vigía del Severn divisó algo en la primera luz del día. Después de que la tripulación encendiera faroles y disparara varios cañonazos para alertar al resto de la escuadra, Byron lo vio también: un perfil dentado en el borde del mar. «¡Tierra a la vista!». Era Madeira, una isla situada frente a la costa noroccidental de África y conocida por su perenne clima primaveral y sus magníficos vinos, unos vinos que, como señaló el reverendo Walter, parecían «pensados por la Providencia para refrescar a los habitantes de aquella tórrida zona».

La escuadra ancló en una bahía del lado oriental de la isla; era la última parada de la expedición antes de las casi cinco mil millas de travesía atlántica hasta la costa meridional del Brasil. Anson ordenó a la dotación que se apresurara a renovar las existencias de agua y madera y que cargaran abundantes cantidades de aquel preciado vino. Estaba ansioso por partir. Su idea había sido llegar a Madeira en no más de dos semanas, pero, debido a los vientos contrarios, habían tardado tres veces más. Eso significaba renunciar prácticamente a la esperanza de rodear la punta de Sudamérica durante el verano austral.

«Todos teníamos en mente las dificultades y los peligros de doblar el cabo de Hornos en invierno», confesaba el reverendo Walter.

Antes de levar anclas el 3 de noviembre, dos incidentes provocaron nuevos escalofríos entre la flota. Primero, Richard Norris, el capitán del Gloucester e hijo del almirante John Norris, solicitó bruscamente renunciar a su cargo. «Gravemente enfermo desde que partí de Inglaterra —escribía en un mensaje a Anson—, mucho me temo que mi constitución no vaya a permitirme realizar tan larga travesía». El comodoro le concedió lo que pedía, aunque desdeñaba toda falta de valor; tanto es así que más adelante convenció a la Armada de que añadiera una regulación especificando que toda persona hallada culpable de «cobardía, negligencia o deslealtad» durante la batalla «sea condenada a muerte». Incluso el reverendo Walter, a quien otro clérigo describía como «un hombre más bien enclenque, flojo y enfermizo», decía acerca del miedo: «¡Malhadado sea! ¡El miedo es un sentimiento innoble e indigno de todo hombre!». Walter señalaba claramente que Norris «dejó» el mando. Avanzada la guerra, siendo capitán de otro buque, Richard Norris sería acusado de mostrar «exagerados indicios de miedo» al batirse en retirada en plena batalla, y fue juzgado en consejo de guerra. En carta al Almirantazgo, el capitán hizo hincapié en que celebraba la oportunidad de poder «borrar esa infamia que es fruto de la malicia y la falsedad». Sin embargo, antes de la vista Norris desertó y nunca más se supo de él.

La partida de Richard Norris desencadenó un alud de ascensos entre los oficiales al mando. El capitán del Pearl fue asignado al Gloucester, un buque de mayor calado. El capitán del Wager, Dandy Kidd —al que otro oficial describía como un mando «meritorio y compasivo, y respetado por todos a bordo de su nave»—, pasó a capitanear el Pearl. Su puesto en el Wager recayó en George Murray, hijo de aristócrata y antiguo comandante de la balandra Trial.

El Trial era el único barco con una vacante para el puesto de oficial al mando. No había más capitanes entre los que

Anson pudiera elegir, y ello provocó una feroz competencia entre los oficiales de menor graduación. Un cirujano naval comparó una vez los celos y la rivalidad a bordo con las intrigas palaciegas, donde todos «cortejan el favor de un déspota e intentan desacreditar a los rivales». Al final, Anson se decidió por su tenaz teniente de navío, David Cheap.

La suerte de Cheap, por fin, había cambiado. El Trial, con sus ocho cañones, no era un buque de guerra, pero sí un barco con todas las letras. Ahora, en el libro de registro del Trial, su nombre aparecía como «Capitán David Cheap».

A nuevo capitán, nuevas normas; Byron tendría que adaptarse al nuevo comandante del Wager. Es más, debido a los cambios, un desconocido había invadido los abarrotados aposentos de Byron. Dijo llamarse Alexander Campbell. Tenía solo quince años, hablaba con fuerte acento escocés y era un guardiamarina que Murray se había traído del Trial. A diferencia de los otros con los que Byron había trabado amistad, Campbell le pareció arrogante y voluble. Haciendo valer su estatus de futuro oficial ante los marineros corrientes, resultó ser un mezquino tirano que se dedicaba a hacer cumplir a rajatabla las órdenes del capitán, a veces utilizando los puños.

Si la reestructuración en los puestos de mando inquietó a Byron y al resto de los hombres, no les preocupó menos la noticia que el gobernador de Madeira había hecho llegar a Anson: acechando frente a la costa occidental de la isla había una flota española de al menos cinco enormes buques de guerra, entre ellos uno de sesenta y seis cañones con setecientos combatientes a bordo; un cañonero de cincuenta y cuatro piezas con quinientos hombres; y un navío con nada menos que setenta y cuatro cañones y setecientos hombres. La misión de Anson había dejado de ser un secreto: la filtración se confirmó posteriormente, cuando un capitán británico que estaba en el Caribe se apoderó de un barco español con documentos en los que se detallaba toda la «información confidencial» reunida sobre la expedición de Anson. El enemigo estaba al corriente de todo y había enviado una armada al mando de Pizarro. El reverendo Walter escribió que esa flota «estaba pensada para poner fin a nuestra expedición», y añadía: «En fuerza numérica eran claramente superiores».

La escuadra esperó hasta la noche para alejarse de Madeira; Byron y sus compañeros recibieron orden de apagar faroles a bordo para evitar ser detectados. Ya no iban a navegar en secreto. A partir de ahora ellos también eran la presa.

3

EL ARTILLERO

Con su tambor, uno de los infantes de marina del Wager hizo la siniestra llamada de preparación para el abordaje, y hombres y muchachos, medio dormidos y a medio vestir, corrieron a sus puestos de combate en medio de la oscuridad. Despejaron las cubiertas de todo objeto suelto, cualquier cosa que pudiera romperse en mortíferas astillas durante un ataque. Un muchacho de catorce años que sirvió en un buque de guerra británico recordaba que «nunca había visto morir a un hombre», hasta que, durante una escaramuza, una esquirla se le clavó a un compañero «en la coronilla y, al caer muerto, la sangre y los sesos se derramaron por la cubierta». Mayor aún era la amenaza de que el mundo de madera se convirtiera en llamas. Los hombres del Wager llenaron baldes de agua y pusieron a punto los enormes cañones, aquellas bestias de dos toneladas cuyos hocicos se extendían unos dos metros y medio. Un solo cañón necesitaba de al menos seis personas para desatar su fuerza destructiva.

Cada miembro del equipo se movió conforme a su propio designio oculto. El «chico de la pólvora», seleccionado de entre los más jóvenes, fue corriendo a recoger uno de los cartuchos que les estaban pasando desde el polvorín subterráneo, donde se almacenaba bajo llave todo el material explosivo, siempre vigilado por infantes de marina. Allí dentro no se podían encender velas.

El chico se hizo con el cartucho, que contenía varias libras de pólvora, y fue a toda prisa hasta el cañón que le tocaba, cuidando de no tropezar con la maraña de hombres y maquinaria y provocar un incendio explosivo. Otro miembro de su brigada cogió el cartucho y lo introdujo en la boca del cañón. Acto seguido el encargado de la carga metió dentro una bala de hierro colado de ocho kilos y luego un andullo de cuerda para impedir que se moviera de sitio. Cada cañón iba montado sobre una cureña provista de cuatro ruedas de madera, y los hombres, con aparejos de poleas y cables muy gruesos, izaban el cañón y lo hacían avanzar hasta que la boca que asomaba por una de las portas cañoneras. De este modo, los cañones del Wager fueron emergiendo uno tras otros por ambos costados del buque.

Gavieros y trimadores, mientras tanto, se ocupaban del velamen. En el mar, a diferencia de en el campo de batalla, no había una posición fija: el barco se movía siempre con el viento, las olas y las corrientes. Un capitán tenía que adaptarse a estas fuerzas impredecibles así como a los movimientos de un contrincante astuto, lo cual requería una gran pericia táctica en cuanto que artillero y en cuanto que marino. En el fragor del combate, con balas de cañón y de mosquete, con metralla y astillas de dos palmos de largo volando en todas direcciones, el capitán podía necesitar que se izaran o arriaran más velas, ejecutar una virada o una trasluchada, dar caza o poner agua de por medio. Y podía querer embestir con la proa a un buque enemigo para que sus hombres lo abordaran armados de hachas, alfanjes y espadas una vez que los cañonazos daban paso al cuerpo a cuerpo.

Los hombres del Wager trabajaban en silencio para poder oír las órdenes en medio del alboroto: «Perforar cartucho... Apuntar cañón... Prender mecha... ¡Fuego!». El jefe de la brigada clavaba una mecha lenta en el oído del cañón, en su extremo cerrado, y se apartaba de un salto con el resto de los hombres cuando la llama prendía fuego al cartucho y el disparo explotaba con tal fuerza que el cañón retrocedía violentamente, hasta que lo frenaba el braguero. Si uno no se quitaba de en medio a tiempo, quedaba aplastado. Todos los cañones del barco estaban echando fuego; las balas de ocho kilos surcaban el aire a unos 1.300 kilómetros por hora, el humo era cegador, como ensordecedor el estruendo, y las cubiertas temblaban como si el mar estuviera hirviendo.

En medio del calor y de la luz estaba el artillero del Wager, John Bulkeley. Era uno de los pocos miembros de aquella variopinta tripulación que parecían preparados para un ataque. Pero la llamada a las armas resultó ser tan solo un simulacro; el comodoro Anson, tras los últimos informes secretos sobre la acechante armada española, se había vuelto más partidario aún de tener a todo el mundo listo para el combate.

Bulkeley realizó sus tareas con la implacable eficacia de uno de sus fríos y negros cañones. Era un auténtico marino con más de diez años de servicio a sus espaldas. Había empezado su carrera ensuciándose las manos en la cubeta de la brea, aprendiendo junto con los demás del más bajo escalafón a «reírse de la maldad vindicativa», en palabras de un marino, «odiar la opresión, resistir los infortunios». Fue ascendiendo desde los estratos inferiores hasta que, pocos años antes de la travesía de Anson, aprobó un examen oral ante un tribunal de expertos para convertirse en artillero.

A diferencia del capitán y el teniente, que recibían de la Corona sus respectivos encargos y a menudo cambiaban de barco después de una travesía, los especialistas técnicos, tales como el artillero y el carpintero, dependían de la administración de la Marina Real y en teoría siempre estaban asignados a la misma embarcación, es decir que prácticamente vivían allí. Su rango era inferior al de los oficiales, pero, en más de un sentido, eran el corazón del barco: un cuerpo profesional que lo mantenía en buen estado de funcionamiento. Bulkeley era el responsable de todos los instrumentos de muerte a bordo del Wager. El suyo era un papel vital, sobre todo en tiempos de conflicto armado, cosa que quedaba reflejada en el reglamento de la Armada: había más artículos referentes a los deberes del artillero que a los del maestre, o incluso los del teniente de navío. Como lo expresó un capitán de fragata: «El artillero naval debería ser diestro, valiente y cuidadoso, pues en sus manos reside la potencia del navío». El Wager transportaba munición para toda la escuadra y Bulkeley era el rey de un enorme arsenal que incluía suficiente pólvora para volar un pueblo entero.

Devoto cristiano, el artillero esperaba descubrir algún día lo que él llamaba «el Jardín del Señor». Aunque en principio el Wager debía celebrar servicios religiosos dominicales, Bulkeley se lamentaba de que «la oración a bordo se ha descuidado por completo», y añadía que en la Armada «la devoción, de esa manera solemne, se lleva a cabo tan pocas veces que yo solo conozco un ejemplo de ello en mis muchos años de experiencia». Llevaba consigo un volumen titulado *La imitación de Cristo* y parecía enfocar aquella traicionera singladura, al menos en parte, como una manera de estar más cerca de Dios. Sufrir puede «hacer que un hombre penetre en sí mismo», adoctrinaba el libro, pero, en este mundo de tentaciones, «¿acaso la vida del hombre no es un combate sobre la tierra?». Pese a sus creencias, o tal vez a causa de ellas, Bulkeley dominaba las oscuras artes de la artillería y estaba decidido a hacer del Wager, por echar mano de una de sus frases preferidas, «el terror de todos sus enemigos». Conocía el punto exacto de una ola ascendente en que había que hacer fuego. Mezclaba con mano experta cartuchos y granadas con pólvora compactada, y, en caso de necesidad, tiraba de la espoleta con los dientes. Pero, sobre todo, tenía siempre a buen recaudo la munición que se le encomendaba, sabedor de que si esta caía en manos negligentes o amotinadas podía reventar un barco desde dentro. Un manual de 1747 hacía hincapié en que el artillero debía ser un «un hombre sobrio, cuidadoso y cabal», y se diría que el autor tuvo a Bulkeley en mente cuando señalaba que algunos de los mejores artilleros de la historia procedían de «los estratos inferiores de la tripulación, habiendo accedido a su puesto a fuerza de aplicación y diligencia». Bulkeley era tan bueno en su oficio y generaba tanta confianza que, a diferencia de muchos artilleros navales, fue puesto al mando de uno de los grupos de guardia del Wager. En su diario, y con un deje de orgullo, escribía: «Aunque yo era el artillero del barco, tuve el mando de una guardia durante toda la travesía».

Como señalaba un oficial naval, Bulkeley parecía ser un líder nato. Y, sin embargo, no había ascendido más. A diferencia de su nuevo capitán, George Murray, o del guardiamarina John Byron, él no era un petimetre. No tenía por padre a un barón ni contaba con un mecenas que le allanara el camino hasta el puente de mando. Podía tener un rango superior a Byron, y podía servirle de guía en los entresijos de un buque de guerra, pero socialmente estaba considerado su inferior. Aunque había ejemplos de artilleros que llegaron a capitanes o tenientes de navío, eran casos raros, y Bulkeley era demasiado brusco, demasiado seguro de sí mismo, para halagar a sus superiores, práctica que él juzgaba «degenerada». Como observó el historiador N. A. M. Rodger: «Al muy arraigado estilo inglés, los expertos no ascendían; el mando era siempre para los oficiales, educados solo como marinos».

Bulkeley era sin duda una figura imponente. En cierta ocasión tuvo una pelea con un ayudante de John King, el bravucón contramaestre del Wager. «Me instó a defender mi postura, y yo no tardé en tenerlo dominado», escribió el artillero en su diario. Pero no hay constancia de cuál era su aspecto, si era un hombre alto o bajo, calvo o con mucho pelo, con ojos azules u oscuros. Él no podía permitirse el lujo de que el famoso pintor Joshua Reynolds le hiciera un retrato posando con sus mejores galas y una peluca empolvada, como sí hicieron Anson, Byron y el guardiamarina del Centurion Augustus Keppel. (El retrato de Keppel, hecho a semejanza de la imagen clásica de Apolo, lo representaba plantado en una playa frente a un espumeante mar). Tampoco se sabe apenas nada del pasado de Bulkeley, como si estuviera impregnado de brea al igual que sus callosas manos. En 1729 se casó con una tal Mary Lowe. Tenían cinco hijos: la mayor, Sarah, tenía diez años; el benjamín, George Thomas, menos de un año. Vivían en Portsmouth. Es prácticamente todo cuanto se sabe de él. Bulkeley irrumpe en nuestro relato como uno de aquellos colonos que llegan a la frontera americana sin antecedentes discernibles, alguien a tener en cuenta únicamente por sus actos presentes.

No obstante, podemos vislumbrar algunos de sus pensamientos, ya que sabía escribir, y escribía bien. No estaba obligado, como los oficiales de mayor rango, a llevar un cuaderno de bitácora, pero él lo hacía a pesar de todo. Estos cuadernos, escritos en gruesas hojas de papel con pluma fuente y tinta —tinta que a veces dejaba borrones debido al mecerse del barco o a una rociada de mar— estaban dispuestos en columnas, al pie de las cuales constaba, cada día, la dirección del viento, la ubicación o rumbo del barco y cualquier «observación e incidente reseñables». Se suponía que las entradas debían ser impersonales, como si los elementos pudieran ser refrenados por el simple hecho de codificarlos. Daniel Defoe lamentaba que los cuadernos de bitácora fueran a menudo poco más que «tediosas relaciones de [...] cuántas leguas se recorrieron ese día; de dónde soplaba el viento, cuándo lo hizo con fuerza y cuándo era una brisa». Con todo, los cuadernos de esta índole, en cuanto que reflejo de una travesía, tenían una implícita fuerza narrativa: principio, parte central y desenlace, más algunos giros inesperados. Y había quien insertaba también notas personales. En uno de sus diarios, Bulkeley transcribía una estrofa de un poema:

Osados eran aquellos que primero desplegaron
velas nuevas en lo más crudo del naufragio:
más peligros hallamos ahora del Hombre mismo
que de las rocas, las olas y el viento.

Al término de una travesía, el capitán entregaba al Almirantazgo los cuadernos de bitácora, que proporcionaban copiosa información de cara a construir un imperio: una enciclopedia del mar y de tierras desconocidas. Anson y sus oficiales solían consultar los diarios de los pocos marinos que se habían aventurado a doblar el cabo de Hornos.

Pero hay más. Estos «cuadernos de memoria», como los bautizó un historiador, crearon todo un registro de cualquier percance o acción controvertida ocurridos durante una travesía. En caso necesario podían aportarse como prueba en un consejo de guerra; carreras profesionales y la vida misma podían depender de ellos. Un tratado decimonónico sobre marinería práctica aconsejaba, sobre dichos cuadernos, «llevarlos cuidadosamente, así como evitar toda tachadura y añadidos entre líneas, puesto que siempre levantan sospechas». Y más adelante añadía: «Las entradas deberán hacerse lo antes posible una vez ocurrido el hecho concreto, y no se anotará nada que el primer oficial no esté dispuesto a suscribir ante un tribunal de justicia».

Estos cuadernos de bitácora empezaron a servir de base a populares historias de aventuras. Gracias a las imprentas y a la creciente alfabetización del público, a las que se sumaba la fascinación por territorios hasta entonces desconocidos para los europeos, había una insaciable demanda del tipo de historias que los marineros llevaban mucho tiempo contando a bordo de sus barcos. En 1710, el conde de Shaftesbury observaba que los cuentos del mar eran «en nuestros tiempos lo que los libros de caballería en los de nuestros antepasados». Los libros –que alimentaban la febril imaginación de jóvenes como Byron– solían adoptar un formato cronológico similar al del cuaderno de bitácora, pero con más reflexión personal; el individualismo se colaba en ellos de rondón.

Bulkeley no tenía pensado publicar su diario de a bordo; la autoría de este tipo de escritos cada vez más numeroso estaba básicamente circunscrita a oficiales o a hombres de determinadas posición y clase. Pero, en contraste con el sobrecargo del Trial, Lawrence Millechamp, quien confesaba en su diario cuán «incompetente» se sentía para la tarea de «escribir las páginas siguientes», Bulkeley gozaba poniendo por escrito lo que veía. Eso le daba una voz propia, aunque nadie salvo él llegara a oírla jamás.

Una mañana de noviembre, no mucho después de que Bulkeley y sus compañeros zarparan de Madeira, un vigía apostado en el calcés divisó un navío en el horizonte. Dio la alarma: «¡Barco a la vista!». Anson se aseguró de que los cinco buques de guerra se mantuvieran en formación cerrada a fin de poder establecer rápidamente un frente de batalla; los barcos avanzaban separados por intervalos regulares, como una cadena estirada, para así consolidar su poder y que, si un eslabón flaqueaba, fuera más fácil ayudarlo. Era el modo en que habitualmente se enfrentaban dos flotas de guerra, pero eso iría cambiando hasta culminar el año 1805 en la batalla de Trafalgar, cuando el vicealmirante Horatio Nelson desafió la rígida formación de combate para, según sus palabras, «sorprender y confundir al enemigo» de modo que «no sepa qué es lo que tramo». Incluso en tiempos de Anson, astutos capitanes ocultaban a menudo sus intenciones y se valían del engaño. Por ejemplo, un capitán podía aproximarse al amparo de la niebla y robarle el viento a su adversario bloqueando su velamen. O podía fingir que estaba en apuros y luego lanzar un ataque. O incluso hacerse pasar por amigo, quizá comunicándose en una lengua extranjera, para disparar luego a quemarropa.

Dada la alerta, ahora lo prioritario era determinar si se trataba de un barco enemigo. Un marino explicaba así el protocolo tras avistar un buque desconocido. El capitán le gritó al vigía:

—¡Ah del calcés!

—¡Señor!

—¿Qué tipo de embarcación?

—¡De vela cuadra, señor!

El capitán exigió silencio a proa y a popa y, unos instantes después, volvió a gritar:

—¡Ah del calcés!

–¡Señor!

–¿Qué aspecto tiene?

–Es grande, señor, y viene hacia nosotros.

Oficiales y tripulación del Wager miraron en la dirección indicada tratando de distinguir la nacionalidad del barco y determinar sus intenciones. Pero estaba demasiado lejos, era solo una sombra amenazadora. Anson hizo señales al capitán Cheap, recién entronizado en el alcázar del veloz Trial, para que le diera caza y consiguiera más información. Cheap y sus hombres partieron con todo el trapo desplegado. Mientras tanto, Bulkeley y los demás aguardaron con los cañones otra vez a punto, nerviosos y a la expectativa; era la tensión constante que entrañaba hacer la guerra en un inmenso océano con limitados medios de vigilancia y comunicación.

Al cabo de dos horas, Cheap se acercó amenazadoramente al barco e hizo un disparo de advertencia. El barco viró, permitiendo que Cheap se aproximara. Resultó que solo era un navío holandés con rumbo a las Indias Orientales. Los hombres de la escuadra volvieron a sus puestos de vigilancia: pues el enemigo, como el propio poder oculto del mar, aún podía surgir en el horizonte.

No mucho después de aquello, se produjo un asedio invisible. Pese a que no hubo cañonazos, muchos compañeros de Bulkeley empezaron a caer, como si una fuerza malévola los hubiera golpeado. Los más jóvenes no tenían ya fuerzas para trepar a los mástiles. Los que peor lo pasaban eran los marineros forzosos, que se retorcían en sus hamacas, vomitándose encima o en un balde, con fiebre alta y empapados en sudor. Algunos deliraban y había que vigilar que no cayeran al agua. La bomba bacteriológica del tifus, colocada en los barcos antes de que estos se hicieran a la mar, estaba explotando por toda la flota. «Nuestros hombres estaban cada vez más perturbados y enfermos», comentaba un oficial, y añadía que la fiebre «empieza a reinar entre nosotros».

Cuando la escuadra estaba en Inglaterra, los infectados podían al menos ser llevados a tierra para ser atendidos; ahora estaban atrapados en unos barcos atiborrados de hombres –la distancia social, incluso si hubieran podido entender este concepto, era imposible– y sus cuerpos piojosos se apretujaban contra nuevas víctimas potenciales. Los piojos pasaban de un marinero a otro, y, aunque sus picaduras no eran peligrosas de por sí, los vestigios de heces que depositaban en la herida resultante iban cargados de bacterias. Cuando uno de los afectados se rascaba inocentemente la mordedura –la saliva del piojo producía comezón–, se convertía en un cómplice involuntario de su propia invasión corporal. Los patógenos penetraban en el torrente sanguíneo cual sigiloso pelotón de abordaje, extendiendo el contagio en la savia de toda la escuadra.

Bulkeley no encontró mejor protección que entregarse a Dios con mayor intensidad si cabe. Henry Ettrick, el cirujano del Wager, organizó una enfermería en la cubierta inferior, ya que esta disponía de más espacio donde colgar hamacas que el quirófano de campaña donde los guardiamarinas tenían sus literas. (Cuando un marinero enfermo estaba bajo cubierta, resguardado de los elementos exteriores, se decía que estaba «bajo el tiempo», entendido como condiciones climáticas). Ettrick era un hombre comprometido con sus pacientes y un matasanos muy solvente, capaz de amputar una pierna en cuestión de minutos. Había diseñado lo que él llamaba una «máquina para minimizar las fracturas de muslo», un artilugio de más de seis kilos provisto de una rueda dentada, con el que aseguraba que el paciente se recuperaría sin presentar cojera.

Pese a dichas innovaciones, Ettrick y otros médicos de su época tenían pocos conocimientos científicos de la enfermedad e ignoraban por completo cómo frenar un brote de tifus. El maestro de a bordo en el Centurion, Pascoe Thomas, se quejaba de que las teorías de Ettrick sobre la infección consistían en un mero «torrente de palabras con poco o ningún significado». Como se desconocía aún el concepto de «germen», los instrumentos quirúrgicos no se esterilizaban, de modo que la marinería se devanaba inútilmente los sesos sobre el posible origen de la epidemia. ¿La propagación del tifus era a través del agua, a través de la suciedad? ¿Acaso por un simple contacto o una mirada? En aquel entonces prevalecía la hipótesis de que ciertos ambientes estancados, como los que hay en un barco, emitían olores nocivos que causaban enfermedades en los humanos. Se creía que había algo «en el aire».

Alarmados ante el creciente número de enfermos, los oficiales y los cirujanos de la escuadra de Anson recorrían las cubiertas en busca de posibles culpables: aguas de sentina, velas mohosas, carne rancia, sudor humano, madera podrida, ratas muertas, orines y excrementos, animales sucios, mal aliento. La hediondez había desatado una plaga de bichos, una plaga tan bíblica que, como señaló Millechamp, no era aconsejable «abrir la boca, no fuera que se le colaran a uno garganta abajo». Algunos miembros de la tripulación improvisaron ventiladores con tablas de madera. «Se requerían varios hombres para mover las aspas a fin de remover aquel aire ponzoñoso», recordaba un oficial.

El capitán Murray y los otros oficiales de alta graduación celebraron una reunión de urgencia con Anson. Bulkeley no estuvo entre ellos: ciertas estancias le estaban vedadas. No tardó en enterarse de que los reunidos habían hablado sobre cómo hacer que entrara más aire bajo cubierta. Anson ordenó a los carpinteros que practicaran seis nuevas aberturas en el casco de cada nave, justo por encima de la línea de flotación. Pese a ello, la epidemia no remitió; cada vez había más infectados.

Ettrick y los demás médicos no daban abasto. Tobias Smollett, cuya novela picaresca *Las aventuras de Roderick Random* se inspiró en sus experiencias como ayudante de cirujano naval durante la guerra contra España, escribía acerca de una epidemia: «Me sorprendía mucho menos ver morir hombres a bordo que ver curarse a uno de los enfermos. Tenía allí a unos cincuenta desdichados puestos en hileras, piltrafas humanas, apretujados unos con otros […] y privados de la luz del sol y del aire fresco, sin respirar otra cosa que […] sus propios excrementos y sus cuerpos enfermos». Podía ocurrir que, mientras uno de aquellos pacientes luchaba por su vida lejos de casa, en medio del solitario mar, recibiera la visita de sus compañeros y que estos trataran de darle ánimos; o que, como explicaba un capellán de navío, «derramaran sobre él lágrimas silenciosas, o pronunciaran su nombre transidos de pena».

Un día, a bordo del Wager, varios hombres emergieron de la enfermería portando un alargado fardo. Era el cadáver amortajado de uno de sus compañeros. Siguiendo la tradición, para ser sepultado en el mar, el cuerpo debía ir envuelto en un coy junto con al menos una bala de cañón. (Al zurcir la hamaca, muchas veces el último hilo se hacía pasar por la nariz de la víctima, para asegurarse de que estuviera realmente muerta). El cadáver, en proceso de rigor mortis, era colocado sobre una plancha y envuelto en una bandera británica, de forma que no pareciera tanto una momia. Todos los efectos personales del difunto, su ropa, sus baratijas, su maleta de marinero, eran subastados con el fin de recaudar dinero para su viuda y demás familiares; hasta el más curtido de los hombres ofrecía a veces pujas exorbitantes. «La muerte siempre es algo solemne, pero nunca tanto como en alta mar —recordaba un marinero—. Ese hombre está próximo a ti, a tu lado, oyes su voz, y de un momento para otro se ha muerto y nada salvo un puesto vacío muestra su pérdida. […] Hay siempre una litera desocupada y siempre falta un hombre cuando toca hacer la ronda nocturna. Hay uno menos para coger el timón, y uno menos encaramado contigo a la verga. Echas de menos su forma y el sonido de su voz, pues el hábito te los había hecho casi necesarios, y sientes la pérdida con cada uno de tus sentidos».

Al toque de campana del Wager, Bulkeley, Byron y el resto de los hombres se congregaron en la cubierta, los portalones y las botavaras. También los oficiales y la tripulación de los otros barcos se acercaron, formando así una suerte de procesión fúnebre. El contramaestre gritó: «Sombreros fuera», y todo el mundo se descubrió la cabeza. Rezaron por el muerto, y quién sabe si también por sí mismos.

El capitán Murray pronunció las palabras rituales: «Confiamos así su cuerpo a las profundidades». Después de retirar la bandera, unos hombres levantaron la plancha y el cuerpo se deslizó por ella más allá de la borda. El chapoteo del impacto contra el agua rompió el silencio. Bulkeley y los otros observaron cómo el compañero se hundía bajo el peso de la bala de cañón hasta desaparecer en la que sería su última travesía a lo desconocido.

El 16 de noviembre, los capitanes del Anna y el Industry, los dos cargueros que acompañaban a la escuadra, comunicaron a Anson que habían cumplido con lo que estipulaba su contrato con la Marina Real y que deseaban volver a casa, deseo sin duda alguna acrecentado por la situación sanitaria y la cercanía del cabo de Hornos. Como la escuadra no disponía de espacio para almacenar las provisiones restantes —entre las cuales había toneladas de brandy—, Anson decidió autorizar solamente la partida del Industry, que había demostrado ser un barco poco marinero.

Cada buque de guerra llevaba a bordo al menos cuatro pequeñas embarcaciones de transporte para acarrear material y hombres entre un barco y otro o hasta tierra. La más grande era la lancha de unos once metros de eslora, que, al igual que las otras, podía ir a remos o a vela. Estas pequeñas embarcaciones estaban sujetas a una de las cubiertas, y para iniciar el arduo proceso de transferir los víveres que aún llevaba el Industry, los hombres de Anson empezaron a bajarlas a las turbulentas aguas. Entretanto, muchos de los oficiales y miembros de la tripulación se apresuraron a redactar misivas para que el carguero que partía las llevara a Inglaterra. Podían pasar meses, cuando no años, hasta que tuvieran otra oportunidad de comunicarse con sus seres queridos.

Bulkeley pudo, pues, informar a su mujer y sus hijos de que, pese a que la muerte había diezmado la escuadra en su travesía, él estaba milagrosamente bien de salud. Si los cirujanos no se equivocaban y la fiebre era producto de olores ponzoñosos, ¿por qué unos hombres habían caído enfermos y otros no? Los devotos en general creían que las enfermedades mortales tenían su origen en la perversa condición de los humanos: su holgazanería, su libertinaje, su desenfreno. El primer manual para cirujanos navales, publicado en 1617, advertía de que las plagas eran un medio por el que Dios eliminaba «a los pecadores de la faz de la Tierra». Podía ser que los marineros de Anson estuvieran siendo aniquilados como los egipcios, y que Bulkeley hubiera sido perdonado por algún oculto designio.

El traslado de provisiones desde el Industry se completó la noche del 19 de noviembre. En su diario, Bulkeley escribió sucintamente: «El carguero se ha separado de la escuadra». Ni él ni nadie imaginaban que el Industry sería pronto capturado por los españoles. Las cartas nunca arribaron a su destino.

Llegado el mes de diciembre, eran ya más de sesenta y cinco los miembros de la escuadra que habían sido entregados al mar. La enfermedad, informaba el reverendo Walter, era «no solo terrible en su primera fase, sino que hasta las secuelas resultaron ser fatales para quienes se consideraban recuperados», puesto que «los dejaba siempre en un estado de gran debilidad e indefensión». Aunque el cirujano en jefe del Centurion, que era el médico más experimentado de la escuadra, solo disponía de unos medios muy limitados, trabajó con denuedo para salvar vidas. Pero, el día 10 de diciembre, también él sucumbió.

La escuadra siguió navegando. Bulkeley escrutaba el horizonte en busca de vestigios de tierra firme sudamericana, pero a la vista no había otra cosa que agua. Él era un entendido en los variados matices y formas del mar. Había aguas

cristalinas, aguas desgarradas con blancas crestas, aguas salo-
bres, aguas de un azul transparente, aguas ondulantes, aguas
que destellaban como estrellas bajo la luz del sol. Una vez,
escribió Bulkeley, el mar estaba tan rojo que «parecía sangre».
Pero la escuadra continuaba surcando aquella líquida inmensidad sin que apareciera delante otra cosa que mar, como si el
planeta entero hubiera quedado sumergido.

El 17 de diciembre –seis semanas después de dejar Madeira y tres meses después de zarpar de Inglaterra– Bulkeley divisó un inequívoco borrón en el horizonte: una lengua de
tierra. «A mediodía vimos la isla de Santa Catalina», escribió
entusiasmado en su diario. Muy cercana a la costa meridional
del Brasil, Santa Catalina estaba bajo dominio portugués. (En
1494, a raíz del descubrimiento de Colón, el papa Alejandro VI,
con un arrogante gesto de la mano, había dividido en dos el
mundo de más allá de Europa, otorgando a España el lado
occidental, y las regiones orientales, Brasil incluido, a Portugal). El cabo de Hornos estaba tres mil doscientos kilómetros
al sur de Santa Catalina, y Anson deseaba seguir camino pues
no quería llegar allí entrado ya el invierno. Pero sabía que sus
hombres necesitaban descansar y recuperarse, y era preciso
hacer remiendos en las naves antes de penetrar en regiones
hostiles controladas por España.

Según iban aproximándose a la isla, divisaron frondosos
bosques y montañas que llegaban hasta la misma costa. Una
rama de los indios guaraníes había prosperado allí tiempo
atrás, cazando y pescando, pero después de que exploradores
europeos tomaran contacto en el siglo XVI, y tras la llegada de
colonos portugueses en el siglo siguiente, habían sido diez-
mados por las enfermedades y las persecuciones, esa interminable factura del imperialismo que casi nunca quedó registra-
da en los anales. La isla era ahora pasto de bandidos que, según
el maestro Thomas, habían llegado a Santa Catalina «huyendo
de otras zonas del Brasil para buscar refugio de la justicia».

La escuadra fondeó en un puerto natural y Anson envió de
inmediato a tierra a los centenares de enfermos. Los que es-

taban en condiciones montaron un campamento en un claro de bosque y construyeron refugios con viejos velámenes, que la brisa hinchaba a su paso. Mientras los cirujanos y sus ayudantes asistían a los enfermos, Bulkeley, Byron y otros cazaron monos y jabalíes y lo que el teniente Philip Saumarez describió como un «pájaro muy peculiar, llamado tucán, cuyo plumaje es rojo y amarillo, y con un largo pico que recuerda al carey». Los hombres descubrieron asimismo gran abundancia de plantas medicinales. «Era como estar en una botica», comentaba maravillado el teniente.

No obstante, la enfermedad no soltó su presa, y al menos ochenta de los hombres y muchachos murieron en la isla, siendo enterrados en la arena en fosas someras. En un informe al Almirantazgo, el comodoro Anson hacía constar que, desde que la flota había partido de Inglaterra, ciento sesenta de sus aproximadamente dos mil miembros habían perecido. Y eso que aún no habían entrado en la fase más peligrosa de la singladura.

Bulkeley pasó la Navidad en la isla. Tres marineros murieron aquel día, tiñendo de luto la festividad, y si hubo alguna celebración fue tan escueta que ninguno de los hombres llegó a mencionarla en su diario. A la mañana siguiente volvieron al trabajo: reponer suministros, reparar mástiles y velas, limpiar las cubiertas con vinagre desinfectante. Quemaron carbón dentro de los cascos a fin de exterminar con el humo a las cucarachas y ratas que proliferaban allí, un procedimiento que el maestro Thomas describió como «absolutamente necesario, pues dichos animales son extremadamente molestos». El 18 de enero de 1741, al amanecer, la escuadra puso rumbo al cabo de Hornos.

Poco después, los hombres se vieron inmersos en un tremendo aguacero, el primer indicio del tiempo que les esperaba. En la balandra Trial, ocho jóvenes gavieros estaban en lo alto arrizando una vela cuando el viento partió el mástil, catapultándolos al mar. Siete pudieron ser rescatados, señalaba Millechamp, aunque todo ellos tenían «cortes y magulladuras terribles». El octavo de los hombres había quedado enredado entre los muchos tentáculos del aparejo y murió ahogado.

Cuando la tormenta pasó de largo, Bulkeley advirtió que el Pearl, bajo el mando del capitán Kidd, no se veía por ninguna parte. «Lo perdimos de vista», escribía en su diario. Estuvieron buscándolo durante días, pero no había rastro de la nave, como tampoco de su tripulación. Pasado un mes, se temieron lo peor. Pero luego, el 17 de febrero, un vigía divisó los mástiles del navío. Anson dio órdenes al Gloucester de ir en su busca, pero el Pearl escapó a toda vela, como si sus hombres temieran la presencia del otro barco. Finalmente, el Gloucester llegó a la altura del Pearl, cuyos oficiales explicaron el motivo de su exagerada cautela. Unos días antes, mientras buscaban a la escuadra, habían detectado cinco buques de guerra, uno de los cuales había izado un pabellón rojo, dando a entender que era el buque insignia de la escuadra de Anson. Entusiasmado por el encuentro, el Pearl viró hacia la flota, pero mientras la tripulación descolgaba una lancha para enviar un saludo al comodoro, alguien gritó alertando de que el pabellón tenía algo raro. No eran los barcos de Anson, sino la escuadra española al mando de Pizarro, que había hecho una réplica de la insignia. «El otro barco se situó a distancia de fuego, y fue entonces cuando comprendimos el engaño», informaba un oficial del Pearl.

Los hombres del Pearl tensaron inmediatamente sus velas e intentaron escapar. Mientras eran perseguidos —cinco barcos contra uno—, empezaron a tirar por la borda toneladas de provisiones (cubas de agua, remos, incluso la lancha) para despejar las cubiertas de cara a la batalla y ganar velocidad. Los buques enemigos, con los cañones a punto de disparo, iban acercándose. Delante del Pearl, el mar siempre cambiante se rizó y oscureció, señal —temieron los hombres— de que debajo acechaba un arrecife. Si daban media vuelta, los barcos españoles los pulverizarían; si seguían adelante, podían encallar y hundirse.

Pizarro mandó señales a sus barcos para que se detuvieran. El Pearl continuó su marcha. Al llegar a las ondulaciones, los hombres se agarraron en espera del impacto y la destrucción, pero no hubo nada de nada, ni el más ligero temblor. El motivo de aquella agitación en el agua era que un banco de peces estaba desovando; el barco simplemente se deslizó sobre el cardumen. La escuadra de Pizarro reanudó la persecución, pero el Pearl les había tomado mucha delantera y al ponerse el sol se perdió de vista en la oscuridad.

Mientras Bulkeley y sus colegas de mando valoraban las implicaciones de dicho encuentro (¿cómo iban a gestionar la pérdida de provisiones?, ¿a qué distancia podían estar los barcos de Pizarro?), uno de los oficiales del Pearl informó a Anson de otra cosa que había sucedido al separarse. «Lamento comunicar a Su Señoría —dijo— que nuestro oficial al mando, el capitán Dandy Kidd, ha muerto» de fiebres. Bulkeley había conocido a Kidd durante su estancia en el Wager, y era un buen capitán y buena persona. Según el diario de un oficial, poco antes de fallecer, Kidd había elogiado a sus hombres como «unos tipos valientes» y les había exhortado a obedecer en todo a su nuevo capitán. «No voy a durar mucho —les dijo con un hilo de voz—. Espero haber hecho las paces con Dios». Inquieto por la suerte de su hijo de cinco años, quien al parecer no tenía a nadie más que cuidara de él, redactó su última voluntad y testamento, reservando un dinero para la educación del muchacho y su «progreso en el Mundo».

La muerte de Kidd provocó otra oleada de cambios en las capitanías. Bulkeley se enteró de que el recién nombrado comandante del Wager, Murray, iba a ser ascendido otra vez, ahora para capitanear el Pearl. En cuanto al Wager, iba a tener otro nuevo comandante más, esta vez alguien que no había mandado antes un buque de guerra: David Cheap. Los hombres se preguntaron si Cheap, como el capitán Kidd y el comodoro Anson, entendía que el secreto a la hora de instituir el mando no era tiranizar a los hombres sino convencerlos, incentivarlos y solidarizarse con ellos... o si sería uno de aquellos déspotas que mandaban a golpe de látigo.

Bulkeley raras veces dejaba entrever sentimientos, y en su diario dejó constancia de las novedades como si se tratara simplemente de una prueba más en el eterno «combate sobre la tierra». (Su libro sobre la imitación de Cristo planteaba esta pregunta: «¿Cómo lograrás la corona de la paciencia si ninguna adversidad te acaece?»). Pero esta entrada del diario sí incidía en un detalle inquietante. Bulkeley escribió que el capitán Kidd, en su lecho de muerte, había hecho una profecía relativa a la expedición: «Que acabaría en pobreza, plagas, hambruna, muerte y destrucción».

SEGUNDA PARTE

LA TEMPESTAD

4

NAVEGACIÓN A ESTIMA

Cuando David Cheap puso pie en el Wager, oficiales y tripulación estaban allí para recibirlo con toda la pompa que correspondía a un capitán de un buque de guerra. Sonaron silbatos, se descubrieron cabezas. Pero reinaba una inevitable intranquilidad. Del mismo modo que Cheap escrutaba a sus nuevos hombres –entre ellos el vehemente artillero Bulkeley y el entusiasta guardiamarina Byron–, los hombres observaban a su vez al nuevo capitán. Ahora ya no era uno de «ellos», sino que era el comandante y, a la vez, el responsable de cuantos hombres había a bordo. Como escribió otro oficial, su cargo requería «templanza, entereza, aplomo y abnegación. [...] No solo se espera de él –y solo de él–, sino que se le exhorta a convertir un variopinto conjunto de individuos levantiscos en un ejemplo de disciplina y obediencia colectivas, de forma que [...] la seguridad del barco pueda depositarse en sus manos». A alguien como Cheap, que tanto había soñado con ese momento, sin duda le reconfortaba saber que en el mundo de madera muchas cosas eran estables: una vela era una vela; un timón, un timón. Pero otras facetas eran impredecibles: ¿cómo gestionar las sorpresas? Tal como se preguntaba un recién ascendido a capitán en el relato de Joseph Conrad «El copartícipe secreto», ¿hasta dónde lograría demostrar su «fidelidad a ese ideal de la personalidad que cada hombre construye para sí mismo»?

Pero Cheap no tenía tiempo para filosofar: debía gobernar un barco. Con la ayuda de su fiel sirviente Peter Plastow, se instaló rápidamente en el espacioso camarote que señalaba su nuevo estatus. Dejó allí su arcón, donde guardaba la preciada carta en la que Anson le nombraba capitán del Wager. Acto seguido convocó a la tripulación y se plantó ante ellos en el alcázar. Era su deber recitar los Artículos de Guerra, esto es, treinta y seis normas que regulaban el comportamiento de todos los hombres de a bordo, muchachos incluidos. Enumeró la letanía de rigor –nada de palabrotas, nada de borracheras, nada de actos escandalosos en menoscabo del honor de Dios–, hasta que llegó al Artículo 19. El texto tenía para él un nuevo significado, y Cheap pronunció las palabras de forma terminante: «Ninguna persona que pertenezca a la flota pronunciará una sola palabra de sedición o amotinamiento […] bajo pena de muerte».

Cheap empezó los preparativos para la travesía del cabo de Hornos, la pedregosa y árida isla que constituía el extremo meridional de las Américas. Dado que los mares más meridionales de la Tierra son las únicas aguas en todo el globo que fluyen de manera ininterrumpida, su fuerza es enorme y sus olas se acumulan a lo largo de más de veinte mil kilómetros, ganando potencia en su itinerario entre un océano y otro. Cuando, finalmente, llegan al cabo de Hornos, se ven apretujadas a través de un angosto pasadizo entre los promontorios más meridionales del continente y la parte más septentrional de la península Antártica. Este embudo, conocido como el paso Drake, hace que el torrente líquido sea aún más arrollador. Las corrientes no solo son las de mayor recorrido en todo el globo terráqueo sino también las de mayor potencia, ya que transportan más de ciento diez millones de metros cúbicos de agua por segundo, más de seiscientas veces el caudal del río Amazonas. Y luego están los vientos. Azotando sin tregua desde el Pacífico en dirección este, donde no hay tierras que los paren, adquieren a menudo una fuerza huracanada y pueden alcanzar los trescientos veinte kilómetros por hora. Los hombres de mar se refieren a estas latitudes con nombres que reflejan la creciente intensidad del viento: los Rugientes 40, los Furiosos 50 y los Aulladores 60.

Súmese a eso que el fondo marino de la zona «sube» repentinamente (de cuatrocientos metros de profundidad pasa a apenas cien), lo que, combinado con las otras fuerzas brutas, genera olas de una magnitud aterradora, capaces de empequeñecer un mástil de veinticinco metros de altura. Algunas de estas olas enormes transportan letales témpanos de hielo. Y la colisión de frentes fríos del Antártico y frentes cálidos procedentes del ecuador produce un interminable ciclo de lluvia y niebla, granizo y nieve, truenos y relámpagos.

Un capellán de una expedición británica que descubrió y batalló con estas aguas en el siglo XVI, lo describía como «el mar más demencial de todos». Incluso barcos que lograban doblar el cabo perdían muchas vidas en el proceso, y fueron tantas las expediciones aniquiladas –naufragios, hundimientos, desapariciones– que la mayoría de los países europeos renunció por completo a esa ruta. España optó por pasar cargamentos de un litoral a otro de Panamá, lo que suponía atravesar más de ochenta kilómetros de sofocante jungla donde anidaban mil y una enfermedades. Cualquier cosa para evitar el cabo de Hornos.

Herman Melville, que vivió esa experiencia, la comparaba en *Chaqueta Blanca* al descenso al Infierno en la *Comedia* de Dante. «En esos confines de la tierra no existen otras crónicas», escribió Melville, que restos de vergas y cascos que atestiguan el turbio final «de navíos que zarparon de puerto y de los que nada más se ha sabido». Y continuaba: «¡Impracticable cabo! No importa si lo abordas desde esta o aquella dirección, si desde el este o desde el oeste, con el viento a popa o por el través o navegando en ceñida: Hornos sigue siendo Hornos. [...] Que Dios ayude a los navegantes, a sus esposas e hijos».

Con el paso de los años, los marineros han tratado de encontrar un nombre adecuado para ese camposanto acuático en los confines del globo. Unos lo llaman el «Terrible», otros «Camino de los Muertos». Rudyard Kipling acuñó otra expresión: el «odio ciego de Hornos».

Cheap examinó sus incompletas cartas náuticas. Los nombres de otros puntos de la zona eran igualmente inquietantes: isla de la Desolación; puerto del Hambre; Rocas Engañosas; bahía de las Amistades Cercenadas.

Como el resto de los capitanes de la escuadra, Cheap iba casi a ciegas hacia ese vórtice. Para fijar su posición tenía que calcular los grados de latitud y longitud, es decir, fiarse de las líneas imaginarias trazadas por los cartógrafos. Las líneas latitudinales, que corren en paralelo, indican la distancia al norte o al sur respecto al ecuador. Cheap podía determinar su latitud con cierta facilidad observando la posición del barco en relación con las estrellas. Pero, como documenta Dava Sobel en *Longitude*, calcular esa posición este-oeste era un problema que trajo de cabeza durante siglos a científicos y marinos. Durante la expedición de Fernando de Magallanes —el primero en circunnavegar el globo terráqueo, en 1522—, un amanuense de a bordo escribió que los pilotos «no quieren hablar de la longitud».

Las líneas longitudinales, que corren perpendiculares a las paralelas de latitud, carecen de un punto de referencia fijo como el ecuador. De ahí que los navegantes deban establecer su propia demarcación —el puerto de origen u otra línea arbitraria—, a partir de la cual calcular cuán al este o al oeste se encuentran en cada momento. (Actualmente, Greenwich, en Inglaterra, se toma como meridiano principal y señala los cero grados de longitud). Dado que la longitud representa una distancia en la dirección de la rotación diaria de la Tierra, el tiempo complica aún más su medición. Cada hora del día corresponde a quince grados de longitud. Si el navegante compara la hora exacta a bordo con la de su punto de referencia, podrá calcular la longitud. Pero los relojes del siglo

XVIII no eran fiables, menos todavía en alta mar. Como escribió Isaac Newton: «Debido al movimiento de la nave, a las variaciones de frío y calor, de humedad y sequedad, así como a la diferencia de gravedad en diferentes latitudes, no se ha fabricado aún el reloj idóneo». Cheap llevaba consigo un reloj de bolsillo, de oro, que había conservado pese a sus muchas deudas. Pero era un instrumento demasiado impreciso para servir de ayuda.

¿Cuántos barcos, con sus preciadas vidas y cargamentos, habían naufragado porque la marinería no supo precisar dónde se hallaban? Un litoral a sotavento —es decir, situado en la dirección en la que el barco avanza— podía surgir de repente en plena noche o con niebla densa. En 1707, cuatro buques de guerra británicos se estrellaron contra un islote rocoso frente al extremo sudoccidental de Inglaterra, su propia tierra natal. Perecieron más de mil trescientas personas. Conforme aumentaban las muertes por navegación errática, algunas de las más ilustres mentes científicas intentaron resolver el misterio de la longitud. Galileo y Newton, por ejemplo, pensaban que la clave del enigma estaba en las estrellas, mientras que otros pergeñaron planes absurdos que tenían que ver desde con «gañidos de perros heridos» hasta con los «cañonazos de buques insignia». En 1714, el Parlamento británico aprobó la Ley de Longitud, por la que se ofrecía una recompensa de veinte mil libras —lo que hoy serían unos tres millones y medio de dólares— a quien diera con una solución «viable y útil».

El antiguo barco de Cheap, el Centurion, había desempeñado un importante papel en la comprobación de un nuevo y potencialmente revolucionario método. Cuatro años antes había llevado a bordo a un inventor de cuarenta y tres años llamado John Harrison, recomendado por el primer lord del Almirantazgo, Charles Wager, como un «hombre muy serio e ingenioso». Harrison tenía carta blanca para llevar a cabo una prueba de su nuevo invento: un reloj de unos dos palmos de alto, provisto de unas pesas y brazos oscilantes. El invento estaba en fase de desarrollo, pero cuando Harrison lo utilizó para calibrar la longitud del Centurion, anunció que el barco se había desviado de rumbo… ¡nada menos que sesenta millas! Harrison continuó afinando su cronómetro hasta que, en 1773, a la edad de ochenta años, obtuvo la recompensa anunciada.

Pero ni Cheap ni los otros capitanes disponían de tan milagroso artefacto. En cambio, no les quedaba otra que navegar «a estima», proceso que suponía medir el tiempo con un reloj de arena y la velocidad de la nave mediante una cuerda de nudos sumergida en el mar. El método, que incluía además la intuición respecto a los efectos de vientos y corrientes, se reducía a una conjetura más o menos bien fundada y a una buena dosis de fe ciega. Con demasiada frecuencia, la técnica de navegación a estima, en palabras de Sobel, «era una sentencia de muerte» para el patrón o capitán.

Cheap abrigaba esperanzas, si no en otra cosa, sí al menos en el calendario. Estaban en febrero, lo cual quería decir que la escuadra llegaría a aguas del cabo de Hornos en marzo, antes de que se les echara encima el invierno austral. Contra todo pronóstico, la escuadra lo había logrado. Pero lo que Cheap ignoraba –y como él, el resto de las tripulaciones– era que en realidad el verano no era el momento más seguro para doblar el cabo de este a oeste. Si bien en mayo y en los meses invernales de junio y julio la temperatura del aire es más fría y hay menos luz, los vientos son más suaves y a veces soplan de levante, haciendo más fácil la navegación hacia el Pacífico. Durante el resto del año, las condiciones son más brutales. De hecho, en el mes equinoccial de marzo, cuando el sol está justo encima del ecuador, los vientos de poniente (y con ellos las olas) alcanzan su punto más violento. Es decir que Cheap se dirigía hacia el «odio ciego de Hornos» no solo navegando a estima, sino justo en el momento más peligroso del año.

Pegado a los otros seis barcos de la escuadra, Cheap guio el Wager hacia el sur siguiendo la costa de lo que actualmente es Argentina, al tiempo que ordenaba despejar las cubiertas en previsión de un encuentro con la armada española; asimismo, hizo arrizar las velas y cerrar las escotillas. «Tuvimos un tiempo más o menos tempestuoso, con [...] tanto viento y mar revuelto que el barco se bamboleaba de mala manera», escribió el maestro Thomas.

El Trial aún tenía un mástil partido, y, a fin de repararlo, la escuadra hizo una parada de varios días en el puerto de San Julián. Anteriores exploradores habían dejado constancia de haber visto habitantes en la región, pero ahora aquello parecía abandonado. «Las únicas criaturas reseñables que hemos encontrado son los armadillos, o lo que los marineros llaman puercos con armadura —escribió Millechamp, el sobrecargo del Trial—. Son del tamaño de un gato grande, con un hocico como el de un cerdo y un grueso caparazón [...] lo bastante duro para aguantar un fuerte martillazo».

San Julián no solo era un lugar desolado; era también, a ojos de Cheap y sus hombres, un lúgubre recordatorio de lo que una larga y claustrofóbica travesía puede obrar en la tripulación. Cuando Magallanes fondeó en este puerto el día de Pascua de 1520, varios de sus cada vez más resentidos hombres intentaron deponerlo. Tras sofocar el motín, Magallanes ordenó decapitar a uno de los rebeldes en un islote del puerto natural; después lo hizo descuartizar y ordenó colgar los despojos de una horca improvisada para ejemplo de todos.

Cincuenta y ocho años después, cuando Francis Drake se detuvo en San Julián durante su travesía alrededor del mundo, sospechó también de un amotinamiento en ciernes y acusó a uno de sus hombres, Thomas Doughty, de traición. (Todo apunta a que la acusación era falsa). Doughty suplicó ser llevado a Inglaterra para someterse a un juicio justo, pero Drake respondió que no necesitaba ningún «abogado mañoso», y agregó: «A mí las leyes me traen sin cuidado». En el mismo lugar donde Magallanes había hecho ejecutar al rebelde, Doughty fue decapitado de un hachazo. Drake ordenó que la cabeza, todavía chorreando sangre, fuera mostrada a sus hom-

bres, y exclamó: «¡Mirad! ¡Así es como acaban los traidores!».
Mientras Cheap y los otros capitanes de la escuadra esperaban
a que el mástil del Trial estuviera reparado, uno de los oficiales identificó el punto exacto en que habían tenido lugar las
ejecuciones. La zona, se temía el teniente Saumarez, parecía
ser «asiento de espíritus infernales». El 27 de febrero, Cheap y
el resto de la dotación se alegraron de dejar atrás lo que Drake había bautizado como la isla de la Justicia Verdadera...
o lo que sus hombres llamaron la isla de la Sangre.

Las corrientes empujaron a estos peregrinos hacia el fin del
mundo. El aire era cada vez más frío y cortante; a menudo, la
tablazón de cubierta quedaba espolvoreada de nieve. Cheap
aguantaba en el alcázar, a la intemperie, envuelto en su peculiar uniforme de capitán. Permanecía alerta en todo momento, mirando de vez en cuando por el catalejo. Había pingüinos, que Millechamp describía como «mitad pez, mitad ave
de corral», y había ballenas francas y ballenas jorobadas reso-
plando por sus espiráculos. El impresionable Byron escribiría
después sobre estos mares: «Es increíble la cantidad de ballenas
que hay aquí; resultan un peligro para cualquier barco, y a
punto estuvimos de chocar con una; hubo otra que dejó el
alcázar anegado con su chorro de agua. Son las más grandes
que hemos visto nunca». Y luego estaba el león marino, que
Byron consideraba «un animal bastante peligroso», señalando:
«Me atacó uno cuando yo menos lo esperaba, y me las vi y
me las deseé para librarme de él; son de un tamaño monstruoso y cuando se enfadan emiten un espantoso bramido».
    Continuaron navegando. Mientras la escuadra reseguía el
litoral sudamericano, Cheap pudo contemplar la cordillera
andina, que se extendía a lo largo de todo el continente meridional y cuyos picos nevados alcanzaban, en algunos puntos,
los seis mil metros de altitud. Pronto una neblina persistente
se instaló sobre la superficie del mar a modo de espectral presencia. Le daba a todo, según escribió Millechamp, «un agra-

dable efecto pavoroso». Los objetos parecían mutar. «A veces la tierra parecía alcanzar una altura extraordinaria, con enormes sierras montañosas», escribía Millechamp, pero luego todo se estiraba, doblaba y aplanaba como por arte de magia «Esa misma transformación afectaba a las naves; unas veces parecían enormes castillos en ruinas, otras eran como son, y otras más parecían grandes troncos flotando en el agua». Y concluía: «Daba la impresión de que estábamos en medio de un encantamiento».

Conforme seguían avanzando hacia el sur, Cheap y los suyos dejaron atrás la entrada de una ruta alternativa para llegar al Pacífico, el estrecho de Magallanes, que Anson decidió evitar por ser muy angosto y sinuoso en algunos puntos. Rebasaron los cabos de las Once Mil Vírgenes y del Espíritu Santo. Rebasaron el límite del continente, sin amarre a la vista. Su único punto de referencia estaba al oeste, una isla con una extensión de unos cincuenta mil kilómetros cuadrados y más picos andinos. Thomas, el maestro naval, lamentó que aquellas lúgubres vertientes heladas no tuvieran «ni una sola pizca de verde que alegrara la vista».

La isla en cuestión era la más grande del archipiélago Tierra del Fuego. Magallanes y los suyos dijeron haber visto las llamas de campamentos nativos. Según los conquistadores, los habitantes de esas tierras australes eran una raza de gigantes. El amanuense de Magallanes escribió que uno de ellos era «tan alto que el más alto de nosotros le llegaba por la cintura». La región fue bautizada por Magallanes como la «Patagonia». Puede que el nombre derivara de los pies o patas de sus habitantes, que, según la leyenda, eran mamuts; o podría venir también de una saga medieval donde salía un monstruoso personaje conocido como «el Gran Patagón». Esas ficciones tenían un propósito siniestro: retratando a los nativos como gigantes infrahumanos, los europeos intentaban que su brutal misión de conquista apareciera como una gesta heroica y justificada.

La noche del 6 de marzo, la escuadra se hallaba frente a la punta oriental del archipiélago. Para Cheap y los hombres había llegado la prueba suprema de marinería. Anson ordenó que las tripulaciones esperaran hasta las primeras luces del nuevo día. Al menos, que pudieran ver. El Wager se situó en paralelo a los otros barcos, la proa encarada al viento, balanceándose como si respondiera a un metrónomo. Allá en lo alto, el cielo parecía tan vasto y tan negro como el mismo mar. Los estáis y los obenques vibraban con el fuerte viento.

Cheap ordenó a sus hombres que hicieran los últimos preparativos. Las velas desgastadas fueron sustituidas por velas nuevas, los cañones se amarraron bien, lo mismo que cualquier otro objeto que pudiera convertirse en un proyectil mortífero en plena mar gruesa. Las campanas tañían cada media hora. Casi nadie podía dormir. Pese a su aversión por toda clase de papeleo, Anson había redactado cuidadosas instrucciones para los capitanes, entre ellas destruir dichos planes y cualquier otro documento de carácter confidencial si veían que sus barcos iban a caer en manos del enemigo. Durante la travesía, les apremiaba Anson, los capitanes harían todo lo posible para evitar separarse de la escuadra, o «de lo contrario correrán el más grande peligro». Si se veían forzados a apartarse del grupo, debían seguir la ruta, doblando el cabo y atracando en el lado chileno de la Patagonia, donde debían esperar cincuenta y seis días. «Si en ese tiempo yo no apareciera, deberán deducir que he sufrido algún accidente», escribió Anson. Un punto en concreto quiso dejar muy claro: si él perecía, los demás debían continuar con la misión y seguir la cadena de mando, poniéndose a las órdenes de quien fuera el nuevo oficial de mayor rango.

Nada más rayar el alba, Anson disparó los cañones del Centurion y los siete barcos se pusieron en marcha. En cabeza iban el Trial y el Pearl, sus respectivos vigías apostados en las perchas al objeto de alertar sobre la posible presencia de, en palabras de un oficial, «islas de hielo», y de «hacer las oportunas señales de peligro». El Anna y el Wager, las naves más lentas y menos robustas, formaban la retaguardia. Hacia las diez de la mañana la escuadra se hallaba ya cerca del estrecho de Le Maire, una brecha de unos veinticinco kilómetros de anchura entre Tierra del Fuego y la isla de los Estados, la puerta de entrada al cabo de Hornos. A medida que se adentraban en el pasaje, los barcos fueron aproximándose a Los Estados. El entorno empezó a poner nerviosos a los hombres. «Aunque Tierra del Fuego tenía un aspecto extremadamente desolado y árido», señalaba el reverendo Walter, esta isla «la supera con creces, pues su apariencia salvaje concita ideas de terror». No había otra cosa que rocas hendidas por rayos y por seísmos, pilas de rocas en precario equilibrio unas sobre las otras hasta alcanzar pináculos de helada soledad. Melville escribió que aquellas montañas «se alzaban amenazadoras cual frontera de un mundo otro. Con sus murallas y sus almenas de cristal, recordaban a las atalayas de diamante que puntúan la frontera más lejana del cielo». En su diario, Millechamp describió la isla como la cosa más horrenda que había visto jamás: «un semillero perfecto para la desesperación».

De vez en cuando, un albatros surcaba el aire batiendo su enorme envergadura, la mayor de entre todas las aves; extendidas, sus alas medían tres metros con treinta centímetros. En una expedición británica anterior, un oficial había divisado un albatros cerca de la isla de los Estados y, temiendo que fuera un mal presagio, le disparó. El barco en que navegaba encalló más tarde, incidente que inspiró a Samuel Taylor Coleridge su poema *La balada del viejo marinero*. En él, la muerte del albatros se torna contra el marinero en cuestión, haciendo que sus compañeros mueran de sed:

> *En lugar de la cruz, el Albatros*
> *en torno a mi cuello colgaba.*

A pesar de ello, los hombres de Anson cazaron varias de estas aves. «Recuerdo que pescamos uno con sedal y anzuelo, utilizando como cebo un trozo de tocino», escribía Millechamp. Aunque el albatros pesaba algo más de trece kilos, añadía, «el capitán, el teniente, el cirujano y yo nos lo comimos entero para cenar».

Cheap y sus hombres parecían haber escapado a cualquier tipo de maldición. Pese a algunos acercamientos, habían logrado evitar a la armada de Pizarro, y el cielo ahora estaba azul y el mar asombrosamente sereno. «La mañana de este día, en su bonanza y su resplandor», informaba el reverendo Walter, fue más agradable que cualquiera otra «de las que hemos visto desde que zarpáramos de Inglaterra». Los barcos iban siendo empujados, apaciblemente, hacia el Pacífico. Fue una «travesía prodigiosamente buena», escribió emocionado uno de los capitanes en su diario de a bordo. Convencidos de que la profecía del capitán Kidd estaba equivocada, los hombres empezaron a jactarse de su proeza y a hacer planes sobre lo que cada cual haría con el tesoro que les esperaba. «No pudimos evitar convencernos a nosotros mismos de que la mayor dificultad de nuestra travesía estaba quedando atrás, y que nuestros sueños más optimistas estaban a punto de hacerse realidad», señalaba el reverendo Walter.

Y entonces las nubes se oscurecieron, tapando por completo el sol. Los vientos empezaron a gemir y olas enfurecidas surgieron como de la nada, explotando contra los cascos. Las proas —incluido el león pintado de rojo en el mascarón del Centurion— se hundían en los profundos valles para luego ascender casi en vertical hacia el firmamento. Las velas se convulsionaban, los cabos restallaban, las cuadernas crujían como si fueran a partirse. Aunque los otros barcos iban haciendo camino poco a poco, el Wager, con la rémora de su pesada carga, estaba atrapado entre las furiosas corrientes y, como atraído por una fuerza magnética, iba desplazándose hacia el este, hacia la isla de los Estados. Corría grave peligro de estrellarse y quedar hecho pedazos.

Mientras el resto de la escuadra observaba impotente, Cheap convocó a sus puestos a todos los hombres capaces que había a bordo y empezó a gritarles órdenes. Para reducir velamen, los gavieros treparon a los tambaleantes palos. Como recordaba uno de los que vivió aquella experiencia: «El viento era de tal fuerza que te dejaba literalmente sin respiración. Allá arriba en el penol, con los pies en la relinga, nos agarrábamos a lo que podíamos. Para respirar teníamos que girar la cabeza, de lo contrario el viento te metía el aire garganta abajo. A todo esto, la lluvia nos acribillaba la cara y las piernas desnudas. Yo casi no podía ni abrir los ojos».

Cheap dio instrucciones de aferrar gavias y juanetes y arrizar la mayor. Necesitaba un equilibrio perfecto: suficiente trapo para impulsar la nave lejos de las rocas pero no tanto como para zozobrar. Y no solo eso, necesitaba también que cada uno de sus hombres obrara sin el menor fallo: que el teniente Baynes hiciera gala, siquiera una vez, de gran presencia de ánimo; que el experto artillero, Bulkeley, demostrara su marinería; que el infantil guardiamarina Byron hiciera acopio de valor y le echara una mano a su compinche Henry Cozens; que el muchas veces indisciplinado contramaestre, John King, cumpliera con su deber de mantener a la tripulación en sus puestos; que los timoneles supieran guiar la nave entre las fuertes corrientes; que los hombres del castillo de proa controlasen las velas; y que John Cummins, el carpintero, y su ayudante James Mitchell impidieran que el casco sufriera daños. Incluso los inexpertos marineros en el combés debían arrimar el hombro.

Mientras procuraba mantenerse en pie en el alcázar, el rostro bañado de heladas salpicaduras, Cheap dirigía todas esas fuerzas al objeto de salvar el barco. *Su* barco. Pero cada vez que el Wager empezaba a apartarse un poco de la isla, las corrientes volvían a empujarlo hacia las enormes rocas, contra las cuales el oleaje rompía con estruendo, el agua convertida en polvo líquido. El ruido era ensordecedor. Tal como lo expresó un marinero, la isla parecía obedecer a un solo propósito: «aplastar las vidas de unos frágiles mortales». Pero Cheap mantuvo la compostura y logró controlar todos los elementos del barco hasta que, paulatinamente y de forma extraordinaria, logró domar al Wager y conducirlo a lugar seguro.

A diferencia de ganar una batalla, estas hazañas contra las fuerzas de la naturaleza, a menudo más peligrosas que cualquier enemigo, no solían granjear laureles; o, mejor dicho, nada más allá de lo que un capitán describía como el orgullo de haber cumplido con un deber que afectaba a toda la dotación del barco. El guardiamarina Byron comentaba maravillado que «estuvimos muy cerca de estrellarnos contra las rocas» y que, sin embargo, «pusimos todo nuestro empeño en recuperar el rumbo perdido y volver a nuestro puesto en la formación». El muy curtido Bulkeley valoró la actuación de Cheap como la de «un excelente marino», añadiendo: «En cuanto a arrojo personal, nadie podía hacerle sombra». En aquel momento, que de hecho sería la última oleada de alegría que muchos de ellos volverían a experimentar jamás, Cheap se había convertido en el hombre que siempre había soñado: un señor del mar.

5

TORMENTA DENTRO DE LA TORMENTA

La escuadra hubo de soportar día y noche la acometida del temporal. John Byron observaba asustado las enormes olas que barrían el Wager, zarandeando el buque de treinta y seis metros de eslora como si no fuera más que un patético bote de remos. El agua se colaba prácticamente por todas las costuras del casco, inundando las cubiertas inferiores y haciendo que los hombres hubieran de abandonar sus cois o sus literas; no había ya donde estar «bajo el tiempo». A los hombres les ardían los dedos de agarrar los cabos mojados y las vergas mojadas y los obenques mojados y la mojada rueda del timón y las escalas mojadas y las velas mojadas. Byron, empapado tanto por la lluvia incesante como por las olas, se veía incapaz de mantener seca ni una sola parte de su cuerpo. Todo parecía gotear, arrugarse, descomponerse.

Durante aquel mes de marzo de 1741, mientras la escuadra surcaba la aullante negrura rumbo al huidizo cabo de Hornos (¿en qué punto del mapa se encontraban exactamente?), Byron se esforzaba por mantener su posición en las guardias. Colocaba los pies cual gaucho patizambo, sujetándose a cualquier cosa que pareciera segura para no ser arrojado al espumeante mar. Rayos y relámpagos acribillaban el cielo: la breve luz cegadora daba paso enseguida a una oscuridad aún mayor.

La temperatura continuó bajando hasta que la lluvia se convirtió en granizo y nieve. Los cabos quedaron incrustados de hielo, y varios de los hombres sufrieron congelaciones. «Por debajo de los cuarenta grados de latitud, no existe ley –rezaba un adagio marinero–. Por debajo de los cincuenta, no existe Dios». Y Byron y sus compañeros se hallaban ahora en los Furiosos 50. En esa zona, dejó escrito, el viento sopla «con tal violencia que nada puede resistirlo, y el mar crece a tal altura que puede hacer pedazos cualquier nave». Era, añadía para terminar, «la navegación más insufrible del mundo».

Byron era consciente de que la escuadra necesitaba que todo hombre y muchacho perseverara al máximo, pero casi inmediatamente después de que el Wager cruzara el estrecho de Le Maire, el 7 de marzo, Byron advirtió que muchos de sus compañeros no podían ya levantarse de sus cois. La piel se les volvió azul, y luego negra como el carbón; «una exuberancia –en palabras del reverendo Walter– de carne fungosa». Se les hincharon horriblemente los tobillos, y, fuera lo que fuese que tenían dentro, avanzó cuerpo arriba, afectando a muslos, caderas, hombros, como un corrosivo veneno. El maestro Thomas recordaba que, cuando él pasó ese trance, al principio únicamente notó un dolor suave en el dedo gordo del pie izquierdo, pero poco después se fijó en que tenía nódulos y llagas por todo el cuerpo. Todo ello, escribía, acompañado «de dolores tan excesivos en las articulaciones de rodillas, tobillos y dedos de los pies, que yo pensé, antes de sufrirlos, que la naturaleza humana nunca habría sido capaz de soportarlos». Byron, que contrajo más adelante el horrible trastorno, escribió que producía «el dolor más virulento que se pueda imaginar».

Cuando la lacra empezó a invadir el rostro de los marineros, algunos de ellos adquirieron la apariencia de los monstruos creados por su imaginación. Ojos protuberantes e inyectados en sangre. Dientes que caían, como caía el pelo. Un aliento tan pestilente que un compañero de Byron lo calificó de hedor malsano, como si la muerte se hubiera apoderado ya del enfermo. Los cartílagos que unían entre sí las diferentes partes de la anatomía parecían aflojarse. En algunos casos, reaparecieron incluso antiguas heridas. Un hombre que había resultado herido en la batalla del Boyne, acaecida en Irlanda hacía más de medio siglo, vio cómo aquellas lesiones volvían a manifestarse otra vez. «Y todavía más sorprendente», comentaba el reverendo Walter, fue el hecho de que un hueso que dicho hombre se había fracturado en el Boyne volvió a abrirse de nuevo, «como si no se hubiera soldado nunca».

Y luego estaban los efectos sobre los sentidos. Podía darse que los hombres tuvieran bucólicas visiones de pastos y arroyos, y, a continuación, conscientes de dónde se hallaban, cayeran en la desesperación más absoluta. El reverendo Walter señaló que «este extraño abatimiento del ánimo» venía marcado por «escalofríos, temblores y [...] el más espantoso de los terrores». Un médico lo comparó con «el derrumbe total del individuo». Byron fue testigo de la caída en la demencia de varios compañeros suyos; o, como escribió después uno de ellos, el mal «les entró en la sesera y se volvieron locos de remate».

Padecían lo que un capitán británico había denominado «la plaga del mar»: escorbuto. Como el resto de los hombres, Byron ignoraba cuál era la causa. Capaz de golpear mortalmente a toda una flota tras un mes como mínimo en alta mar, era el gran enigma de la Era de la Navegación a Vela, responsable de matar a más marineros que todas las otras amenazas juntas: batallas a cañonazos, tempestades, naufragios, otras enfermedades. En las naves de Anson el escorbuto hizo su presencia cuando los hombres ya estaban medio enfermos, lo que condujo a uno de los brotes marítimos más graves. «Me veo incapaz de describir ese terrible mal —informaba el normalmente flemático Anson—, pero jamás habíamos tenido una plaga de semejante intensidad».

Una noche, durante la interminable tormenta, mientras intentaba conciliar el sueño en su empapada y ruidosa litera, Byron oyó las ocho campanadas y con gran esfuerzo subió a cubierta para una nueva guardia. Tambaleándose por el laberinto del barco, apenas si veía nada; habían apagado los faroles por temor a que pudieran caer y prender fuego. Ni siquiera el cocinero tenía permiso para encender su fogón, de modo que los hombres debían comer la carne cruda.

Cuando Byron salió al alcázar, recibido por una andanada de aire frío, vio con sorpresa que solo estaban de guardia unas docenas de personas. «La mayor parte de los hombres —escribió— habían sido vencidos por la fatiga y la enfermedad».

Los barcos corrían el riesgo de quedarse sin hombres que los manejaran. El cirujano Henry Ettrick —quien, a la muerte del médico del Centurion, había abandonado el Wager para ocupar su puesto— intentó contener el brote. En el sollado del Centurion, embutido en una bata larga, sacó la sierra de amputar y abrió varios cadáveres. Tal vez los muertos pudieran salvar a los vivos. Según los informes de sus hallazgos, los huesos de las víctimas, «una vez raspada la carne, estaban medio negros», y la sangre había adquirido un color peculiar, como el de un «licor entre amarillo y negro». Tras varias disecciones, Ettrick proclamó que la causa de la enfermedad era el clima gélido. Pero, cuando se le dijo que el escorbuto medraba también en climas tropicales, Ettrick concedió que la causa tal vez sería siempre un «absoluto misterio».

El brote seguía azotando, tormenta dentro de la tormenta. Después de que Ettrick fuera destinado al Centurion, el cirujano del Trail, Walter Elliot, había sido reubicado en el Wager. Byron lo describía como un joven generoso, activo y muy fuerte, aparentemente destinado a sobrevivir más tiempo que cualquier otro miembro de la tripulación. Elliot era muy fiel al capitán Cheap, que ahora se enfrentaba también al escorbuto. «Fue una gran desventura», señalaba Elliot, que el capitán «esté enfermo en las presentes circunstancias». El médico hizo cuanto estuvo en su mano por ayudar a Cheap, Byron y los demás aquejados por el brote. Pero los remedios de que disponía resultaron tan inútiles como las teorías que los sustentaban. No eran pocas las personas que, convencidas de que en la naturaleza misma de la tierra tenía que haber algo vital para el ser humano, afirmaban que el único remedio consistía en enterrar al paciente hasta la barbilla. En otra travesía, un oficial recordaba la extrañísima visión de «veinte cabezas humanas sobresaliendo a ras de tierra».

Mientras la expedición de Anson estaba atrapada en el mar, la única medicina recetada fueron las «gotas y píldoras» del doctor Joshua Ward, un purgante que se anunciaba como capaz de producir «maravillosas y repentinas curas». Anson, que se negaba a que sus hombres hicieran nada que él no hiciese también, fue el primero en tomar la medicina. Thomas escribió que la mayoría de quienes la consumieron fueron presa de «vómitos y deposiciones de lo más violentos». Uno de los marineros, tras ingerir una sola píldora, empezó a sangrar profusamente por la nariz y estuvo al borde de la muerte. Ward resultó ser un simple curandero; su poción contenía venenosas cantidades de antimonio y —sospechaban algunos— arsénico. La supuesta medicina dejó a los enfermos sin nutrientes, contribuyendo probablemente a muchas defunciones. Ettrick, que moriría de enfermedad en una fase posterior de la travesía, hubo de admitir que los tratamientos de que disponía no servían para nada.

Sin embargo, la solución era muy simple. El escorbuto es producto de un déficit de vitamina C causado por la falta de verduras y fruta en la dieta. La persona privada de esa vitamina deja de producir la proteína fibrosa conocida como colágeno, responsable de la solidez de huesos y tejidos, y usada para sintetizar dopamina y otras hormonas que pueden afectar al estado de ánimo. (Al parecer, los hombres de Anson sufrían también de otras deficiencias vitamínicas, tales como insuficientes niveles de niacina, que puede causar psicosis, y de vitamina A, que provoca ceguera nocturna). El teniente Saumarez intuyó más adelante el poder de ciertos nutrientes. «Pude observar de manera clara —escribía— que hay un *je ne sais quoi* en el organismo humano que es imposible renovar o preservar sin la ayuda de ciertas partículas terrenales, o, en cristiano, que la tierra es el elemento ideal del hombre, y la fruta y las verduras su único médico». Lo que necesitaban Byron y sus compañeros para combatir el escorbuto eran cítricos, y cuando hicieron escala en Santa Catalina para aprovisionarse, había allí abundancia de limas. La cura —esa fruta no prohibida que décadas más tarde se proporcionaría a todos los marinos británicos, lo cual les ganó el apodo de *limeys*— había estado todo el tiempo al alcance de su mano.

La escuadra seguía navegando, y un día Byron vio angustiado que a muchos de los enfermos les faltaba el aire, como si estuvieran ahogándose en seco. Fueron muriendo uno tras otro, lejos de sus familias y de las tumbas de sus antepasados. Varios que intentaron ponerse en pie, informaba el reverendo Walter, «murieron antes de poder llegar a cubierta; tampoco era inusual que los que conseguían subir a cubierta y hacer algún tipo de trabajo cayeran fulminados casi al instante». Muchos de los que fueron transportados en sus hamacas de una parte a otra del barco murieron repentinamente. «Nada era tan frecuente como que en cada barco se lanzaran cada día al mar ocho o diez cadáveres», escribió Millechamp en su diario.

En conjunto, del total de quinientos hombres a bordo del Centurion, casi trescientos engrosaron la lista de «licenciados por defunción». De los cerca de cuatrocientos que habían zarpado de Inglaterra a bordo del Gloucester, consta que tres cuartas partes recibieron sepultura en el mar, incluida la parte correspondiente de reclutas inválidos. El capitán, que estaba también muy enfermo, escribió en su cuaderno de bitácora: «Tan triste era la escena, que es imposible describir con palabras la desdicha en la que algunos hombres fallecieron». El Severn había sepultado a doscientos noventa, entre hombres y muchachos; el Trial casi la mitad de su dotación. En el Wager, Byron fue testigo de cómo los doscientos cincuenta hombres, entre oficiales y tripulación, iban menguando a menos de doscientos veinte, y luego a menos de doscientos. Pero los que estaban vivos no se diferenciaban mucho de los muertos: «tan débiles y tan menoscabados —como la expresaba un oficial— que apenas si nos veíamos capaces de andar por la cubierta».

La enfermedad había hecho algo más que devorar los tejidos que mantenían unidos los cuerpos de la tripulación. La otrora poderosa escuadra parecía un conjunto de buques fantasma donde, según el relato de un testigo presencial, solo medraban los bichos: «Era tal la cantidad de ratas que pululaban por las cubiertas, que nadie salvo alguien que estuviera allí lo habría creído posible». Infestaban los aposentos, correteaban entre las mesas y desfiguraban a los muertos que yacían aquí y allá esperando el momento de recibir sepultura. Los ojos de uno de los cadáveres habían sido devorados por completo; en otro, las mejillas.

Cada día, Byron y varios oficiales más anotaban los nombres de compañeros que acababan de «pasar a mejor vida». En un informe para el Almirantazgo, el capitán del Severn escribió que, tras la muerte del maestre de su barco, había llenado esa vacante ascendiendo a un marinero de nombre Campbell, que había dado muestras de «gran diligencia y decisión a lo largo de todas nuestras penurias»; momentos después, el capitán agregaba en el mismo informe: «Acaban de comunicarme que el señor Campbell ha fallecido en el día de hoy». Keppel, el guardiamarina del Centurion, cuya boca sin dientes —resultado de la enfermedad— parecía una cueva oscura, acabó tan agotado de catalogar a los muertos que escribió a modo de disculpa: «He omitido hacer constar en mi cuaderno el fallecimiento de varios hombres».

Una muerte posterior sí consta en los archivos. La entrada en cuestión, truncada por las abreviaturas habituales —«AB» por «Marinero de primera» y «DD» por «Licenciado por defunción»—, tiene la tinta corrida pero aún es legible, como un epitafio borroso. Dice así: «Henry Cheap, AB, DD [...] en alta mar». Era el sobrino del capitán Cheap y joven aprendiz. No cabe duda de que su muerte afectó al capitán del Wager más que cualquier tempestad.

Byron intentó brindar a sus compañeros fallecidos la debida sepultura, pero eran tantos los cadáveres, y tan pocas las manos para ayudar, que muchas veces había que lanzar los cuerpos por la borda sin ningún tipo de ceremonial. Como lo expresaría el poeta Lord Byron −que se inspiró en lo que él denominaba «la "Narración" de mi abuelo»−: «Privados de tumba, sin campanas que doblaran, sin féretro, muertos anónimos».

A finales de marzo, tras casi tres semanas de vanos intentos de cruzar el paso Drake, la escuadra estaba al borde de lo que el reverendo Thomas llamó «destrucción total». La única esperanza era doblar Hornos lo antes posible y llegar a la recalada más cercana: las islas Juan Fernández, un archipiélago deshabitado a unos seiscientos cincuenta kilómetros de la costa de Chile. «Llegar allí era nuestra última oportunidad si no queríamos perecer en el mar», señalaba el reverendo Walter.

Para John Byron, amante de los libros sobre el mar, el archipiélago constituía algo más que un simple refugio: era objeto de leyendas. En 1709, el capitán inglés Woodes Rogers había parado allí mientras el escorbuto diezmaba a su tripulación. Como detalló en su diario, publicado más adelante como *A Cruising Voyage Round the World* y que Byron había leído con entusiasmo, a Rogers le asombró descubrir en una de las islas a un marino escocés de nombre Alexander Selkirk, que llevaba allí más de cuatro años tras ser abandonado por el barco en que navegaba. Merced a grandes dosis de ingenio, Selkirk había logrado sobrevivir, aprendiendo a hacer fuego raspando dos palos entre sí, cazando animales y haciendo acopio de nabos silvestres. «Cuando se quedó sin ropa −explicaba Rogers−, se fabricó una capa con pieles de cabra […] cosidas sin otra aguja que un simple clavo». Selkirk leía una Biblia que tenía consigo, «y decía que la soledad le había hecho mucho mejor cristiano de lo que era antes». Rogers llama a Selkirk «el monarca absoluto de la isla». Las historias transmitidas de boca en boca suelen ir ensanchándose hasta llegar a ser tan míticas como el propio mar. La del marino escocés se convertiría en el germen de lo que Daniel Defoe escribiría en 1719 sobre su personaje de ficción Robinson Crusoe, un himno a la inventiva británica, pero también al dominio colonial de tierras remotas.

Mientras Byron y sus compañeros eran zarandeados por las fuerzas de la naturaleza, las visiones de Juan Fernández los tenían cada vez más fascinados, visiones sin duda acrecentadas por sus sueños escorbúticos. En aquella «isla tan anhelada», como escribió Millechamp, encontrarían campos de esmeraldas y arroyos de agua pura. En su diario, Thomas comparaba la isla con el Edén del *Paraíso perdido* de John Milton.

Una noche de abril, Byron y otros miembros de la escuadra decidieron que ya se habían adentrado lo suficiente en el paso Drake y al oeste de la isla del cabo de Hornos, y que por tanto había llegado el momento de virar al norte… y seguir camino sin problemas hasta Juan Fernández. Pero no mucho después de que los barcos pusieran rumbo al norte, el vigía del Anna reparó, al claro de luna, en ciertas formaciones extrañas: rocas. Los tripulantes del Anna dispararon sus cañones dos veces, en señal de advertencia, y pronto los vigías de los otros buques distinguieron también la costa a sotavento, con sus relucientes rocas que, como escribió un capitán en su cuaderno de bitácora, eran «como dos torres negras de altura extraordinaria».

Una vez más, la navegación a estima los había engañado: estaban mucho más lejos de lo que pensaban. De hecho, los barcos no se hallaban al oeste de la punta meridional del continente, sino que, al haber sido empujados hacia levante por los vientos y las corrientes, estaban pegados a ella. Los hombres reaccionaron a tiempo de evitar un naufragio. Pero, cinco semanas después de haber penetrado en el paso Drake, no habían escapado aún al «odio ciego de Hornos». Millechamp escribió en su diario: «Nuestros hombres, la mayoría de ellos convencidos de la imposibilidad de llegar a tierra de manera voluntaria, dieron rienda suelta a su desvarío». Y envidiaban «a aquellos que tuvieron la buena fortuna de morir antes».

Byron tenía el ánimo por los suelos. Para poner distancia respecto a las rocas, estaban dirigiéndose nuevamente hacia el sur, es decir, en dirección contraria a la isla de Robinson Crusoe… y de nuevo hacia el vórtice de las tormentas.

6

SOLO

Mientras la escuadra bregaba por rebasar la punta de América del Sur, las tormentas cobraron tal intensidad que Byron no dudó en calificarlas de «el huracán perfecto», aunque en realidad eran tormentas individuales que se sucedían con más fuerza cada vez, como si su objetivo fuera destruir la expedición entera de una vez por todas. Con la tripulación diezmada, el artillero del Wager, John Bulkeley, se veía ahora obligado a estar a cargo de dos guardias consecutivas: ocho horas seguidas de ser azotado por los vientos y las olas. En un tono que recordaba al del neófito Byron, escribía en su diario: «Tuvimos […] la ola más grande que haya visto jamás». De forma parecida, el veterano capitán del Severn comentaba, en un informe al Almirantazgo, que era «la mar más gruesa que hayan visto mis ojos», prácticamente el mismo modo de expresarlo que utilizó el capitán del Pearl, George Murray. De repente, estos hombres de la mar se habían quedado sin palabras para describirla, además de sin capacidad para manejarla.

Cada vez que el Wager cabalgaba una ola, Bulkeley sentía que el barco se precipitaba por una avalancha líquida para caer a un abismo desprovisto de luz. Lo único que veía a sus espaldas era una amenazadora montaña de agua, y delante de él nada más que otra aterradora montaña. El casco bailaba de regala a regala, inclinándose de tal manera que a veces las vergas se sumergían en el agua y los gavieros se veían obligados a agarrarse a la telaraña de cabos.

Eran las once de la noche cuando una ola inmensa arrolló a la escuadra. «Un mar furibundo nos alcanzó por la amura de estribor para estallar a proa y a popa», escribía el maestro Thomas en su diario, y añadía que fue tal la virulencia con que golpeó al barco –el Centurion– que este quedó totalmente de costado hasta que poco a poco volvió a erguirse. «Lanzó por los suelos y casi ahogó a todos cuantos estaban en cubierta». Bulkeley habría salido volando por los aires de no estar en todo momento agarrado a algo. Un marinero se rompió el fémur al ser lanzado a la sentina. Y un ayudante del contramaestre se fracturó la clavícula al quedar boca abajo, solo para rompérsela de nuevo en una caída posterior. Otro marino se partió el cuello. Cuando Thomas se encontraba en el alcázar del Centurion, tratando de observar las pálidas estrellas al objeto de fijar la posición del barco, una ola lo levantó en vilo. «Di contra el suelo con la cabeza y el hombro derecho, con tal violencia que a punto estuve de perder el sentido», escribió. Lo trasladaron, aturdido como estaba, a su coy, y allí permaneció durante quince días. Ni que decir tiene que, con su lecho convertido en un peligroso columpio, la convalecencia fue de todo menos apacible.

Una mañana, estando al timón del Wager, una ola monstruosa casi lanzó a Bulkeley por la borda. («Me hizo saltar por encima del timón», escribió después). En medio de aquel diluvio, una de las cuatro embarcaciones de transporte, el cúter, salió volando por la cubierta. John King, el contramaestre, quería descolgarlo por la borda, pero Bulkeley le ordenó: «No hagas nada», hasta que él lo hubiera consultado con el capitán Cheap.

Cheap se encontraba en sus dependencias, donde todo estaba tan revuelto que parecía que hubiera pasado un tornado. Bulkeley solía criticar en su diario a los oficiales del Wager –el contramaestre era malvado, el maestre un inútil, el teniente más inútil todavía–, y abrigaba ya ciertas reservas por lo que atañía al nuevo capitán. Paseando de un lado a otro con un bastón de contera de plata, que producía un ruido como el de la pata de palo de un bucanero, Cheap parecía cada vez más empeñado en vencer a los elementos y cumplir así su gloriosa misión. A Bulkeley, esta faceta de Cheap le generaba desconfianza; en su diario se quejaba de que muchas veces el capitán no consultaba a sus oficiales, y que si alguien osaba expresar el menor recelo sobre sus decisiones, se ganaba unos cuantos latigazos.

Una vez que Bulkeley le hubo informado de lo ocurrido con el cúter, Cheap le ordenó que intentara rescatarlo y que recogiera el botalón de foque, pues se balanceaba peligrosamente. Bulkeley anotó satisfecho en su diario que fue él quien consiguió rescatar el cúter y asegurar el botalón.

Debido a la furia del viento, tanto el Wager como el resto de los barcos de la escuadra se vieron obligados a aferrar las velas en varias ocasiones, pasando algunos días a merced de las olas con los palos desnudos. En estas condiciones los barcos eran incontrolables, y en un momento dado el comodoro Anson, para hacer virar al Centurion, hubo de enviar varios gavieros a las vergas para que se agarraran a los cabos y utilizaran el cuerpo a fin de parar el viento. Así, el rostro, el pecho, los brazos y las piernas, convertidos en velas hechas jirones, arrostraron lo peor del vendaval. Demostrando una extraordinaria osadía, los hombres aguantaron el viento con sus cuerpos helados y cóncavos el tiempo suficiente para que Anson hiciera maniobrar el barco. Pero uno de ellos perdió pie y fue arrojado al embravecido océano. Fue imposible reaccionar a tiempo para salvarle la vida, y los hombres vieron cómo braceaba a la desesperada tratando de alcanzarlos, librando una solitaria y heroica lucha contra las olas, hasta que lo perdieron de vista… aunque ellos sabían que aún estaba allí, nadando hacia el barco. «Probablemente fue consciente durante mucho rato del horror que acompañaba a su desesperada situación», escribió el reverendo Walter.

El famoso poeta del siglo XVIII William Cowper leyó después el relato de Walter y compuso «The Castaway», un poema en el que imaginaba el destino de aquel marinero:

> *A las aguas de cabeza fue lanzado,*
> *adiós a los amigos, adiós toda esperanza,*
> *perdido el dulce hogar que flotando avanza.*
> *[...]*
> *Sus camaradas, que hasta entonces*
> *su voz habían oído en cada ráfaga,*
> *no pudieron ya captar ese sonido,*
> *pues él, por el cansancio vencido, bebió*
> *aquella sofocante ola y después se hundió.*
>
> *Ningún poeta lo lloró, pero la página*
> *a pecho abierto escrita*
> *donde constan su nombre, su edad y su valía*
> *húmeda de lágrimas de Anson está todavía.*

Bulkeley y los demás supervivientes siguieron navegando. No solo sufrían de escorbuto, sino que ahora empezaban a escasear los víveres. Cada galleta estaba ya «tan comida por los gusanos», escribió Thomas, que «apenas era poco más que polvo, y el menor soplo de viento la reducía precisamente a eso». No quedaban ya animales, y la carne salada de «buey y cerdo estaba también medio podrida, de ahí que el cirujano pusiera todas las trabas posibles a que comiéramos ninguna de las dos cosas, alegando que aquello era un veneno, lento pero seguro». En algunos barcos quedaban solo unos pocos toneles de agua potable, y el capitán Murray confesó que «si a Dios no le hubiera complacido» hacer morir de enfermedad a tantos de sus hombres, todos habrían muerto de sed. Un marinero del Centurion enloqueció de tal manera que hubo que encadenarlo. Y los barcos —su última protección contra las fuerzas de la naturaleza— estaban empezando a descomponerse.

A bordo del Centurion, lo primero que se desgarró fue la escandalosa, hasta hacerse jirones. Luego se partieron varios obenques, los gruesos cabos verticales que sujetan los mástiles, y poco después las olas destruían los beques —aquellas letrinas como cajas que había en cubierta—, obligando a la tripulación a aliviarse en baldes o inclinándose peligrosamente sobre la borda. Entonces un rayo impactó en el barco. «Un fuego raudo y sutil recorrió la cubierta —escribía el guardiamarina Keppel—, que al arder produjo como una detonación de pistola. Varios de nuestros hombres, entre ellos algunos oficiales, quedaron negros y amoratados debido a la virulencia del golpe». El «barco loco», como llamó al Centurion el reverendo Walter, había empezado a escorarse de manera anormal. Hasta el orgulloso león parecía a punto de soltarse de su engarce.

Los oficiales de los otros bajeles hicieron su propia «lista de anomalías», todo un catálogo de varias páginas: rotura de burdas, puños de escota, relingas del grátil, drizas, brazas, polipastos, escalas, fogones, bombas de achique, enjaretados y portalones. El capitán del Severn informó de que su barco estaba en una situación lamentable: todas las velas desgarradas, y el maestro velero que podía remendarlas, muerto.

Un día oyeron que el Gloucester disparaba sus cañones en señal de alarma: una verga del palo mayor se había partido en dos. Anson ordenó al capitán Cheap que enviara al talentoso carpintero del Wager, John Cummins, para repararla. Cummins era el mejor amigo de Bulkeley, y el artillero le vio partir en uno de los pequeños botes, zarandeado por el pavoroso oleaje, hasta que, medio ahogado, lo izaron a bordo del Gloucester.

Aunque el Wager daba pena de ver, para Bulkeley era sagrado, y día tras día era bombardeado y acribillado con más ahínco todavía que el resto de la escuadra. El navío cabeceaba de mala manera, gruñía, gemía, se astillaba. Y luego un día, tras recibir el impacto de una ola, la mesana —un palo vital— se derrumbó cual árbol recién talado, estrellándose contra el mar con su aparejo y sus velas. No quedó otra cosa que un tocón. El reverendo Thomas predijo que un barco en semejantes condiciones acabaría pereciendo en aquellas aguas. El Wager, que se afanaba entre el oleaje, fue rezagándose cada vez más del resto de la escuadra. El Centurion viró para ir en su auxilio, y Anson –valiéndose de una bocina que le permitía comunicarse con Cheap pese al rugir del viento y el oleaje– le preguntó a voz en cuello por qué no ponía la gavia en otro mástil para ganar impulso.

«Me he quedado sin arboladura, todo está roto a proa y a popa, y mi gente está casi toda enferma –respondió Cheap a gritos–. Pero lo arreglaré lo antes que pueda». Anson dijo que se aseguraría de que le enviaran de vuelta al carpintero Cummins, que debido al temporal estaba atrapado en el Gloucester. Cuando por fin llegó al Wager, Cummins se puso a trabajar de inmediato con sus ayudantes: ajustó al tocón una botavara de doce metros y ensambló apresuradamente una vela. Esto consiguió dar un poco de estabilidad, y el Wager recuperó terreno.

En medio de tantas penurias, el único superior a quien Bulkeley nunca criticaba era Anson. Al comodoro le habían pasado una patata caliente –comandar una expedición patéticamente organizada–, pero el hombre había hecho todo lo posible para no perder un solo barco y mantener alta la moral de los hombres. Haciendo caso omiso de estrictas jerarquías navales, Anson trabajaba junto a la tripulación y ayudaba en las tareas más arduas. Compartía su brandy con los marineros corrientes para aliviar sus sufrimientos y levantarles un poco el ánimo. Hizo enviar la bomba de sentina de su barco cuando supo que la de otro navío de la escuadra se había roto. Y cuando se quedó sin provisiones que repartir, animó a hombres y muchachos con sus palabras, que, dado su carácter taciturno, resultaron más estimulantes todavía.

Pero el problema era que no había suficientes hombres y muchachos sanos para manejar los barcos. El Centurion, que al principio contaba con más de doscientos hombres en cada guardia, no disponía ahora más que de seis por guardia. El capitán Cheap informaba sobre el Wager: «La dotación de mi barco en tan desdichada coyuntura estaba prácticamente toda enferma [...] y los hombres tan agotados por la excesiva duración de la travesía, por la plaga de mal tiempo y por la escasez de agua potable, que apenas si tenían fuerzas para hacer su cometido». Varios barcos no podían izar siquiera una vela. El capitán Murray escribió que su tripulación había soportado la acometida de los elementos «con una determinación que solo se da entre la marinería inglesa», pero que ahora, «hartos y agotados de tanta labor y tantas guardias, aparte de afectados por el frío y la falta de agua [...] han caído en el abatimiento y la desesperación y ya apenas si se levantan, limitándose a quejarse a gritos de su infortunio y deseando que les llegue la muerte y los libre de una vez por todas de sus penurias».

El 10 de abril de 1741, siete meses después de zarpar de Inglaterra y más de cuatro semanas desde que embocaran el paso Drake, el Severn y el Pearl empezaron a rezagarse... hasta desaparecer. «Hemos perdido de vista al Severn y al Pearl», escribió Bulkeley en su diario. Algunos sospecharon que los oficiales de dichos barcos se habían rendido y dado marcha atrás para volver a la seguridad del Atlántico. Thomas aseveró que parecían «rezagarse intencionadamente».

La escuadra –reducida a cinco buques, de los cuales solo tres eran de guerra– pugnó por mantenerse unida. A fin de señalar la posición, disparaban un cañonazo cada media hora y colgaban faroles. Bulkeley sabía que si el Wager llegaba a separarse de la flota, no digamos ya el comodoro Anson, no habría nadie que los salvara del hundimiento o del naufragio; se verían obligados a pasar los días, como lo expresó el reverendo Walter, «en alguna costa desolada, sin la menor esperanza razonable de hacerse otra vez a la mar».

El Centurion fue el primero en desaparecer en medio de la lóbrega oscuridad. Después de que Bulkeley divisara sus intermitentes luces la noche del 19 de abril, escribió en su crónica: «Esa fue la última vez que vi al comodoro». Distinguió a los otros barcos en lontananza, pero también estos «se esfumaron» pronto, el viento amortiguando el retumbo de sus cañonazos. Finalmente, el Wager quedó solo en el mar, abandonado a su destino.

7

EL GOLFO DE PENAS

David Cheap, comandante en jefe de la nave Wager de la Marina Real británica, no pensaba dar media vuelta. Su tripulación continuaba menguando, y también su cuerpo iba vaciándose por culpa de lo que él, por evitar el estigma de la palabra «escorbuto», prefería llamar «reumatismo» y «asma». Su barco, el primer buque de guerra que comandaba, no solo estaba deformado, con un mástil de menos, velas rasgadas y vías de agua; estaba solo en medio de aquel mar enfurecido. Pese a todo, siguió adelante, decidido a reunirse con Anson en el punto de encuentro. Si no estaba a la altura de ese reto, ¿qué clase de capitán era entonces?

Una vez alcanzada esa meta, y en cuanto los hombres de que aún disponía Cheap se hubieran recuperado, procederían con el plan que el comodoro Anson le había encargado: atacar Valdivia, una localidad situada en la costa sudoccidental de Chile. Dado que el Wager llevaba a bordo gran parte del armamento de la escuadra, el éxito del primer ataque contra los españoles —y tal vez de toda la expedición— dependía de que él consiguiera llegar milagrosamente al punto de encuentro. El hecho mismo de que la situación fuese tan desesperada le confería un peculiar valor añadido: si Cheap lo lograba, se convertiría en un héroe y sus gestas serían tema de cuentos y baladas sobre hombres de mar. Aquellos marineros de agua dulce de la madre patria jamás volverían a poner en duda de qué pasta estaba hecho.

Guardia tras guardia, campanada tras campanada, Cheap siguió navegando, bregando, peleando, hasta que se cumplieron tres semanas del momento en que su barco quedó separado de la escuadra. Con destreza e intrepidez, y un toque de crueldad, había logrado que el Wager doblara el cabo de Hornos, sumándose así a ese club de élite, y ahora se apuraba Pacífico arriba con rumbo nordeste en paralelo al litoral chileno de la Patagonia. Dentro de unos pocos días, arribaría al punto de reunión. ¡La cara que pondría Anson cuando viera al extraviado Wager y entendiera que su antiguo lugarteniente le había sacado las castañas del fuego!

Pero el Pacífico estaba empeñado en no hacer honor a su nombre. Conforme el Wager surcaba sus aguas rumbo al norte, todas las tormentas previas parecían haberse combinado en una sola furia climática. Al final siempre era Dios quien contaba la historia. Algunos de los hombres parecían dispuestos a «salir por piernas», tal como se sospechaba que habían hecho los oficiales y tripulaciones del Pearl y el Severn. Pero Cheap —inflamados los ojos, aflojados los dientes— se negaba a sucumbir. Exigió a su tripulación que bracearan las vergas, que treparan a los palos en pleno vendaval, que utilizaran la bomba manual, cosa que requería hacer descender platos mediante una cadena larga hasta la inundada sentina y luego izarlos para achicar el agua, un ritual para partirse la espalda y que había que repetir hasta la saciedad. Cheap confiaba en la mano dura del guardiamarina Alexander Campbell para que la tripulación obedeciera sus órdenes. «Mi apego al capitán era entusiasta», reconocía Campbell. Más adelante un marinero le gritaría palabras malsonantes y juraría desquitarse.

Cheap siguió conduciendo a sus hombres hacia delante… incluso cuando, en el proceso, hubo que arrojar más cadáveres por la borda. «Que el destino particular de cada persona decida por sí mismo —proclamó el capitán—, pero que el honor de nuestro país sea inmortal».

Mientras avanzaban con determinación, John Byron –que dejó constancia escrita del «obstinado arrojo con que [Cheap] hacía frente a las dificultades» y de que no se dejaba intimidar por «los recelos que no sin motivo nos atenazaban a todos»– se asomó por el borde del alcázar. Siempre avizor a las señales de la naturaleza, advirtió una especie de pequeñas hebras verdes que flotaban en el impetuoso mar. ¡Algas! Se volvió entonces hacia Bulkeley el artillero, y dijo: «Eso es que no estamos muy lejos de la costa».

John Bulkeley consideraba que la derrota que estaban llevando era una locura. Según Clark, el maestre y piloto, seguían estando a una distancia segura al oeste de la costa patagónica de Chile, pero ya había errado antes en su estima. Y si mantenían esa virada con rumbo nordeste, podían verse empujados hacia un desconocido litoral a sotavento y no ser capaces de virar a tiempo de impedir el naufragio. Cummins, el carpintero, observó que dado el «estado en que se encontraba la nave, no era buena idea entrar en contacto con tierra», tanto más cuanto que «todos nuestros hombres están enfermos». Bulkeley fue a preguntarle al teniente de navío Baynes, el oficial que estaba de servicio, por qué no alteraban el rumbo y viraban mar adentro, hacia el oeste.

Al ver que el teniente esquivaba la pregunta, Bulkeley insistió. La respuesta de Baynes fue que lo había hablado con Cheap y que el capitán estaba decidido a llegar a tiempo al punto de encuentro planificado. «Yo que usted quizás iría a verle, a ver si logra convencerlo», añadió Baynes, demostrando su irresponsabilidad como oficial.

Bulkeley no tuvo necesidad de solicitar una entrevista con Cheap, pues este, habiéndose enterado sin duda de las quejas del artillero, lo hizo llamar y le preguntó: «¿A qué distancia cree usted que estamos de la costa?».«A unas sesenta leguas», respondió Bulkeley, o sea unos trescientos kilómetros. Pero las corrientes y el oleaje los estaban empujando rápidamente hacia la costa, comentó, añadiendo: «Señor, el barco es un auténtico desastre. Nos falta el palo de mesana [...] y todos nuestros hombres están tocados».

Por vez primera, Cheap divulgó las órdenes secretas de Anson, insistiendo en que no pensaba desviarse de las mismas y poner en peligro la operación. Él creía que un capitán tenía la obligación de cumplir su cometido. «Me debo a ello y estoy decidido a llevarlo a cabo». Bulkeley pensó que aquello era «una gran desgracia», pero se doblegó ante las órdenes de su superior, dejando al capitán a solas con su resonante bastón.

El 13 de mayo, a las ocho de la mañana, Byron estaba de guardia cuando varios cabrestantes de los trinquetes se rompieron. Mientras Cummins, el carpintero, corría a inspeccionarlos, los nubarrones que tapaban el horizonte se abrieron ligeramente y, en lontananza, pudo ver vagamente una sombra informe. ¿Tierra? Fue en busca del teniente Baynes, el cual forzó la vista sin llegar a distinguir nada. Podía ser que Baynes sufriese ceguera debido a una insuficiencia de vitamina A. O quizás era Cummins el que no veía bien. A fin de cuentas, Baynes calculaba que el barco estaba aún a unos doscientos cincuenta kilómetros de tierra firme. Le dijo a Cummins que era del todo «imposible» que hubiera visto tierra, de ahí que no informara de ello al capitán.

Cuando Cummins le contó a Byron lo que le había parecido ver, el cielo ya estaba otra vez sumido en oscuridad y Byron no alcanzó a ver nada. Se planteó si debía informar de ello al capitán, pero Baynes era el segundo de a bordo y Byron un simple guardiamarina. No me corresponde a mí, pensó.

Aquel mismo día, a las dos de la tarde y con solo tres hombres de guardia, Bulkeley tuvo que subir él mismo para ayudar a bajar una de las vergas del palo trinquete. Mientras el barco corcoveaba como un animal salvaje, Bulkeley reptó aparejo arriba. El vendaval azotó su cuerpo y la lluvia le picoteó los ojos. Continuó subiendo, más y más, hasta llegar a la verga, que se mecía a la par que el barco y casi lo lanzó al agua antes de levantarlo de nuevo hacia el cielo. Bulkeley se agarró como pudo, mirando lo que tenía ante sus ojos, y fue entonces cuando —según recordaba después— «vi la tierra con toda claridad». Había grandes colinas escarpadas... y el Wager iba derecho hacia ellas, impulsado por los fuertes vientos de poniente. Bulkeley se deslizó rápidamente mástil abajo y corrió por la resbaladiza cubierta para avisar al capitán.

Cheap pasó inmediatamente a la acción. «¡Izad esa verga, envergad el trinquete!», gritó en dirección a las figuras semihumanas que deambulaban por allí. Acto seguido ordenó ejecutar una trasluchada, maniobra consistente en cambiar de bordada para navegar tomando el viento por el través. El timonel (ya solo quedaba uno disponible) giró la rueda del timón. La proa empezó a virar a sotavento, pero entonces el vendaval atrapó las velas por detrás con toda su fuerza y el casco cabalgó las enormes olas. Cheap observó alarmado cómo el barco se dirigía cada vez más y más rápido hacia las rocas. Ordenó al timonel que siguiera girando la rueda y a los demás que se ocuparan del aparejo. Y momentos antes de lo que parecía una colisión inevitable, la proa completó un giro de 180 grados y las velas salieron disparadas violentamente hacia el lado opuesto del barco, culminando así la trasluchada.

Ahora el Wager navegaba en paralelo al litoral con una derrota sur. No obstante, debido al viento de componente oeste, Cheap no podía dirigirse mar adentro y el Wager estaba siendo arrastrado hacia la costa por las olas y las corrientes. El paisaje de la Patagonia se hizo visible, escarpado y difuso, con islotes pedregosos y relucientes glaciares, con flores silvestres salpicando laderas y riscos al borde mismo del mar. Cheap y sus hombres estaban atrapados en una bahía conocida con el nombre de golfo de Penas, o, para algunos, el golfo del Dolor.

Cheap creyó que podrían salir poco a poco de allí, pero de pronto gavias y juanetes se hincharon hacia donde no debían. Viendo cómo sus hombres, desesperados, trataban de controlar el aparejo en el castillo de proa, Cheap decidió ir a echar una mano y demostrarles así que aún había una salida. El capitán se lanzó apresuradamente hacia la proa, un toro embistiendo contra viento y marea. Y fue entonces, desequilibrado por una ola, cuando dio un paso en falso (apenas un traspié) y empezó a caer al abismo. Y es que se había precipitado por una escotilla medio destrozada, cayendo a plomo casi dos metros hasta dar contra la madera de la cubierta de abajo. El golpe fue tan fuerte que el hueso de su hombro izquierdo se partió y le salió por la axila. Varios hombres lo transportaron al camarote del cirujano. «Yo estaba muy aturdido y dolorido por la violencia de la caída», escribió después Cheap. Quería levantarse, salvar el barco y a la tripulación, pero el dolor era demasiado agudo, y era la primera vez en mucho tiempo que se tumbaba para descansar. Walter Elliot, el cirujano, le administró opio, y Cheap navegó hacia el éter de sus sueños, por fin en paz.

A las 4.30 de la mañana del 14 de mayo, Byron, que se hallaba en cubierta, notó que el Wager se estremecía en la oscuridad. El guardiamarina Campbell, esta vez con la voz del niño que en realidad era, preguntó: «¿Qué ha sido eso?». Byron miró hacia el ojo del temporal; era ahora tan denso —«una cosa terrorífica», como lo describió él— que ni siquiera podía distinguir la proa del barco. Pensó si una ola imponente no les habría atacado por sorpresa, pero el golpe parecía venir de debajo del casco. Entonces comprendió que se trataba de una roca sumergida.

El carpintero, Cummins, que había despertado en su cabina con un sobresalto, llegó a la misma conclusión. Rápidamente fue a inspeccionar los daños con su ayudante James

Mitchell, quien, por una vez, no puso mala cara. Cummins esperó junto a una escotilla mientras Mitchell se descolgaba hasta la sentina por una escala. Al iluminar el suelo con un farol, vio que no había ninguna vía de agua, y así lo anunció a gritos desde abajo. ¡La tablazón estaba intacta!

Sin embargo, las olas seguían golpeando el barco y lanzándolo hacia delante. El casco impactó con más rocas. El timón se resquebrajó y un ancla que pesaba más de dos toneladas perforó el casco en su caída, dejando un gran boquete. El Wager empezó a tambalearse, escorándose cada vez más, y el pánico se adueñó de la tripulación. Varios enfermos que no habían hecho una guardia en los dos últimos meses subieron a duras penas a cubierta con la piel renegrida y los ojos inyectados en sangre, recién levantados de un lecho de muerte para pasar a otro. «En esta horrible situación», escribía Byron, el Wager «estuvo durante un rato, todos los hombres de a bordo pendientes del que podía ser su último minuto de vida». Otra gigantesca ola barrió el barco, que de una sacudida fue a caer en un campo de minas de roca, sin timón con que guiar la nave y con el mar entrando por la brecha en el casco. El ayudante del carpintero, Mitchell, gritó: «¡Seis palmos de agua en la sentina!». Un oficial informó de que en ese momento el barco estaba «lleno de agua hasta las escotillas».

Byron vio brevemente (y, sobre todo, y quizá lo más escalofriante, oyó) las rompientes, esas olas estruendosas que todo lo aplastaban entre sus fauces. Rodeaban por completo la nave. ¿Dónde estaba ahora la emoción de la aventura?

Muchos de los hombres se dispusieron a morir. Unos se postraron de hinojos y empezaron a rezar en medio del agua que los salpicaba. El teniente Baynes se retiró a un rincón con una botella de licor. Otros, observó Byron, «quedaron privados de sentido, como troncos inanimados, siendo zarandeados como peleles por las sacudidas del barco sin hacer el menor esfuerzo por ponerle remedio». Y añadía: «Tan pavorosa era la imagen de las espumosas rompientes que uno de los hombres más bravos de la tripulación no pudo evitar expresar su gran desaliento, diciendo que la escena era tan estremecedora que prefería no mirar». Intentó lanzarse por la borda, pero sus compañeros lo sujetaron. Otro acechaba por la cubierta blandiendo su sable de abordaje y clamando a gritos que él era el rey de Inglaterra.

Un veterano hombre de mar, John Jones, trató de alentar a los demás. «Amigos –les gritó–, no perdamos el ánimo: ¿es que nunca habéis visto un barco zarandeado por rompientes? Intentemos sacarlo de ahí. Vamos, echad una mano; he aquí una escota, he aquí una braza; agarrad fuerte. Estoy convencido de que podemos [...] salir vivos de esta». Su coraje contagió a varios oficiales y miembros de la tripulación, Byron entre ellos. Unos agarraron cabos para largar las velas; otros se pusieron a achicar agua con bombas y baldes. Bulkeley trató de maniobrar manipulando el velamen, tirando de las velas hacia este lado y hacia el otro. Incluso el propio timonel, pese a que su rueda no servía ya para nada, permaneció en su puesto, insistiendo en que estaría mal abandonar el Wager mientras el barco permaneciera a flote. Y, sorprendentemente, el muy vilipendiado bajel seguía capeando el temporal. Desangrándose de agua por todos lados, continuó surcando el golfo de Penas, sin un mástil, sin timón, sin capitán en el puente de mando. Los hombres animaban en silencio al barco; el destino de este era el de todos ellos, y el Wager peleaba con orgullo, nobleza y arrojo, demostrando lo poco o lo mucho que valía.

Finalmente, fue a chocar contra un grupo de rocas y empezó a desencuadernarse. Los dos mástiles que seguían en pie empezaron a caer y los hombres los cortaron a tiempo de evitar que hicieran volcar totalmente el barco. El bauprés se hendió, las ventanas reventaron, saltaron cabillas, se agrietaron tablones, se hundió el techo de las cabinas, las cubiertas se desplomaron. El agua inundó las secciones inferiores de la nave, serpenteando de estancia en estancia, llenando huecos y grietas. Las ratas corrieron despavoridas hacia lo alto. Antes de que nadie pudiera rescatarlos, los hombres demasiado enfermos para abandonar sus hamacas perecieron ahogados.

Como el poeta Lord Byron escribió en *Don Juan* sobre un barco que se hundía, «fue una escena que ningún hombre olvida fácilmente», pues el hombre siempre recuerda aquello que «quiebra sus esperanzas, o su corazón, o la cabeza, o el cuello».

Inesperado superviviente de aquel trance, el Wager hizo un regalo final a los hombres que lo habitaban. «Providencialmente, quedamos atascados entre dos grandes rocas», observaba John Byron. Allí embutido, el Wager no llegó a hundirse del todo… al menos, por el momento. Y mientras Byron se encaramaba a un punto más elevado de las ruinas del bajel, el cielo aclaró lo suficiente para permitirle ver más allá de las rompientes. Allí, amortajada en niebla, había una isla.

TERCERA PARTE

NÁUFRAGOS

8

PECIO

El agua de mar subía burbujeante hacia el camarote del cirujano, donde el capitán David Cheap yacía inmóvil. Confinado allí desde su percance, no había presenciado la colisión pero sí había reconocido el ruido, aquel ruido fuerte de desgarro que todo comandante teme: el de un casco rechinando al rozar una roca. Y sabía que el Wager, aquel navío de sus voraces sueños, estaba perdido para siempre. Si Cheap sobrevivía, debería afrontar un consejo de guerra para determinar si había encallado un navío de la Marina Real por «empecinamiento, negligencia u otra conducta indebida». ¿Sería hallado culpable –culpable a los ojos del tribunal, culpable a los ojos de Anson, a los suyos propios– de haber hecho naufragar el primer buque de guerra que estaba bajo su mando, poniendo así fin a su carrera naval? ¿Por qué el teniente no le había avisado antes del peligro? ¿Por qué el cirujano lo había dejado fuera de combate con opio, «sin mi conocimiento –insistiría Cheap–, diciéndome que solo era algo para prevenir la fiebre»?

El inagotable ejército de olas perseveraba en su ofensiva, y Cheap pudo notar cómo lo que quedaba del Wager era zarandeado entre las rocas, produciendo chirridos de muerte. Bulkeley recordaba: «Esperábamos que el barco se partiera en dos de un momento a otro», y las violentas convulsiones «tenían conmocionados a cuantos quedaban a bordo». A Cheap le habían recolocado el hueso del hombro, en una operación que había durado casi tres horas, y sufría otra vez grandes dolores.

Byron y Campbell no tardaron en personarse en el camarote del cirujano, dos chorreantes espectros salidos de otro mundo. Los guardiamarinas informaron a Cheap de lo sucedido y le hablaron de la isla. Estaba como a un tiro de mosquete y la tierra parecía yerma y pantanosa, arrasada por la tormenta, con áreas de floresta y maleza y montañas que emergían de entre la plomiza neblina. La isla no ofrecía ninguna «señal de cultura», según Byron. Pero sí brindaba una vía de escape: «Ahora no pensábamos más que en salvar la vida».

Cheap ordenó utilizar inmediatamente las cuatro embarcaciones sujetas a la cubierta: la lancha de once metros, el bote tipo cúter de ocho metros, el queche de siete y la yola de cinco. «Pongan a salvo a todos los enfermos», les dijo.

Byron y Campbell le instaron a subir también con ellos, pero Cheap estaba decidido a atenerse al sagrado código del mar: el capitán debe ser el último en abandonar un barco que se hunde, aunque ello suponga perecer junto con el barco. «No se preocupen por mí», insistió. El veterano John Jones también intentó convencerlo de que subiera a uno de los botes. Cheap, según la versión de Jones, le dijo que «si podían salvarles la vida a los demás, la suya propia era lo de menos».

El valor del capitán dejó a Byron sobrecogido: «Impartió sus órdenes con la misma frialdad con que lo había hecho en todo momento». Pese a ello, hubo en su determinación algo perturbador, como si creyera que solo la muerte podría reivindicar su honor.

El agua seguía ascendiendo, un borboteo constante. Se oía a hombres y muchachos correr en desbandada por la cubierta, y aquel escalofriante ruido de madera resquebrajándose contra la roca.

John Bulkeley intentó echar una mano para bajar los botes, pero ya no había mástiles desde los cuales sujetarlos, y la antaño ordenada tripulación había caído en el caos. Muchos hombres ni siquiera sabían nadar y se enfrentaban a un siniestro cálculo: o saltar en medio de las rompientes para intentar llegar a tierra, o quedarse donde estaban mientras el barco se hacía añicos.

La lancha –que era la más grande y pesada de las embarcaciones de transporte, y la más vital– tenía grietas y estaba sepultada bajo un montón de escombros. Pero los hombres vieron que el queche, al ser más ligero, podía ser arrastrado por la cubierta. ¡Vamos, vamos! ¡Agarrad de ahí y tirad! Era ahora o nunca. Bulkeley y varios de los más fuertes levantaron el queche sobre la regala y, valiéndose de cabos, lo bajaron hasta el agua. Hubo un gran alboroto: todos querían subir a bordo y peleaban y se empujaban; varios hombres saltaron al queche, provocando casi que volcara. Bulkeley los vio remar entre las mortíferas olas, sorteando rocas en medio de la neblina, hasta que consiguieron llegar a una playa. Era la primera tierra firme que pisaban en dos meses y medio, y se derrumbaron agotados.

A bordo del Wager, Bulkeley se quedó a la espera de que varios de ellos regresaran con el queche. No fue así. Llovía a cántaros y ahora el viento soplaba del norte; el mar estaba embravecido. La cubierta emitía graznidos brutales, estremeciendo a Bulkeley y a los demás como solo puede hacerlo la perspectiva de una muerte inminente. Tras grandes esfuerzos lograron descolgar la yola y el cúter. Los enfermos fueron los primeros en ser trasladados. Thomas Harvey, el sobrecargo de veinticinco años responsable de las provisiones, miró por que la tripulación cogiera todo lo necesario: varias libras de harina metidas en una sucia bolsa de tabaco; armas y munición; utensilios de cocina, cubiertos; una brújula, mapas, crónicas de expediciones previas para la navegación; un botiquín, y una Biblia.

Varias horas después, la mayor parte de la dotación había sido evacuada, pero Mitchell, el ayudante del carpintero, siempre con aquella mirada asesina tan suya, se negó a partir, y lo mismo una docena de compañeros. A estos se les sumó King, el contramaestre, precisamente el oficial encargado de hacer cumplir la disciplina. El grupo en cuestión empezó a abrir barricas de licor, como si para ellos fuera preferible morir en una última orgía de alcohol y desenfreno. «Algunos de los hombres de a bordo eran tan ajenos al peligro que corrían, tan estúpidos e indiferentes a su desventura –recordaba Bulkeley–, que incurrieron en toda clase de violentas salvajadas». Antes de abandonar la nave, Bulkeley intentó rescatar algunos documentos del barco. Se suponía que había que preservar los cuadernos de bitácora para que luego el Almirantazgo pudiera determinar la hipotética culpabilidad no solo del capitán sino también del teniente, el maestre y otros oficiales. Bulkeley se llevó una desagradable sorpresa al descubrir que muchos de los documentos habían desaparecido o estaban rotos, y no por mero accidente. «Tenemos motivos para deducir que se encargó a alguna persona que los destruyera», recordaba. Estaba claro que alguien, ya se tratara de un piloto o quizás incluso de un oficial de mayor graduación, no quería que sus actos pudieran ser sometidos a escrutinio.

John Byron confiaba en coger parte de su ropa antes de abandonar el barco. Una vez abajo, tuvo que abrirse paso entre los detritus mientras el agua iba subiendo a su alrededor. Restos de su antiguo hogar –sillas, mesas, velas, cartas, recuerdos– pasaban flotando, como también los cuerpos de los marineros muertos. No había llegado aún a su sitio cuando el casco dio una sacudida y entró agua a raudales. «Me vi obligado a subir de nuevo al alcázar sin haber podido rescatar otra prenda que la que cubría mi espalda», escribió.

A pesar del peligro, se sintió empujado a volver en busca del capitán Cheap y, junto a unos cuantos oficiales, vadeó la líquida arremetida hasta llegar al camarote del cirujano. Byron y los demás rogaron a Cheap que fuera con ellos.

Cheap quiso saber si el resto de los hombres había sido transportado a tierra. Sí, le explicaron, a excepción de un grupito de indisciplinados que se empeñaban en quedarse. Cheap les indicó que esperaría. Pero después de que los otros le juraran que habían hecho todo lo posible para desembarcar a aquellos insensatos —y que nada más podía hacerse ya—, finalmente Cheap, a regañadientes, se levantó de la cama. Caminó apoyándose en su bastón, y mientras Byron y varios de los hombres procuraban que no se cayera, otros se ocuparon de cargar con su arcón, donde, entre las escasas pertenencias, guardaba la carta de Anson nombrándolo capitán del Wager. «Le ayudamos a subir al bote —recordaba Campbell—, y lo llevamos a tierra».

Los náufragos se apiñaron en la playa bajo la lluvia fría y cortante. Cheap calculó que, de la dotación original del barco —unos doscientos cincuenta entre hombres y muchachos—, habían sobrevivido ciento cuarenta y cinco. Formaban un grupo de harapientos, enfermos y demacrados, como si llevaran allí naufragados desde hacía siglos. Entre ellos se encontraban Byron —que ahora tenía diecisiete años— y Bulkeley; el blandengue teniente de navío Baynes; el altanero guardiamarina Campbell; los camaradas de Byron, Cozens, que no podía dejar de empinar el codo, e Isaac Morris; Cummins, el diestro carpintero; Harvey, el sobrecargo; el joven y robusto cirujano Elliot, a quien Cheap —pese a su ataque de ira por lo del opio— consideraba un amigo; y el lobo de mar Jones. Estaban también el maestre Clark y su hijo; el octogenario cocinero y un chico de doce años; John Duck, el marinero negro liberto; y el fiel criado de Cheap, Peter Plastow. Muchos de los infantes de marina habían perecido, pero su capitán, Robert Pemberton, había logrado sobrevivir, lo mismo que su teniente Thomas Hamilton, el de la pelea a cuchillo, que era uno de los mejores aliados de Cheap. Había también unos cuantos marineros inválidos.

Cheap no sabía exactamente dónde se encontraban ni qué podía estar acechando a su alrededor. Era altamente dudoso que algún barco europeo llegara a pasar lo bastante cerca de la isla para divisarlos. Estaban separados de todo, perdidos. «Es lógico pensar que, para unos hombres que habían estado al borde de perecer en un naufragio, el hecho de llegar a tierra fuese el mayor logro que podían desear —escribió Byron, y añadía—: Aquello fue una salvación casi milagrosa de la destrucción inminente; pero estábamos calados, hambrientos y ateridos de frío, y sin ningún remedio a mano contra estos males». Cheap estaba convencido de que si querían volver a ver Inglaterra algún día, era imprescindible mantener la cohesión que había a bordo. Estaba lidiando ya con el hecho de que un grupo de borrachos permaneciera en la parte no sumergida del Wager... ¿y no le miraban de otra manera los que estaban en la playa? ¿Le culpaban quizá de estar varados en la isla?

La noche se les echaba encima y cada vez hacía más frío. La franja de playa no ofrecía ningún tipo de protección contra la lluvia ni el viento cortante. Aunque Byron y sus compañeros estaban «desfallecidos, entumecidos y casi indefensos», se esforzaron por hallar refugio. Arrastrándose tierra adentro, atravesaron enmarañadas matas de hierba pantanosa hasta unas escarpadas colinas pobladas de árboles que los fuertes vientos mantenían permanentemente doblados, tan encorvados y vencidos como los propios náufragos.

Tras haber cubierto una corta distancia, Byron reparó en una estructura con forma de cúpula, remetida entre aquel paraje arbolado. De unos tres metros de anchura por uno ochenta de alto, estaba cubierta de maleza y tenía una abertura en la parte delantera. Era algún tipo de morada; a Byron le recordó una tienda india. No había rastro de sus habitantes, pero seguro que estaban por allí, bien en la isla, bien en el continente. Dentro del refugio había lanzas y otras armas primitivas, y los hombres se temieron una emboscada en cuanto anocheciera. «Nuestra incertidumbre respecto al número y actitud de los nativos echó leña a nuestra imaginación, manteniéndonos en un estado de permanente nerviosismo», anotó Byron.

Varios hombres se metieron en la vivienda buscando refugiarse de la tormenta y despejaron un rincón para el capitán Cheap, a quien hubo que ayudar a entrar. En su estado, podría «haber perdido la vida de no ser por aquel refugio», escribió Campbell.

No quedaba sitio para Byron, de modo que se tumbó en el barro junto con varios más. Las estrellas, que no habían podido guiarlos en el mar, permanecían tapadas por las nubes, y Byron se vio sumido en una oscuridad total mientras escuchaba el ruido de las rompientes, el traqueteo de las ramas, los gemidos de los enfermos.

La tormenta duró toda la noche. A la mañana siguiente continuaba lloviendo y Byron no había pegado ojo. Aunque tanto él como el resto de los náufragos estaban empapados y muertos de frío, se obligaron a levantarse del suelo… a excepción de uno de los inválidos y otros dos enfermos que habían dormido al lado de Byron. No había forma de que se despertaran, y Byron comprendió entonces que estaban muertos.

Cheap contempló la playa apoyado en su bastón. La niebla flotaba sobre el mar, envolviéndolo a él y a sus hombres en una suerte de gris inframundo. Entre aquella luz vaporosa, acertó a ver los restos del Wager, encajado todavía entre las rocas, grotesco recordatorio de lo que les había acaecido. No había duda de que King, Mitchell y los demás renegados que no habían querido abandonar el barco no tardarían en ahogarse. Decidido a rescatarlos, Cheap envió al joven Campbell en la yola junto a un pequeño grupo de hombres.

Campbell zarpó y, nada más subir a bordo del Wager, quedó anonadado. Mitchell y su banda, incitados por el contramaestre, King, se habían hecho fuertes en lo que quedaba del barco, pirateando el pecio como supervivientes de un apocalipsis. «Unos cantaban salmos —señalaba Campbell—, otros se peleaban, otros más lanzaban maldiciones, mientras que unos cuantos yacían en la cubierta, ebrios». Algunos de los borrachos habían caído al agua y se habían ahogado, y sus cadáveres estaban desparramados entre los juerguistas junto con barricas vacías de licor y otros desperdicios.

Campbell vio allí un barril de pólvora y fue a rescatarlo. Pero dos de los marineros, enojados por el trato que habían recibido de él durante la travesía, lo abordaron al grito de «¡Maldito seas!». Un tercero embistió hacia él armado con una bayoneta, el filo centelleando a la luz. Campbell huyó con su grupo, dejando a los renegados con su siniestrado botín.

Al atardecer, estando Cheap en el refugio, se oyó una fuerte detonación que resonó por encima del viento que aullaba. Y, de repente, una bola metálica pasó rozando la techumbre, yendo a estrellarse contra unos árboles cercanos para luego dejar un cráter en la tierra. A esto le siguió otro estallido; el fulgor de la explosión se propagó en la negrura. Cheap cayó en la cuenta de que los hombres que estaban en el pecio, temiendo que lo que quedaba del barco se fuera a pique, estaban disparando desde un cañón situado en el alcázar: era la señal de que, ahora sí, estaban dispuestos a ir a tierra.

Fueron desembarcados con éxito. Cuando pisaron la playa, Cheap los contempló. Encima de los pantalones embreados y la camisa a cuadros, llevaban prendas de la mejor seda, con encajes, que habían saqueado de los arcones que los oficiales habían abandonado en el barco.

Dado que King era el contramaestre, Cheap lo hizo responsable de la rebelión. Mientras los otros náufragos miraban, el capitán se le acercó. King, con su regio atuendo, parecía un aristócrata. Cheap tenía el brazo izquierdo inservible, pero alzó el bastón con el derecho y golpeó al contramaestre con tal furia que King, pese a su corpulencia, cayó hecho un ovillo. Cheap le llamó canalla. Acto seguido obligó a King y al resto del grupo, incluido Mitchell, a despojarse de las prendas de oficial hasta que su aspecto, según lo expresó Bulkeley después, quedó reducido al de «una pandilla de criminales camino de prisión». Cheap había dejado bien claro que él seguía siendo el capitán.

9

LA FIERA

Byron estaba hambriento. En los pocos días que él y sus compañeros llevaban en la isla, no habían encontrado prácticamente nada que comer. «La mayoría estábamos en ayunas» desde hacía cuarenta y ocho horas; algunos incluso más, escribía Byron. No habían visto todavía un solo animal que pudieran cazar, ni siquiera una rata. Y lo más extraño —aunque tal vez se debiera a las tremendas rompientes— era que en las aguas próximas a la playa no había peces. «El propio mar —escribió Byron— resulta ser casi tan árido como la tierra». Finalmente, alguien abatió una gaviota, y el capitán Cheap ordenó que fuera dividida a partes iguales entre el grupo.

Los hombres hicieron acopio de ramas y golpearon entre sí trozos de pedernal de una caja de yescas, tratando de encender aquella húmeda leña. Por fin, una llama surgió con un chisporroteo; el humo bailó al son del viento. Thomas Maclean, el viejo cocinero, despellejó la gaviota y la puso a hervir en una cazuela grande, añadiendo un poquito de harina para hacer una sopa espesa. Repartieron las humeantes raciones cual si fueran ofrendas sagradas, utilizando para ello los pocos cuencos de madera que habían conseguido rescatar.

Byron disfrutó de su parte. Sin embargo, momentos después, todos ellos, como lo expresaba el guardiamarina, fueron «presa del más espantoso dolor en el estómago» y de «violentos vómitos». La harina estaba contaminada. Así pues, los hombres estaban ahora más agotados aún que antes, y empezaban a descubrir que el clima de allí estaba marcado por constantes temporales. Un capitán británico que pasó frente a la isla casi un siglo después dejó constancia de los tremendos aguaceros, de las nubes omnipresentes que envolvían las solitarias cumbres circundantes, y dijo que aquel era un lugar donde «el alma se muere dentro del hombre».

A pesar del hambre que los atenazaba, Byron y sus compañeros tenían miedo de alejarse demasiado, temores acrecentados por unos prejuicios de profunda raigambre. «Como estábamos tan obsesionados con la idea de que los salvajes no podían estar muy lejos, a la espera de que nos separásemos en grupos, ninguno de los nuestros hizo [...] una excursión muy larga», dejó escrito Byron.

En general, los náufragos no se alejaban de la playa, que estaba acordonada por los empapados herbazales y los escarpados cerros profusamente cubiertos de nudosos árboles. Hacia el sudoeste había una pequeña montaña, y al norte y al este unos picos más formidables, entre ellos uno que debía de tener unos seiscientos metros de altitud; su cima era chata y de ella salían vapores como si fuera un volcán humeante.

Los hombres rastrearon la playa en busca de conchas y moluscos. Restos del pecio habían empezado a llegar a la orilla: pedazos de cubierta, el tocón del palo mayor, una bomba de achique, una cureña, una campana. Byron buscó algo que pudiera serles útil. Varios cadáveres habían llegado flotando desde el barco naufragado, y el guardiamarina retrocedió espantado ante tan «horripilante espectáculo». Pero luego descubrió que entre ellos había algo que, de improviso, se antojaba más valioso que el propio galeón: una cuba llena de carne de buey salada.

El 17 de mayo, tres días después del naufragio, el artillero John Bulkeley paladeó unos trocitos de carne. En su diario señalaba que pronto sería Pentecostés, el séptimo domingo después de Pascua, cuando el cristianismo conmemora la aparición del Espíritu Santo durante una fiesta de la cosecha. Según las Escrituras, en esa fecha, «todo aquel que invoque el nombre del Señor salvará su alma».

Como la gran mayoría de los náufragos, Bulkeley no disponía de refugio; comía y dormía a la intemperie. «La lluvia, de tan intensa como era, casi nos costó la vida», escribió. A todo esto, Byron se temía que fuera «imposible subsistir» muchos días más sin tener dónde resguardarse. La temperatura rondaba los cero grados, y los feroces vientos oceánicos y la humedad constante hacían que el frío se te colara bajo la ropa, que los labios se te amorataran y que los dientes castañetearan. Era un frío asesino.

A Bulkeley se le ocurrió una idea. Eligió a Cummins y a varios de los hombres más robustos para que le ayudaran a tirar del cúter hasta la playa, ponerlo boca abajo y apuntalarlo con la quilla mirando al cielo; el objetivo, escribió el artillero, era «improvisar una especie de casa».

Bulkeley y sus amigos se apretujaron en el santuario seco. Al ver a Byron, que deambulaba sin rumbo por el exterior, el artillero lo invitó a entrar. Todos los demás también se mostraron agradecidos cuando Bulkeley los fue juntando allí dentro y les ayudó en lo que pudo. Había encendido fuego —esa chispa de la civilización–, y se situaron en torno a la lumbre intentando entrar en calor. Más adelante, en su diario, Byron explicó que se había quitado las prendas mojadas y las había estrujado y sacudido para librarlas de piojos, antes de vestirse otra vez.

Los hombres consideraron la situación en que se encontraban. Aunque Cheap había castigado a los renegados, estos seguían siendo motivo de turbulencias, especialmente Mitchell. Y a Bulkeley no se le escaparon «las murmuraciones y el descontento» de los hombres con respecto al capitán. Lo culpaban de sus desdichas, preguntándose qué estaba haciendo para sacarlos del apuro.

Sin el liderazgo del comodoro Anson, escribió Bulkeley, «las cosas empezaron a cambiar de cara». Hubo «desórdenes y confusión entre la gente, que había dejado de mantener una actitud de obediencia implícita». En la Armada británica, voluntarios y marineros forzosos dejaban de cobrar un salario una vez que el barco era retirado del servicio, y, tal como argumentaron dos de los náufragos, la pérdida del Wager implicaba que la mayoría de ellos habría dejado de recibir ingresos: es decir, estaban sufriendo por nada. Así las cosas, ¿acaso no tenían derecho a ser «sus propios jefes, exentos de toda sumisión al mando»?

Bulkeley, en su diario, registraba algunas de las quejas contra Cheap. Si el capitán hubiera consultado a sus oficiales, escribió, «es probable que hubiéramos podido evitar la desdichada situación en que ahora nos encontramos». Pero Bulkeley tuvo buen cuidado de no ponerse de la parte de los agitadores, señalando que él «siempre había obedecido las órdenes del comandante». Muchos de los desafectos seguían acudiendo al artillero. Bulkeley había dado muestras de buen hacer durante la travesía (¿acaso no había convencido al capitán de virar en redondo?) y ahora parecía ser el más entusiasta de todos ellos. Incluso les había proporcionado refugio. En su diario, Bulkeley anotó unos versos del poeta John Dryden:

Presencia de ánimo y aplomo ante los escollos
procuran más triunfos que cualquier ejército.

Bulkeley sabía que ninguno de ellos iba a sobrevivir muchos días si no conseguían más alimentos. Intentó fijar la situación del grupo cartografiando las estrellas y calculando a estima. Se dijo que seguramente estaban en la costa chilena de la Patagonia, a unos 47 grados sur y 81.40 grados oeste. Pero no sabía qué pensar de la isla. ¿Sería el resto de ella adversa a la vida humana? Dado que las montañas no dejaban ver lo que había al este, algunos de los náufragos se preguntaron si, en realidad, no estarían en el continente. Pero esto era altamente improbable. Sin embargo, la pregunta misma no hacía sino subrayar que estaban tan necesitados de saber como de comer. Ambas cosas eran primordiales si Bulkeley quería reunirse tarde o temprano con su mujer y sus cinco hijos.

La tormenta menguó temporalmente y Bulkeley pudo tener un atisbo de aquel sol tan extraño. Después de cargar su mosquete, partió con varios hombres para explorar el terreno. Byron lo hizo con otro grupo armado, insistiendo en que la única salida era determinar si más allá de la línea de playa había alguna fuente de comida.

El terreno era fangoso, los pies se les hundían conforme se abrían camino por el herbazal y las laderas arboladas. Tuvieron que salvar troncos podridos por la humedad, cuyas raíces el viento había dejado a la intemperie; los árboles, tanto vivos como muertos, estaban tan apretados entre sí que era como avanzar por un seto. Raíces y plantas trepadoras se les enredaban en las piernas y los brazos, y las espinas les laceraban la piel.

Byron, que se abría paso con las manos desnudas, pronto quedó agotado por el esfuerzo, aunque ello no le impidió fijarse en la insólita flora del lugar. «Aquí crecen fundamentalmente —escribió— árboles de tipo aromático: el palo fierro, cuya madera es de un tono de rojo muy oscuro; y luego otro que es de un amarillo muy vivo». No vio muchas aves tierra adentro. Había chochas y colibríes; había también rayaditos y lo que Byron describió como «una especie de petirrojo grande», que era una loica. Aparte de buitres y aves marinas, comentaba Byron, estos parecían ser «los únicos habitantes con plumas». (El capitán británico que hizo el levantamiento topográfico de la isla casi un siglo después escribió: «Como para rematar la monotonía y absoluta desolación del lugar, hasta los pájaros parecían evitar estos andurriales»).

En un momento dado, estando un poco lejos de sus compañeros, Byron divisó un buitre posado en lo alto de un cerro, su calva y obscena cabeza. Procurando no hacer el menor ruido (un frufrú de hojas, el crujir de un zarzal), Byron se le fue acercando poco a poco. Estaba apuntándole con el mosquete cuando de pronto oyó un rugido cerca de donde él se hallaba. Momentos después, otro más: un sonido nada familiar. Byron echó a correr. «El bosque era tan lúgubre que casi no se veía nada —escribió—, pero aquel sonido me fue siguiendo de cerca». Mosquete en mano, se abrió paso entre las lacerantes ramas hasta llegar a donde estaba el resto de su grupo. Algunos hombres afirmaron no solo haber oído el rugido, sino también haber avistado una «fiera muy grande». Tal vez fue solo producto de su imaginación; no en vano la mente de aquellos hombres, lo mismo que sus cuerpos, deliraba de hambre. O tal vez, como creían ahora Byron y muchos de los hombres de mar, había por allí una fiera al acecho.

La isla era demasiado impenetrable, de modo que, poco tiempo después, los náufragos renunciaron a atravesarla. El único alimento que habían recolectado eran un par de chochas, que habían abatido a tiros, y un poco de apio silvestre. «Por lo que respecta a alimento, esta isla no produce nada», concluyó Bulkeley. Byron era de la opinión de que el entorno «difícilmente puede compararse a ningún otro, puesto que no da frutos de ningún tipo, ni cereales, ni raíces siquiera que el hombre pueda utilizar como sustento».

Byron y varios compañeros escalaron la pequeña montaña próxima al campamento, confiando en que desde allí arriba tal vez podrían determinar mejor dónde se encontraban. La ladera era tan empinada que tuvieron que cortar unos escalones para subir. Cuando Byron llegó a la cumbre, aspirando a boca llena aquel aire enrarecido, lo que vio lo dejó sin habla. Estaban en una isla, de eso ya no había duda. Abarcaba unos tres kilómetros de sudoeste a nordeste, y unos seis de sudeste a noroeste, donde habían establecido su campamento.

El terreno era salvaje en cualquier dirección que uno mirase: un terreno remoto, intransitable… y de una belleza que helaba la sangre. Al sur, Byron vio otra isla que parecía igual de desolada, y al este, a lo lejos, una serie de picos helados: los Andes del continente. Al examinar la isla en la que el Wager había encallado, se fijó en que un mar embravecido la batía por los cuatro costados: «un espectáculo –escribía el guardiamarina– de salvajes rompientes que haría desistir hasta a los más osados de hacer el menor intento con una embarcación pequeña». Por lo visto, no había modo de escapar.

10

UNA ESPECIE DE ALDEA

El capitán David Cheap salió de la morada indígena blandiendo una pistola. Los hombres seguían mirándole con recelo, como si hubieran descubierto algún secreto acerca de su persona. Tras menos de una semana en la isla, Cheap corría el peligro de perder la confianza de sus hombres, que ahora conocían todo el alcance del apuro en que se encontraban. No era solo que los tres botes no pudieran soportar una travesía larga; eran además demasiado pequeños para transportarlos a todos. E incluso si localizaban herramientas y materiales para construir un bajel más grande, dicha tarea les llevaría meses. A corto, medio o largo plazo, estaban atrapados en la isla, el invierno se acercaba, y muchos de ellos mostraban ya signos de claro deterioro físico y psicológico.

Cheap sabía que, si querían sobrevivir, mantener la unidad era fundamental; intuía un principio básico que la ciencia demostraría más adelante. En 1945, en uno de los estudios más completos sobre las privaciones humanas conocido como el Experimento Minnesota, unos científicos evaluaron los efectos de la inanición en un grupo de individuos. Durante seis meses, treinta y seis voluntarios varones –todos eran solteros, pacifistas que habían hecho gala de llevarse bien con otras personas– vieron reducida a la mitad su ingesta de calorías. Todos perdieron la fuerza y el vigor (cada uno adelgazó aproximadamente un cuarto de su peso corporal) y se volvieron irritables, depresivos e incapaces de concentrarse. Muchos de los voluntarios pensaban que la abnegación los conduciría, como si fueran monjes, a una espiritualidad más profunda; por el contrario, empezaron a conspirar, a robar comida, a enzarzarse en peleas. «¿A cuántas personas he hecho daño con mi indiferencia, mi mala leche, mi envilecimiento por conseguir comida?», escribía un voluntario. Otro de ellos gritó: «Me voy a suicidar», pero luego miró a uno de los científicos y le dijo: «No, te voy a matar a ti». La misma persona tuvo fantasías sobre canibalismo y hubieron de apartarlo del experimento. Un informe que resumía los resultados del estudio señalaba que los voluntarios se mostraron muy sorprendidos de «lo endeble que parecía ser su fachada social y ética».

Los náufragos de la isla Wager, agotados ya de la travesía, estaban ingiriendo muchas menos calorías que los hombres del experimento, además de estar sufriendo una angustia mucho mayor, pues nada en su entorno estaba bajo control. El capitán Cheap, enfermo y cojeando, tenía que lidiar con sus propios tormentos. Sin embargo, se mostraba tiránico. Detestaba conferenciar con otros oficiales, y no había tiempo que perder. Empezó a forjar un plan para construir en aquel yermo un puesto de avanzada, plantando la semilla del Imperio británico. A fin de impedir que cayeran en un estado hobbesiano de «todos contra todos», Cheap estaba convencido de que los náufragos necesitaban normas y estructuras rígidas… y también un jefe.

El capitán convocó a todo el mundo e hizo un repaso a los Artículos de Guerra, recordando a los hombres que esas reglas regían también en tierra firme, en especial la prohibición de cualquier tipo de «planes, reuniones y prácticas tendentes al amotinamiento […] so pena de muerte». Era fundamental que los hombres hicieran piña, que cada uno de ellos llevara a cabo la labor asignada con tenacidad y coraje; seguían formando parte de esa maquinaria humana que funcionaba con precisión según la voluntad del capitán.

A tenor de las posibles amenazas en la isla y de la falta de comida, Cheap decidió que sus hombres rescataran todo lo posible del pecio del Wager, algunos segmentos de cuyo alcázar y castillo de proa estaban aún a flote. «Mi primera idea fue conseguir una buena cantidad de armas, munición y provisiones», escribió en un informe.

Cheap empezó a reunir un equipo de excavación. Para esta peligrosa misión eligió al artillero, John Bulkeley, pese a que lo tenía por un hombre dado a discutir, un tiquismiquis siempre empeñado en que sabía más que sus superiores. Desde el naufragio, Bulkeley parecía conducirse con cierta engreída independencia; había construido su propia cabaña y estaba todo el rato de cháchara con los otros hombres. Pero, a diferencia del teniente Baynes, Bulkeley era un trabajador feroz, todo un superviviente, y los demás miembros del equipo de excavación lo harían mejor estando él al mando. Cheap envió asimismo al guardiamarina John Byron, que le había servido fielmente durante la travesía y le había ayudado a escapar del barco cuando este se hundía.

Bajo la atenta mirada del capitán, Bulkeley, Byron y el pequeño equipo reclutado para la misión zarparon en un bote; ahora, el bienestar de todo el grupo estaba en sus manos. Mientras remaban junto a los restos del Wager, eran embestidos por las furiosas olas. Una vez que consiguieron amarrar la pequeña embarcación al buque de guerra, reptaron por la semihundida cubierta y los resquebrajados baos, que continuaban partiéndose incluso mientras los hombres se subían a ellos.

Conforme avanzaban muy lentamente por el pecio, los exploradores vieron, bajo el agua, los cadáveres de sus compatriotas flotando en la entrecubierta; un paso en falso, e irían a hacerles compañía. «Las dificultades con que nos topamos en nuestras visitas al barco no son fáciles de describir», escribiría Byron.

Entre los desperdicios vieron varios barriles y los ataron con sogas para trasladarlos al bote. «Había varias cubas de vino y de brandy», anotaba Bulkeley con entusiasmo. En un momento dado, llegó al pañol del capitán y consiguió abrir la puerta: «Saqué varias cubas de ron y de vino, y las llevé a tierra». Cheap envió nuevas partidas para ayudar en la excavación. «Siguiendo órdenes del capitán, trabajábamos cada día en el pecio, salvo cuando el tiempo no nos lo permitía», escribió el guardiamarina Campbell. Se utilizaron las tres embarcaciones auxiliares. Cheap sabía que necesitaban rescatar todo lo que fuera posible antes de que el buque se hundiera por completo.

Intentaron sumergirse más, explorar las partes inundadas. Vadeaban con el agua por la cintura mientras rebuscaban entre todos aquellos desperdicios; eran como bromas, esos moluscos que roen el casco de los barcos. A menudo varias horas de duro trabajo no daban el menor fruto. Al final, los hombres lograron penetrar en una parte de la sentina y sacaron de allí diez barriles de harina, una cuba de guisantes, varias de buey y tocino, un tonel de avena y más cubas de brandy y vino. Rescataron también lona, herramientas de carpintero y clavos, cosas que, señalaba Campbell, «en nuestra situación eran infinitamente útiles». Y aún había más: varias cajas con velas de sebo, fardos de tela, medias, zapatos y varios relojes.

A todo esto, el casco del Wager se resquebrajaba por momentos («estaba reventado», en palabras de Bulkeley). El pecio era cada vez más peligroso para los hombres, ya solo quedaban unos cuantos tablones podridos asomando del mar, pero los hombres idearon una nueva estrategia: aseguraron ganchos a palos largos de madera y, abalanzándose sobre la regala, intentaron pescar a ciegas alguna que otra cosa más.

Mientras, en tierra, Cheap había levantado una tienda de campaña al lado de su morada, donde guardar todas las provisiones. Como había hecho en el Wager, fiaba el cumplimiento de sus órdenes a la estricta jerarquía de oficiales y suboficiales. Pero debido a la constante amenaza de una rebelión, se rodeó en primer lugar de un círculo de aliados —una estructura dentro de otra—, que incluía al teniente de infantes de marina Hamilton, al cirujano Elliot y al sobrecargo Harvey.

Cheap guardó también a buen recaudo todas las armas y la munición en la tienda-almacén, a la que nadie podía entrar sin su autorización. El capitán llevaba siempre encima una pistola, y dio permiso a Hamilton, Elliot y Harvey para hacer otro tanto. Luciendo bien visibles sus armas, iban al encuentro de los botes cuando estos volvían a tierra y se aseguraban de que todo lo rescatado fuera debidamente trasladado a la tienda y anotado en el registro del sobrecargo. No se permitiría el robo, otro de los mandamientos de los Artículos de Guerra.

A Cheap no se le escapó que, en ocasiones, Bulkeley se mostraba molesto con tantas normas y tanto reglamento. Las noches de luna, el artillero pretendía seguir rebuscando en el pecio con sus amigos, pero Cheap lo prohibió debido al riesgo de robos. Bulkeley se quejaba en su diario de Cheap y su círculo íntimo: «Estaban tan preocupados por que hubiera algún tipo de desfalco, que no soportaban ver partir un bote y trabajar de noche. [...] Debido a ello perdimos varias oportunidades de sacar víveres y otras cosas útiles de las que en breve íbamos a estar muy necesitados». Pese a estas tensiones, al cabo de una semana en la isla parecía que los hombres tenían en general una actitud diferente, un nuevo propósito. Para estirar las raciones, Cheap las repartía con cuentagotas («según la más frugal economía», escribió Byron). Los días venturosos en que Cheap podía ofrecer carne a los náufragos, un filete que en condiciones normales habría sido para una persona era dividido entre tres. Con todo y eso, era más sustento del que habían disfrutado desde que se convirtieran en huérfanos en la isla. «El estómago se nos ha vuelto pequeño y refinado», escribió Bulkeley. Periódicamente, Cheap conseguía animar al grupo con raciones de vino o brandy.

Aunque Mitchell, el ayudante del carpintero, y sus camaradas seguían formando una banda aparte, la actitud de rebeldía había perdido fuerza. Incluso King, el contramaestre, había empezado a poner distancias con ellos. El capitán Cheap, cuya inseguridad podía en ocasiones provocarle repentinos arrebatos, también parecía más calmado. Y todos ellos recibieron al poco tiempo una inexplicable bendición: el escorbuto empezó a desaparecer, curado (sin ellos saberlo) gracias al apio silvestre de la isla.

Campbell escribió que, durante todo aquel tiempo, Cheap había «manifestado una gran preocupación por la seguridad de la gente», y añadía: «De no haber sido por el capitán, muchos habríamos perecido».

Para Byron, los náufragos del Wager eran todos como Robinson Crusoe, que subsistió a fuerza de ingenio. Un día descubrieron una nueva fuente de alimento: una especie de alga larga y estrecha que arrancaron de las rocas. Hervida en agua durante dos horas, se convertía en lo que Bulkeley llamó «un alimento sano y sabroso». Otras veces, Byron y sus compañeros mezclaban el alga con harina y la freían con sebo de unas velas; al crujiente resultado lo bautizaron como torta de repollo. «Tuve el honor de cenar» con Cheap una noche, escribía Campbell, y agregaba: «Comimos torta de repollo hecha por él, lo mejor que he comido nunca en la isla». (A Campbell le seguía afectando la visión del comandante en jefe alimentándose así: «¡Hasta el mismo capitán se vio obligado a contentarse con aquel pobre condumio!»).

Aunque los náufragos estaban desesperados por cazar los cormoranes y los petreles y otras aves acuáticas que se posaban seductoras sobre las rocas de mar adentro, no tenían manera de alcanzarlos porque los botes estaban ocupados en rescatar todo lo posible del pecio del Wager. Incluso los hombres que sabían nadar se echaban atrás a la vista de las enormes olas y de la temperatura del agua, que en aquella época del año estaba a unos cuatro o cinco grados. Si, pese a todo, decidían zambullirse, lo más probable era que muriesen de hipotermia; y, debido a lo flacos que estaban, eso podía suceder en menos de una hora. Algunos de los náufragos, no queriendo renunciar a la cacería de aves, rebuscaron entre los materiales rescatados e improvisaron diminutas balsas. Bulkeley las describía así: «chalanas, barcas-barrica, barcas-cuero y cosas por el estilo».

Un marinero de treinta años llamado Richard Phipps hizo una balsa abriendo un tonel, cogiendo parte de la madera y atándola con unos cabos a un par de troncos. Aunque nadaba muy mal, tuvo el coraje de zarpar, según lo expresó Byron, «a la búsqueda de aventuras a bordo de tan extraordinaria como original embarcación». Con la autorización de Cheap, llevó consigo una escopeta y, cada vez que veía una de aquellas aves, intentaba mantener el equilibrio en mitad del oleaje, contenía la respiración y disparaba. Tuvo suerte, de modo que empezó a probar un poco más lejos, sin alejarse de la costa, buscando nuevos terrenos de caza.

Luego, una noche, no regresó. En vista de que al día siguiente tampoco volvía, Byron y el resto de los náufragos lloraron la pérdida de otro miembro más del grupo.

Sin dejarse acobardar, otro de los náufragos partió en su propia balsa al día siguiente. Al aproximarse a un islote, divisó un animal de gran tamaño. Fue acercándose poco a poco, el arma a punto. ¡Era Phipps! Una ola había hecho volcar su precaria embarcación, y él había conseguido llegar hasta aquella roca: náufrago de los náufragos, muerto de hambre y de frío.

De vuelta en el campamento, Phipps se puso de inmediato a construir una balsa nueva, más resistente. Esta vez cogió una piel de buey, que en el Wager habían usado para cribar pólvora, y con ella envolvió unas varas curvadas para formar una canoa. Y se fue a cazar.

Byron y dos amigos diseñaron su propio invento, una inestable almadía que propulsaban mediante una pértiga. Cuando no estaban rescatando cosas del pecio, salían de excursión. Byron hizo un estudio de las aves marinas que iba viendo, entre ellas el pato vapor, que tenía unas alas cortas y grandes patas palmeadas y que, por la noche, cuando se atusaba las alas, producía una especie de ronquido. Byron consideraba a este ánade un equivalente ornitológico del caballo de carreras, debido a «la velocidad con que recorría la superficie del agua, en un movimiento mitad vuelo, mitad carrera».

Una vez, cuando Byron y sus dos amigos llevaban bastante rato en la balsa, les sorprendió un fuerte aguacero y hubieron de refugiarse bajo una roca que sobresalía, pero en su intento de sacar la balsa del agua perdieron el agarre. Byron, que no era buen nadador, vio alejarse la cuerda salvavidas. Pero uno de los otros dos se lanzó al agua y la recuperó; aún había gente capaz de actos de gallardía.

En esas excursiones los náufragos nunca cazaron muchas aves, pero las que atraparon las disfrutaron. Y a Byron, por su parte, le maravillaba el hecho de que la orgullosa Marina Real estuviera patrullando las aguas costeras.

John Bulkeley tenía una misión. Con Cummins, el carpintero, y otros camaradas fornidos, empezó a hacer acopio de ramas; en un espacio llano del campamento, los hombres les dieron forma a martillazos hasta concretar una especie de esqueleto de gran tamaño. Luego cogieron hojas y juncos del bosque y los utilizaron para cubrir el exterior de la estructura, cuyas paredes aislaron mediante trozos de lana camelote rescatados del pecio. Con tiras de velamen a modo de cortinas, dividieron el espacio interior en catorce piezas. («Camarotes», las llamó Bulkeley). *Voilà!* Habían construido una vivienda… y mucho más grande que la del capitán. «Esto es una casa de ricos; en algunas partes del mundo, valdría lo que una bonita finca —escribió Bulkeley—. Teniendo en cuenta dónde estamos, no podríamos desear una morada mejor». Unos tablones hacían las veces de mesas, y como sillas habían colocado unos toneles. Bulkeley tenía una alcoba privada, además de un sitio junto al fuego para leer su preciado tomo de *La imitación de Cristo*, que había conseguido rescatar del barco. «La Providencia lo convirtió en el medio para reconfortarme», dejó escrito. Ahora, además, tenía un refugio seco donde poder escribir asiduamente en su diario, un ritual que lo mantenía mentalmente alerta y que preservaba de aquel mundo devastado una parte de su yo anterior. Por si fuera poco, había descubierto el diario de a bordo del maestre Clark, que había sido destrozado: otro claro indicio de que alguien había querido eliminar toda prueba de cualquier error humano que pudiera haber contribuido al naufragio. Bulkeley se obligaba a ser extremadamente «cuidadoso a la hora de escribir la entrada de cada día» con el fin de garantizar una «fiel relación de los hechos».

A todo esto, otros náufragos estaban levantando sus propias «viviendas irregulares», como las calificó Byron. Se trataba de tiendas de campaña, cobertizos y chozas con techumbre de paja, aunque ninguna tan grande como la de Bulkeley.

Tal vez por adhesión a jerarquías sociales y de clase muy arraigadas, o simplemente por un deseo de cierto orden familiar, los hombres reprodujeron en la isla el tipo de segregación que ya habían vivido en el barco. Ahora Cheap tenía su refugio para él solo, y allí comía con su círculo de íntimos, siempre asistido por su ayudante, Plastow. En cuanto a Bulkeley, compartía su casa con Cummins y otros suboficiales.

Byron vivía en un refugio con los demás guardiamarinas, apretujado junto con Cozens, Campbell e Isaac Morris, como si volvieran a estar en el sollado del Wager con su bóveda de roble. El capitán de los infantes de marina, Robert Pemberton, ocupaba una vivienda al lado de las tiendas de campaña de los otros militares. Y los marineros, entre ellos John Jones y John Duck, lo hacían en sus propios refugios comunitarios. Mitchell —el ayudante del carpintero— y su banda de rebeldes también compartían techo.

Aquello ya no parecía un campamento. En palabras de Byron, formaba «una especie de aldea», con una calle principal que iba de un extremo al otro. Bulkeley escribió con orgullo: «Observando nuestra nueva ciudad, vemos que hay no menos de dieciocho casas».

Las transformaciones no terminaban aquí. En una de las tiendas, el grupo había montado un hospital improvisado, donde los enfermos podían ser atendidos por el cirujano naval y su ayudante. Para disponer de agua potable, recogían el agua de lluvia en cubas vacías. Varios supervivientes cortaron tiras de tela rescatadas del barco y las cosieron para fabricar unas prendas holgadas. Había siempre fogatas encendidas, no solo para dar calor y cocinar sino también por si el humo podía ser detectado por algún barco que pasara; la posibilidad era remota, pero había que intentarlo. Y la campana del Wager, que había llegado sola hasta la playa, sonaba ahora como lo hiciera antes en el barco, para avisar de las comidas o de una reunión.

Por la noche, algunos se sentaban en torno al fuego a escuchar las historias que los lobos de mar contaban sobre el mundo que habían dejado atrás. John Jones confesó que, cuando había suplicado a la tripulación que salvaran entre todos el Wager antes de encallar, en ningún momento había pensado que pudieran sobrevivir. A lo mejor había sido un milagro y ellos eran la prueba.

Otros leían los pocos libros que había sido posible rescatar. El capitán Cheap tenía un manoseado ejemplar del relato que sir John Narborough hizo de su expedición a la Patagonia entre 1669 y 1671; Byron se lo pidió prestado y eso le permitió meterse en una aventura donde aún había esperanza y entusiasmo.

Los náufragos pusieron nombre a los lugares que tenían en derredor, convirtiéndolos así en algo propio. La masa de agua enfrente de la playa la bautizaron como bahía de Cheap. La cima desde la que se dominaba la aldea —y que Byron había escalado— recibió el nombre de monte Desdicha; más adelante, a la montaña grande le pusieron por nombre monte Anson. Y a su nuevo hogar lo bautizaron en honor al antiguo: isla Wager.

Al cabo de unas pocas semanas, en aquella parte de playa apenas si había ya un solo molusco, y en el pecio quedaban cada vez menos víveres. El hambre volvió a carcomer de nuevo a los hombres, y sus diarios acabaron reflejando una letanía de lamentos: «A la caza de algo que comer [...]», «la tarea nocturna de salir en busca de comida [...]», «extenuados por falta de alimento [...]», «hace tanto tiempo que no he probado un pedazo de pan ni una comida como Dios manda [...]», «los rugidos del hambre [...]». Byron se dio cuenta de que él, a diferencia del náufrago solitario Alexander Selkirk, quien sirviera de inspiración para *Robinson Crusoe*, tenía que vérselas con los seres más volátiles e impredecibles de la fauna: humanos desesperados. «El mal humor y el descontento general, por las precarias condiciones en que tratábamos de procurarnos sustento, y las escasas perspectivas de que nuestra situación pudiera mejorar, se propagaban rápidamente», escribió Byron.

Mitchell y su banda merodeaban por la isla con sus luengas barbas y sus ojos hundidos, exigiendo más licor y amenazando a quienes les hacían frente. Hasta Cozens, el amigo de Byron, empezó a beber más de la cuenta y andaba todo el día borracho perdido.

Una noche, alguien entró a hurtadillas en la tienda de los suministros, que estaba junto a la morada del capitán Cheap. «Han abierto la tienda y se han llevado una gran cantidad de harina», escribió Bulkeley. Aquel robo ponía en peligro la supervivencia misma del grupo. Byron lo calificó de «crimen horrendo».

Otro día, mientras Mitchell y otro marinero estaban rebuscando en el *Wager*, Byron y un pequeño grupo se dirigieron hacia allí también. Al llegar, vieron que el hombre que iba con Mitchell estaba tendido en la cubierta semihundida. No se movía, y tenía una expresión fija. Estaba muerto. Alrededor del cuello se observaban unas marcas extrañas. Aunque Byron no podía demostrarlo, sospechaba que Mitchell lo había estrangulado para poder quedarse con todo lo que acababan de rescatar.

11

NÓMADAS DEL MAR

Empezó a nevar, el viento creaba remolinos de nieve y se formaron grandes ventisqueros tanto en la playa como en la cima de monte Desdicha. Parecía que lo hubieran pintado todo de blanco, no se distinguía una cosa de otra. John Bulkeley escribió en su diario: «La temperatura cae en picado; el frío es extremo».

El invierno se había adelantado, pero no era eso lo que más preocupaba a los supervivientes. Antes de la nevada, mientras Bulkeley estaba registrando el pecio en compañía de Byron y Campbell, tres canoas habían surgido de entre la niebla. A diferencia de las raquíticas balsas de los náufragos, estas embarcaciones eran muy robustas; estaban hechas con vainas de corteza superpuestas y unidas entre sí mediante tendones de ballena, y a proa y a popa se curvaban elegantemente hacia arriba. Iban a bordo varios hombres con el pecho desnudo y largos cabellos negros, armados con lanzas y hondas. Estaba lloviendo y soplaba fuerte del norte, y a Byron, aterido como estaba, le chocó su desnudez. «No llevaban más ropa que la piel de algún animal en torno a la cintura, y sobre los hombros algo que parecía tejido con plumas de ave», escribió.

A saber cómo, en cada canoa había una lumbre encendida, y a los remeros no parecía afectarlos el frío mientras maniobraban entre las rompientes con mano experta. Llevaban consigo varios perros —unos animales «con aspecto de perro callejero», en palabras de Byron–, que escudriñaban el mar como avezados vigías.

Byron y sus compañeros observaron a aquellos hombres que tenían por «salvajes». Estos, a su vez, miraron a aquellos flacos y peludos intrusos de piel blanca. «Era evidente –escribió Byron–, tanto por las caras de sorpresa y por su actitud, como por el hecho de no llevar consigo ni una sola cosa que pudiera provenir del hombre blanco, que jamás habían visto a nadie de nuestra raza». Eran un grupo de kawésqar, palabra que significa «gente que viste pieles». Junto con otros varios pueblos indígenas, los kawésqar se habían instalado en la Patagonia y Tierra del Fuego miles de años atrás. (Pruebas arqueológicas indican que los primeros humanos de la región llegaron hace unos doce mil años, hacia el final de la Edad de Hielo). La nación kawésqar se reducía a unos cuantos millares, y su territorio abarcaba cientos de kilómetros de litoral en el sur de Chile, desde el golfo de Penas hasta el estrecho de Magallanes. Solían moverse en pequeños grupos familiares. Dado el intransitable terreno, pasaban gran parte del tiempo en canoas y sobrevivían casi exclusivamente a base de recursos marinos. Se los ha llamado los nómadas del mar.

Habían logrado adaptarse al duro entorno con el paso de los siglos. Conocían prácticamente todos los accidentes de aquella costa. Puede decirse que tenían un mapa mental de sus laberínticos canales, cuevas y fiordos. Sabían dónde resguardarse de las tormentas; dónde había arroyos de agua cristalina para beber; cuáles eran los arrecifes que estaban repletos de erizos de mar, caracoles marinos y mejillones; las calas donde había bancos de peces; y los mejores sitios –según la estación y las condiciones climáticas– para cazar focas, nutrias, leones marinos, cormoranes y patos vapor. Los kawésqar eran capaces de identificar, por el olor fétido o al ver a buitres volando en círculos, la localización exacta de una ballena varada o herida que les proporcionaría un interminable botín: carne para comer, grasa para aceite, costillas y tendones para construir canoas.

Los kawésqar raramente se quedaban más de unos pocos días en un mismo lugar, pues procuraban no agotar los recursos alimenticios de una zona en concreto. Eran, por lo demás, expertos navegantes, en especial las mujeres, que eran quienes normalmente guiaban e impulsaban las canoas. Estas largas embarcaciones apenas si tenían un metro de anchura, pero cada una de ellas disponía de espacio para transportar a una familia y a sus preciados perros, que eran tanto vigilantes nocturnos como compañeros de cacería y mascotas que daban calor. Dado que las canoas no eran hondas, podían pasar por encima de arrecifes y penetrar en vías de agua de lecho rocoso; como lastre, el suelo de madera solía estar recubierto de una arcilla que parecía piedra. Ciñéndose al litoral e interpretando el cielo en previsión de repentinas borrascas, los kawésqar viajaban a través de los Furiosos 50 y las peligrosas aguas, que habían hecho naufragar naves enormes como el Wager. (Los yaganes, un pueblo marinero cuyo territorio estaba aún más al sur, eran capaces de navegar con sus canoas en plena tempestad por el cabo de Hornos).

Aunque los kawésqar y otros pueblos nómadas no conocían el metal, fabricaban todo un surtido de utensilios y herramientas con materiales naturales. Con huesos de ballena elaboraban escoplos y puntas para arpones y lanzas; la quijada de delfín les servía para hacer peines. La piel y los fibrosos tendones de focas y ballenas proporcionaban cuerdas para arcos, hondas y redes de pesca. Utilizaban la vejiga de foca para confeccionarse morrales. Tejían plantas para hacer cestos. Tallaban la corteza de árbol para fabricar con ella recipientes, y también antorchas. De los caparazones y conchas hacían cucharas y también cuchillos tan afilados que podían atravesar el hueso. Los pellejos de foca y león marino les proporcionaban taparrabos y sayos.

Atónitos ante el hecho de que hubiera humanos capaces de sobrevivir en aquella región —y buscando justificar sus brutales ataques contra grupos indígenas—, los exploradores europeos calificaban a menudo a los kawésqar y otros pueblos canoeros de «caníbales», pero no hay pruebas creíbles de ello. Los habitantes de la zona habían ideado maneras más que suficientes de encontrar sustento en el mar. Las mujeres, que llevaban a cabo la mayor parte de las labores de pesca, sumergían lapas atadas a tendones y esperaban a que picara un pez, para luego izarlo de un tirón y agarrarlo con la mano. Los hombres, responsables de cazar, atraían a los leones marinos cantando flojito o dando palmadas en la superficie del agua, y luego los arponeaban cuando los animales subían a investigar. Otros cazadores ponían trampas para los ánades que merodeaban al atardecer por los herbazales, y con sus hondas abatían cormoranes. De noche, los kawésqar cegaban a los pájaros en sus nidos blandiendo antorchas y luego los golpeaban con palos.

Y, además, soportaban el clima sin necesidad de llevar abultados ropajes. Para no tener frío, se untaban la piel con grasa aislante de foca. Y en esta tierra de fuego siempre tenían una lumbre encendida, no solo por el calor sino también para asar carne, fabricar utensilios y enviar señales de humo. Los leños los obtenían del mirto, un árbol cuya madera arde incluso estando húmeda; plumas de polluelo y nidos de insectos servían como yesca altamente inflamable. Y si el fuego se apagaba, lo hacían revivir raspando pedernal con pirita, un mineral que contiene gases sulfurosos. En las canoas, montaban el fuego sobre hogares de arena o arcilla, y muchas veces eran los niños los encargados de atizarlo.

El pueblo kawésqar estaba tan bien adaptado al frío que, siglos más tarde, la NASA, buscando encontrar medios de supervivencia en un planeta helado, envió científicos a la región para que aprendieran sus métodos. Un antropólogo explicaba cómo los habitantes de la zona subsistían trasladándose de un campamento a otro: «Su casa podía ser una playa de guijarros, una agradable extensión de arena, rocas o calas conocidas; unas casas eran para el invierno y otras para los largos días del verano. Pero la casa era también la canoa [...] con su hogar, su agua potable, un perro o dos, equipo de caza y doméstico, casi todo lo esencial. [...] La comida y los materiales que necesitaban estaban en el agua o en la propia playa».

Byron, Bulkeley y Campbell agitaron los sombreros animando a la gente de las canoas a que se acercaran. El rey de Inglaterra había entregado a la expedición de Anson un condescendiente manifiesto para que se lo presentaran a cualquier nación indígena que encontraran durante la travesía, manifiesto que ofrecía rescatar a los nativos de sus presuntas condiciones de depravación, así como echarles una mano en la organización de un gobierno a fin de que pudieran ser un «pueblo feliz». Pero los náufragos se dieron cuenta de que aquella misma gente que los ingleses consideraban «salvaje» podía tener la llave de su salvación.

Los kawésqar dudaban en acercarse. Aunque hubieran tenido poco contacto con europeos, sin duda estaban al corriente de las brutales conquistas de España un poco más al norte, y debían de haber oído contar cosas sobre la crueldad de los hombres de mar pálidos. Magallanes y los suyos, que fueron los primeros europeos en llegar a la Patagonia, habían convencido con regalos a dos jóvenes miembros de las comunidades indígenas −los llamados gigantes− para que subieran a bordo, y acto seguido los encadenaron. «Cuando vieron que de un martillazo el perno fijaba los grilletes impidiendo que se abrieran, aquellos gigantes sintieron miedo», escribía el cronista de Magallanes. Los españoles se jactaron de haber convertido a uno de ellos al cristianismo y le cambiaron el nombre por el de Pablo, como si fueran una suerte de redentores. Pero los dos rehenes no tardaron en morir de enfermedad. Ya en el siglo XIX, varios kawésqar fueron raptados por un comerciante alemán y exhibidos en un zoológico de París como «salvajes en estado natural». Medio millón de personas fue a ver la atracción.

Byron y sus compañeros intentaron convencerlos de que no pretendían hacerles daño con un despliegue de lo que Byron llamó «signos de amistad». Mientras la lluvia perforaba la superficie del mar, los de las canoas fueron acercándose; los perros gruñían, el viento bramaba a su alrededor. Hubo intentos de comunicarse, pero no hubo forma de entenderse. «No pronunciaron una sola palabra de ninguna lengua que nosotros conociéramos», recordaba Byron.

Los tres ingleses mostraron balas de tela que habían rescatado del pecio y se las ofrecieron a modo de presente. Los kawésqar cogieran las telas y se dejaron persuadir para bajar a tierra. Tiraron de las canoas playa arriba y siguieron a Byron y a Campbell por aquella pequeña aldea de estrambóticos refugios, observando y siendo observados. Luego fueron conducidos a presencia del capitán Cheap, que evidentemente estaba ocupando una vivienda de ellos.

Cheap recibió a los desconocidos con mucha ceremonia, no en vano eran su mejor, por no decir la única, esperanza de encontrar comida para sus hombres, aparte de que sin duda tendrían información vital sobre la ubicación de los asentamientos españoles y sobre las rutas marítimas más seguras para huir de la isla. Cheap regaló a cada uno de ellos un gorro de marino y una casaca de soldado. Aunque los indígenas mostraron escaso interés por vestir aquellas prendas —se las quitaban cada vez que alguien se las ponía encima—, sí pareció gustarles el rojo de las casacas. (Los kawésqar solían pintarse la piel con pigmento rojo hecho de tierra quemada). El capitán les dio también un espejo. «Aquella novedad pareció afectarles de una manera extraña —escribió Byron—. El que se miraba no podía entender que el rostro que aparecía en el espejo fuera el suyo propio, sino el de alguien que había al otro lado, de ahí que fuera a mirar por detrás para averiguarlo». Campbell señaló que los kawésqar eran «de un comportamiento sumamente cortés» y que el capitán Cheap «los trató con gran educación».

Pasado un rato, los kawésqar partieron en sus canoas; el humo azulado de las lumbres de a bordo señaló su rumbo antes de que se perdieran de vista. Cheap no sabía si volverían a verlos. Pero al cabo de dos días regresaron, esta vez trayendo consigo gran cantidad de comida, incluidas tres ovejas.

Era evidente que se habían tomado muchas molestias para conseguir las ovejas. Los kawésqar no eran conocidos por consumir carne de carnero, de modo que probablemente habían hecho algún trueque con algún otro grupo nativo que estaba en contacto con los españoles varios centenares de kilómetros más al norte. Además de todo esto, los kawésqar ofrecieron a los náufragos lo que Bulkeley describió como «los mejillones más grandes y más sabrosos que haya visto o probado en mi vida». Los hambrientos ingleses se mostraron muy agradecidos. Campbell escribió que aquella gente era «¡un magnífico ejemplo para muchos cristianos bien educados!».Partieron de nuevo los indígenas, pero no tardaron en volver con esposas e hijos y algunas familias más. En total eran unas cincuenta personas: el barco naufragado era una de aquellas atracciones (como una ballena varada) que hacían converger a grupos dispares de kawésqar. Ahora parecían «mucho más a gusto en nuestra presencia», escribió Byron, y «descubrimos que su intención era instalarse con nosotros». Fascinado, vio cómo empezaban a levantar viviendas, que ellos denominaban *at*, cogiendo ramas largas y clavándolas en el terreno formando un óvalo. «Doblan los extremos de las ramas —escribió Byron— para que se junten en lo alto de la estructura, donde las atan entre sí mediante una especie de enredadera parecida a la madreselva, que parten sujetándola entre los dientes. Este esqueleto de choza resiste las inclemencias del tiempo gracias a un recubrimiento de corteza y ramas cortas». Los kawésqar habían llevado consigo la corteza en sus canoas tras haberla arrancado de sus anteriores moradas. Por lo general, cada uno de estos refugios disponía de dos entradas bajas, protegidas por cortinas de frondas de helecho. En el interior, justo en el centro de la estancia, había un espacio para la lumbre, y el suelo húmedo de alrededor estaba cubierto de helechos y ramas para poder sentarse y para dormir. Todo este trabajo de construcción, se fijó Byron, se llevó a cabo con gran celeridad; otra de las maneras con que los indígenas kawésqar se protegían de los elementos.

Cuando uno de los ingleses que estaban enfermos murió, los kawésqar formaron corro con los náufragos alrededor del cadáver. «Los indios prestan mucha atención a los muertos, se sientan cerca del […] cadáver y lo tapan con sumo cuidado –escribió Bulkeley–. No dejaron de mirar la cara del difunto en ningún momento, y con gran seriedad». Cuando el cuerpo fue inhumado, los ingleses murmuraron unas plegarias mientras los kawésqar aguardaban de pie y en silencio. «Al ver que nosotros nos descubríamos la cabeza durante el responso –escribía Bulkeley–, estuvieron muy atentos a cuanto pasaba, y así lo hicieron hasta que el sepelio tocó a su fin».

Viendo lo indefensos que estaban los ingleses, los kawésqar zarpaban periódicamente con sus canoas para volver, como por arte de magia, cargados con víveres. Byron vio partir a una mujer con un compañero y, una vez alejados de la costa, agarrar un cesto entre los dientes y lanzarse a las gélidas aguas. «Buceando hasta el fondo –escribía Byron–, permaneció bajo el agua un tiempo sorprendente». Cuando volvió a salir, el cesto estaba lleno de erizos de mar, un extraño marisco, escribió Byron, «del que asoman pinchos en todas direcciones»; cada erizo contenía cuatro o cinco yemas «parecidas a los gajos de una naranja, de excelente sabor y muy nutritivas además». Después de dejar los erizos en la canoa, la mujer tomó aire y volvió a zambullirse en busca de más.

Bulkeley se fijó en que algunas mujeres kawésqar podían bucear hasta casi diez metros de profundidad. «Su agilidad, y su aguante bajo el agua durante tanto rato como suelen sumergirse, sería algo imposible de creer para quien no lo haya visto con sus propios ojos», escribió. Byron, por su parte, pensaba que «se diría que la Providencia ha dotado a esta gente de una suerte de naturaleza anfibia».

Los kawésqar consiguieron localizar peces en una laguna y, con ayuda de los perros, los hicieron ir hacia unas narrias.

De dichos perros, Byron escribió que eran «muy sagaces y fáciles de adiestrar». Bulkeley escribió: «Este método de atrapar peces es, creo, desconocido en otras latitudes y nos causó verdadera sorpresa».

Los kawésqar habían proporcionado un modo de sustento al capitán Cheap. Sin embargo, al cabo de unos pocos días, Mitchell —el ayudante del carpintero— y otros empezaron a desmandarse otra vez. Desafiando las órdenes de Cheap, robaban licor, se corrían juergas y escamoteaban armas del pecio en lugar de llevarlas a la tienda-almacén. Byron escribió que aquellos hombres —«sometidos ahora a un control mínimo»— intentaron «seducir» a las mujeres kawésqar, lo cual «fue una gran ofensa para los indios».

Corrió la voz por el campamento de que Mitchell y sus secuaces planeaban robarles las canoas a los kawésqar y huir de la isla. Cheap encargó a Byron y otros aliados frustrar la conspiración montando guardia junto a las canoas. Pero los kawésqar habían reparado en las insidiosas tensiones que había entre los náufragos: esos hombres que se dejaban crecer el vello de la cara, que no tenían ni idea de pescar ni cazar, que llevaban prendas apretadas que impedían que el calor de la lumbre llegara a su piel, y que parecían al borde del caos.

Una mañana, al despertar, Cheap descubrió que los kawésqar se habían marchado. Tras arrancar la corteza de sus refugios, se habían largado con sus canoas, llevándose consigo los secretos de su civilización. «De haber podido tratarlos como era debido —se lamentaba Byron—, nos habrían sido de una inestimable ayuda». Dado que su abrupta partida era consecuencia del comportamiento de los náufragos, añadía, nadie esperaba que los kawésqar volvieran a aparecer.

12

EL SEÑOR DE MONTE DESDICHA

Byron encontró un perro en el bosque. Los kawésqar, tal vez con las prisas por marcharse, lo habían dejado allí. El perro se acercó a Byron y lo siguió hasta el campamento; por la noche se echó a su lado y le dio calor. Luego, durante el día, acompañó a Byron en todo momento. «Este animal me tomó tanto cariño y me era tan fiel que no soportaba que nadie se nos acercara [...] sin morderle», escribió.

Para Byron fue un consuelo tener un compañero tan leal. Desde la partida de los kawésqar, el puesto de avanzada estaba sumido en un caos absoluto. Los víveres menguaban, y el capitán Cheap se enfrentaba a un engorroso dilema: si continuaba repartiendo las mismas raciones diarias, conseguiría aplacar a sus hombres a corto plazo, pero la comida se acabaría antes y todo el mundo pasaría hambre. Así pues, optó por reducir los ya magros ágapes, provocando a los hombres «allí donde más dolía». Bulkeley anotó en su diario que pasaron a una «ración más pequeña de harina, una libra por cada tres hombres y día». Dicha cantidad se vio aún más reducida varios días después.

Con la esperanza de conseguir algún alimento, Bulkeley fue con un grupo hasta la laguna donde los kawésqar habían estado pescando. Pero los náufragos no encontraron peces. «Nuestra subsistencia es cada vez más complicada —escribió Bulkeley—. Los moluscos escasean, y son muy difíciles de conseguir». Aquel mes de junio, con el invierno encima, hubo menos horas de luz diurna y la temperatura estaba casi siempre por debajo de cero grados. La lluvia muchas veces se convertía en nieve o cellisca. El granizo, escribió Bulkeley, «te golpea el rostro con tal violencia que es casi imposible de soportar». Pese a su estoicismo, el artillero se lamentaba de que probablemente nadie había tenido que «vérselas con un tiempo tan malo como el que estamos sufriendo», y añadía que las condiciones eran «tan extremas que uno se concede unos momentos para decidir si quedarse en la tienda y morir de hambre, o salir en busca de alimento».

Un día Byron se hallaba en su refugio, intentando mantenerse caliente, cuando el perro, que estaba acurrucado a su lado, se puso a gruñir. Byron levantó la cabeza y vio en el umbral a unos cuantos hombres de ojos desorbitados. Querían el perro, le dijeron.

¿Para qué?, exigió saber Byron.

Le respondieron que, si no se lo comían, morirían de hambre.

Byron suplicó para que no se llevaran al perro, pero ellos lo sacaron a rastras del refugio, entre gañidos.

Al poco rato, Byron ya no lo oyó ladrar. Lo habían sacrificado; Byron no dejó constancia de si fue con las manos o de un disparo, como si le fuera insoportable hablar del hecho en sí. Asaron al perro en una fogata, los hombres contemplando las llamas a la espera de su ración. Byron permaneció aparte, desconsolado, pero al final se acercó al fuego y pudo ver cómo los hombres devoraban la carne y las vísceras del perro. Tal como estaban las cosas, escribió Bulkeley, el artillero, «nos pareció más sabroso que cualquier carnero inglés».

Finalmente, Byron se decidió a coger su parte. Más tarde encontró las patas y unos trozos de pellejo desechados, y se comió eso también. «Los rugidos del hambre sacaron a los hombres de su sano juicio», confesó.

El poeta Lord Byron, inspirándose en la descripción hecha por su abuelo, escribió en *Don Juan*:

*... don Juan hubo de ceder,
y su amado perrillo faldero fue sacrificado.*

No llevaban todavía un mes en la isla cuando John Bulkeley constató que la tripulación estaba escindiéndose en grupos beligerantes. Primero, Mitchell y su banda de nueve forajidos abandonaron el grupo principal y se instalaron a varios kilómetros de distancia, decididos a buscarse la vida por su cuenta. «Secesionistas», los llamaron, y tal vez era mejor para el resto que hubieran abandonado el campamento. Pero estaban armados, y, como lo expresó Campbell, «rondaban por donde se les antojaba». Existía el temor de que los secesionistas pudieran asaltar por sorpresa el asentamiento principal y hacerse con las embarcaciones de transporte o con víveres.

Uno de los marineros del campamento desapareció mientras recolectaba en monte Desdicha, y un grupo de búsqueda encontró su cuerpo medio oculto entre los matorrales. La víctima, escribió Byron, había sido «apuñalada en varios sitios y atrozmente mutilada»; lo poco que hubiera encontrado para comer le había sido sustraído, evidentemente. Byron sospechaba que Mitchell había cometido «no menos de dos asesinatos desde que perdimos el barco». El hallazgo del cadáver —y descubrir que algunos miembros de la tripulación estaban dispuestos a matar para sobrevivir— causó un gran impacto en la partida de búsqueda. Los náufragos siempre habían puesto cuidado en enterrar a sus compañeros caídos; como escribió Byron, era creencia común que «el espíritu de los muertos no estaba en paz mientras el cuerpo no fuera inhumado; y que no dejaba de aparecerse a aquellos que habían incumplido ese deber para con los fallecidos». Pero ahora los hombres se retiraron a toda prisa, dejando en el suelo el cadáver medio congelado.

Entre los náufragos del asentamiento empezaban a ser frecuentes las desavenencias. Muchos —incluido el contramaestre,

John King– aireaban ya sin ningún pudor su desdén hacia el capitán Cheap. Ellos lo veían como un hombre testarudo y jactancioso, el responsable de que ahora estuvieran metidos en aquel infierno, pero incapaz de sacarlos de allí. ¿Por qué tenía que ser él quien decidiera las tareas a realizar y la cantidad de comida a repartir? ¿Con qué derecho ostentaba el mando si no había ni barco ni Almirantazgo ni gobierno de ninguna clase? El guardiamarina Campbell, que seguía siendo leal a Cheap, se lamentaba de que muchos hombres estuvieran «quejándose continuamente del capitán y amenazando a los suboficiales que lo apoyaban».

Cheap había confiado en poder contar con el capitán de los infantes de marina, Robert Pemberton, y con sus soldados para que le ayudaran a sofocar cualquier posible protesta entre los supervivientes de la tripulación. Pero Pemberton se había desmarcado con sus hombres para formar una facción propia, aunque seguían viviendo en el asentamiento principal. Dado que los infantes eran, técnicamente, parte del Ejército de Tierra, y dado que ahora no estaban en alta mar, Pemberton era quien les daba las órdenes. En su choza, había armado una butaca de madera en la que se sentaba como si fuera un monarca, rodeado de sus fieles soldados. Coronaba el refugio una maltrecha bandera, marcando su territorio.

Campbell dejó escrito que la dotación del Wager estaba sumiéndose en un «estado de anarquía», con diversos caciques enfrentados. Era tanta la hostilidad, tan furibunda la rabia reinante, que «nadie podía prever las consecuencias».

Byron, que intentaba evitar lo que él llamaba las camarillas, se trasladó a vivir a un extremo de la aldea. «Como no me gustaba ninguno de los bandos, me construí una pequeña choza con espacio suficiente para mí solo», escribió.

El naufragio había hecho estragos en las antiguas jerarquías: ahora todos los hombres, del primero al último, compartían el mismo infortunio. Bulkeley señaló que estas condiciones –frío, hambre, desorganización– podían «hacer que uno se hartara de la vida». Pero en medio de esta miseria colectiva, de esta democracia del sufrimiento, Bulkeley parecía estar prosperando. Cuidaba de su excelente refugio y procuraba que la vegetación circundante no creciera más de lo debido. Y mientras muchos parecían limitarse a esperar la muerte, la paz eterna, él continuaba buscando comida con verdadero fanatismo: cazaba aves, arrancaba algas de las rocas, rescataba del pecio todo lo que parecía útil. La consigna era llevar a la tienda-almacén todo aquello que se pudiera comer, pero el artillero hizo acopio de otros materiales para su uso exclusivo: tablones, herramientas, zapatos, tiras de tela. En la isla el dinero no servía para nada, pero él, con la mentalidad de un comerciante, intercambiaba este tipo de artículos por otras cosas necesarias, aparte de repartir favores. Y sin que nadie se enterara, fue creando también un alijo de armas y municiones.

Todas las mañanas salía a hurtadillas de su propiedad. Estaba convencido de que debía actuar con precaución, como aconsejaba *La imitación de Cristo*, «no sea que el diablo te engañe, pues el diablo nunca duerme sino que va siempre en busca de alguien a quien pueda devorar».

Reparó en que cada vez más miembros de «el pueblo», como gustaba de referirse a los náufragos, acudían a su casa y, en particular, a él, John Bulkeley, para conocer cuál era el siguiente paso que debían dar. Un día Pemberton, el capitán de los infantes, se llevó a un aparte a Bulkeley y su amigo Cummins, y estuvieron hablando en la vivienda de Pemberton. Tras asegurarse de que nadie pudiera oírles, Pemberton les dijo que consideraba un «cero a la izquierda» al teniente de navío Baynes. Y añadió que el capitán Cheap le merecía «una opinión parecida». Su lealtad parecía residir ahora en Bulkeley, que era un líder nato.

A la sazón, lo que más preocupaba al capitán Cheap eran los ladrones. Como insidiosas ratas, seguían colándose por la noche en la tienda-almacén y haciéndose con preciadas perlas de comida. Dado que los náufragos estaban al borde de la inanición, estos robos –que Bulkeley calificaba de «prácticas ruines»– enfurecían al resto de los hombres. La gente empezaba a mirarse con creciente recelo: ¿quién era el canalla que metía mano a la poca comida que les quedaba?

Todo hombre de mar despreciaba al jefe tiránico, pero todavía más a aquel que era incapaz de mantener el orden y de cumplir una promesa tácita: que, a cambio de la lealtad de sus hombres, velaría por el bienestar de todos ellos. Ahora eran muchos los náufragos que despreciaban al capitán Cheap por no salvaguardar sus provisiones y ser incapaz de atrapar a los culpables. Algunos clamaban por trasladar la comida al refugio de Bulkeley, insistiendo en que el artillero sabría cuidar mejor de ella.

Bulkeley no había dicho nada en este sentido, pero decidió ir a ver a Cheap con la idea de «preguntarle» acerca de los robos. Y habló como si representara a todo el grupo.

Cheap estaba convencido de que los disturbios podían acabar con el poblado si no los sofocaba a tiempo. Así pues, hizo pública una proclama: todos sus oficiales y los infantes de marina se turnarían para vigilar la tienda-almacén. Cheap encargó a Bulkeley una de las guardias nocturnas, lo que suponía estar de plantón, a solas, aguantando el frío y la humedad (un recordatorio de su rango inferior). «Se impartieron órdenes estrictas», escribió Bulkeley, de mantener «los ojos bien abiertos». Byron también tuvo que hacer de vigilante. «Agotado después de pasar todo el día buscando alimento», señalaba, era difícil «defender esta tienda de una invasión nocturna».

Atardecía, estando él de servicio, cuando oyó algo que se movía. Byron aún tenía miedo de que una cosa monstruosa rondara por la isla al caer la noche. En una ocasión, había dejado escrito, uno de los hombres había asegurado que, mientras dormía, «había notado en su cara el aliento de un animal, y, al abrir los ojos, grande fue su sorpresa al ver, en el rielar de la lumbre, a una fiera enorme». El hombre en cuestión había relatado la historia de su huida por los pelos «con horror en el semblante». El impresionable Byron pensó después haber detectado en el suelo arenoso una huella extraña: era «honda y plana, de un buen palmo de circunferencia y bien provista de zarpas».

Escudriñó la negrura. No se veía nada, pero oyó otra vez el sonido, insistente y fiero. Venía del interior de la tienda. Byron sacó su arma y entró. Allí, frente a él, estaban los destellantes ojos de uno de sus compañeros. El hombre se había escurrido por debajo de la tienda y estaba en proceso de hurtar comida. Byron le apuntó al pecho y luego, con una soga, lo ató a un poste y fue a avisar al capitán.

Cheap puso al ladrón bajo arresto, confiando en que así evitaría nuevos incidentes. No mucho después, el sobrecargo Thomas Harvey estaba dando una vuelta cuando reparó en una silueta que rondaba por los arbustos cerca de la tienda de las provisiones. «¿Quién va?». Era un infante de marina, Rowland Crusset. Harvey lo sujetó y procedió a registrarlo. Según relataba Bulkeley, llevaba encima «la ración diaria de harina para más de noventa individuos, y un buen pedazo de carne de buey debajo de la casaca», y había escondido otros tres pedazos en los arbustos.

Otro infante, Thomas Smith, que era compañero de mesa de Crusset, había estado de guardia en el momento de los hechos y fue arrestado como cómplice del robo.

La noticia corrió como la pólvora, convirtiendo a los apáticos habitantes del asentamiento en un grupo de furiosos justicieros. Cheap les dijo a Bulkeley y otros oficiales: «Opino que por robar en la tienda-almacén (que, dadas las circunstancias, es como condenar a la hambruna al conjunto de todos nosotros), los prisioneros merecen la muerte». Nadie puso pegas. «No fue solo la opinión del capitán, sino que así lo sentían también todos los allí presentes», escribió Bulkeley.

No obstante, en el último momento Cheap decidió que los acusados debían regirse «por las normas de la Armada, y atenerse a ellas». Y, basándose en dicha normativa, el capitán resolvió llevarlos ante un consejo de guerra: si se cometían delitos en la isla Wager, tendría que haber un juicio.

Pese a hallarse en un vasto territorio inexplorado –lejos de Inglaterra y de las entrometidas miradas del Almirantazgo–, tanto Cheap como muchos de los náufragos se ceñían a los códigos navales británicos. Organizaron rápidamente un juicio público con varios oficiales designados para ejercer como jueces. Según la normativa naval, debían mostrarse imparciales. Pero, en el caso que les ocupaba, todos los allí presentes habían resultado afectados por los presuntos delitos. Se les tomó juramento, harapientos como estaban, y luego se hizo comparecer a los acusados. Allí de pie, azotados por el viento, escucharon los cargos que se les imputaban. Se citó a varios testigos, que juraron decir «la verdad, toda la verdad y nada más que la verdad». El único atenuante de los acusados parecía ser que ellos habrían hecho cualquier cosa, por cruel o artera que hubiera sido, para no morir de hambre. Ninguno de los tres juicios duró mucho: los acusados fueron declarados culpables.

Revisados los Artículos de Guerra, se determinó que el «delito no ha supuesto la pérdida de vidas humanas» y, en consecuencia, no era merecedor de la pena capital. Cada uno de los reos fue condenado a recibir seiscientos latigazos; la cantidad era tan exagerada que debería administrarse en tandas de doscientos a lo largo de tres días consecutivos. De lo contrario, era un castigo mortal. Un hombre de la Armada que en cierta ocasión estaba a punto de ser flagelado comentó: «Estoy convencido de que no sobreviviré a la tortura; preferiría que me hubieran condenado a morir ante un pelotón de fusilamiento o a ser colgado del penol».

Pese a ello, muchos náufragos consideraron que seiscientos azotes era un castigo insuficiente. Querían la pena definitiva: la muerte. Entones Bulkeley tomó la palabra y propuso lo que él denominó «una alternativa cercana a la pena de muerte» y que «imbuya terror a todos de cara al futuro». Después de los latigazos, propuso, los reos serían exiliados a un islote rocoso próximo a la costa, donde había al menos algunos moluscos y conchas, además de agua potable, y permanecerían allí hasta que el grupo principal encontrara el medio de regresar a Inglaterra.

El capitán Cheap suscribió la idea. Sin duda, después de tan severo castigo, nadie más osaría desobedecer las órdenes y poner sus necesidades particulares por encima de las del grupo.

Cheap ordenó que «toda la tripulación sea testigo presencial del escarmiento». En medio de una granizada, los náufragos se congregaron mientras Crusset, uno de los prisioneros, era escoltado por centinelas. Aquellos hombres habían dado media vuelta al mundo con el infante de marina condenado, habían compartido guardias, combatido huracanes, sobrevivido a un naufragio. Y ahora contemplaron cómo su compañero era atado a un árbol por las muñecas. Todos ellos, que hasta hacía poco vivían entre continuas disputas, quedaron momentáneamente unidos por un odio común.

Crusset había sido despojado de su camisa y tenía la espalda al descubierto: lo primero que notó fue el impacto de unos guijarros de hielo. Entonces uno de los hombres cogió el látigo y, con todas sus fuerzas, empezó a flagelar a Crusset. El látigo le laceró la piel. Un hombre que había sido testigo de una flagelación comentó que, tras dos docenas de latigazos, «la espalda ya no parece humana, sino que recuerda un pedazo de carne asada a fuego vivo, casi negra; pese a ello, los azotes siguen cayendo».

El hombre encargado de administrar el castigo flageló al reo hasta que se quedó sin fuerzas para más latigazos. «Cuando azotan a un pobre diablo, sus gritos te llegan al alma», recordaba otro testigo de una flagelación.

Crusset recibió cincuenta latigazos, luego otros cincuenta y después cincuenta más. Una vez completados los doscientos de ese día, lo desataron y le ayudaron a volver bajo cubierto. El castigo se reanudó al día siguiente. Los otros reos corrieron la misma suerte. A algunos de los infantes de marina les horrorizó de tal manera ver sufrir a sus camaradas, que, al menos en un caso, se opusieron a llevar a cabo la tercera tanda. Concluido el castigo, los tres prisioneros fueron transportados hasta el islote y dejados allí, ensangrentados y semiinconscientes.

Cheap creía haber cortado de raíz toda posible insubordinación a corto plazo. «Me esforcé por [...] hacerlos entrar en razón», insistía después en un informe. Pero no pasó mucho tiempo antes de que descubrieran la desaparición de cuatro botellas de brandy y cuatro sacos de harina de la tienda-almacén; las privaciones eran una amenaza mayor que cualquier tortura que Cheap pudiera infligirles.

Una turba de náufragos irrumpió en varios de los refugios en busca de los víveres desaparecidos. Rebuscando en las tiendas de algunos infantes, poniéndolo todo patas arriba, encontraron las botellas y la harina. Nueve infantes fueron acusados del delito, pero cinco de ellos lograron escapar y unirse a la banda de secesionistas. Los otros cuatro fueron juzgados, flagelados y desterrados.

La cosa no terminó ahí; los apaleamientos eran cada vez más frecuentes. Después de que uno de los sentenciados recibiera varias tandas de latigazos, Cheap ordenó a Byron y varios más que llevaran al ladrón al islote. Aquel hombre estaba al borde de la muerte. Byron escribió: «Nosotros, llevados por la compasión y contraviniendo las órdenes, le montamos una especie de choza y encendimos un fuego, y luego lo dejamos allí para que se las apañara como mejor pudiera». Unos días más tarde, Byron fue en barca con varios compañeros para llevarle algo de comer, y se lo encontraron «muerto y tieso».

13

MEDIDAS EXTREMAS

El capitán Cheap vio un largo reguero blanco, como de harina, que serpenteaba hacia su vivienda. Lo examinó de cerca: era pólvora. ¿Se había derramado accidentalmente, o era parte de un complot? El guardiamarina Byron dijo haber oído por terceros que Mitchell y su banda de separatistas habían entrado en el campamento para «perpetuar su malvado plan de hacer volar por los aires a su comandante, cuando uno de ellos, al que aún le quedaban arrestos y cierto remordimiento de conciencia, logró disuadirlos con esfuerzo».

Cheap no sabía qué creer. En una sociedad en conflicto, también los hechos pueden convertirse en víctimas. Había rumores y contrarrumores, algunos probablemente divulgados aposta para crear mayor confusión, para minarle aún más la moral. Él ya no estaba seguro de en quién podía confiar. Había detectado signos de deslealtad incluso entre los oficiales. El jefe de los infantes, Pemberton, había perdido, en palabras de Cheap, «todo sentido del honor o del interés de su país». El pusilánime teniente Baynes era como una veleta y podía cambiar de bando según soplara el viento; y el contramaestre King provocaba tantas riñas que sus propios compañeros lo habían expulsado del refugio que compartían. Luego estaba John Bulkeley, el aparente aguafiestas. Cheap lo había sondeado respecto a su lealtad, y Bulkeley le aseguró que ni él ni «el pueblo» —otra vez aquella expresión— «darían nunca el menor paso para amotinarse contra él». Pero el artillero convocaba reuniones a cada momento en su improvisado hotel, forjando alianzas, construyendo su pequeño imperio, como si fuera el monarca de la isla.

Cheap caminaba apoyado en su bastón mientras afuera bramaba el viento, tronaban las nubes, tamborileaba el granizo y rugían las olas. Cuando Anson le concedió la capitanía, fue algo más que un ascenso: fue la muestra de respeto y honor que Cheap tanto codiciaba. Y suponía además la oportunidad de cubrirse de gloria, erigiéndose en líder de hombres. Todo eso estaba ahora en entredicho, igual que peligraba el puesto de avanzada. Y Cheap se sentía atormentado tanto por el hambre como, aparentemente, por sus propios pensamientos, febrilmente obsesionado con, según lo expresó él, «las constantes dificultades y vejaciones a las que tengo que enfrentarme». Byron observó que Cheap era «celoso hasta el límite» de su poder como capitán, un poder que veía «declinar de día en día, a riesgo de acabar siendo pisoteado».

El 7 de junio, casi un mes después de que el Wager encallara, Cheap dio orden al guardiamarina Henry Cozens de llevar un casco de guisantes rescatado del pecio desde la playa hasta la tienda-almacén. Cozens, que no se tenía en pie probablemente a causa de la bebida, insistió en que el casco pesaba demasiado e hizo ademán de marcharse. ¡Un guardiamarina desobedeciendo a su capitán!

Cheap le dijo a gritos que estaba borracho.

—¿Con qué iba yo a emborracharme, como no sea con agua? —replicó el guardiamarina Cozens.

—¡Canalla! Busque ayuda y traigan ese casco.

Cozens hizo un gesto desganado de llamar a otros, pero nadie acudió. Cheap le golpeó con su bastón. Acto seguido ordenó prenderlo y que lo recluyeran en una tienda, vigilado por un centinela. «Hoy el señor Henry Cozens, guardiamarina, ha sido confinado por el capitán —escribió Bulkeley en su diario—. Presuntamente por embriaguez». Por la noche, el capitán fue a ver a su prisionero. Cozens lo cubrió de insultos,

insultos cuyo eco resonó por todo el campamento. Dijo que Cheap era aún peor que George Shelvocke, un tristemente célebre bucanero británico que, dos décadas atrás, había naufragado con su barco, el Speedwell, en una de las islas Juan Fernández. De regreso en Inglaterra, Shelvocke fue acusado de hundir deliberadamente el barco al objeto de defraudar a sus inversores. «Aunque Shelvocke era un granuja, de necio no tenía un pelo –le dijo Cozens a Cheap–. Y usted, voto a bríos, usted es tanto lo uno como lo otro». Furioso, Cheap alzó el bastón para golpear a Cozens –para someterlo a golpes–, pero el centinela se lo impidió, haciendo hincapié en que el capitán no debía «pegar a ninguno de sus prisioneros». Cheap recobró la compostura, y, sorprendentemente, puso al guardiamarina en libertad.

Pero varios hombres le facilitaron más licor a Cozens, y el guardiamarina empezó a armar escándalo otra vez, ahora discutiendo a gritos con el mejor aliado del capitán, el sobrecargo Thomas Harvey. Sobrio, Cozens era un joven afable; Byron sospechó que alguno de los insurgentes había hecho beber a su amigo a fin de convertirlo en su propio agente destructor.

Unos días después llovió de manera especialmente intensa; el agua chorreaba de las hojas y bajaba en torrente por las laderas de monte Desdicha. Cozens estaba en la cola esperando su ración. El sobrecargo Harvey las repartía desde la tienda-almacén. Entonces Cozens oyó un rumor: que Cheap había decidido recortarle su ración de vino. Sin pensarlo dos veces, Cozens fue hacia Harvey para exigir lo que le correspondía. El sobrecargo, enfadado todavía por su anterior disputa con el guardiamarina, sacó su pistola de chispa, cuyo cañón medía casi cuatro palmos de largo. Cozens continuó avanzando a grandes zancadas. Harvey amartilló el arma y apuntó, mientras insultaba a Cozens y le acusaba de intentar amotinarse. Un hombre que estaba junto a Harvey intervino desplazando el cañón hacia arriba en el momento en que el sobrecargo apretaba el gatillo. La bala pasó rozando a Cozens.

Al oír el disparo y los gritos sobre un motín, Cheap salió en tromba de sus aposentos. Echaba chispas por los ojos, y en su mano empuñaba una pistola. La lluvia impedía ver bien, pero buscó con la mirada a Cozens, pues estaba seguro de que era él quien había disparado, y gritó: «¿Dónde está ese villano?». No obtuvo respuesta, pero divisó a Cozens entre el grupo cada vez más numeroso de náufragos. Cheap se acercó y, sin más preámbulos, apoyó el frío extremo del cañón en la mejilla izquierda de Cozens. Y luego, como él mismo explicaría después, procedió «a aplicar medidas extremas».

14

AFECTOS DEL PUEBLO

Al oír la detonación, John Byron salió corriendo de su choza y vio a Cozens tendido en el suelo, «revolcándose en su propia sangre». El capitán Cheap le había disparado a la cara.

Muchos de los hombres retrocedieron, temerosos de la ira de Cheap, pero Byron fue hacia donde yacía su compañero y se arrodilló a su lado bajo la intensa lluvia. Cozens respiraba todavía. Abrió la boca para decir algo, pero no salió sonido alguno. Entonces «me cogió de la mano —recordaba Byron—, sacudiendo la cabeza, como si quisiera despedirse de nosotros».

Los hombres estaban cada vez más inquietos. Bulkeley comentó que las «infames palabras con que [Cozens] se había dirigido al capitán probablemente hicieron sospechar a este que el guardiamarina pretendía amotinarse», pero estaba claro que Cozens no iba armado. Byron pensó que, por muy mal que hubiera actuado Cozens, la reacción de Cheap era imperdonable.

Los que contemplaban la escena seguían inquietos mientras Cozens se debatía entre la vida y la muerte. «La infeliz víctima [...] parecía recabar toda su atención —recordaba Byron—. Todas las miradas estaban puestas en él; y señales visibles de la más honda preocupación asomaron al semblante de los espectadores». En medio del creciente clamor, Cheap ordenó a los hombres que se pusieran firmes y en fila. Bulkeley se preguntó si él y los suyos no debían ir a por sus armas. «Pero, en vista de las circunstancias, pensé que lo mejor era ir desarmados», recordaba el artillero.

El hambre había dejado en los huesos al otrora recio capitán. No obstante, mientras encaraba la hilera de hombres, se mantuvo firme, pistola en mano. Sus aliados lo flanqueaban: Elliot, el cirujano; Hamilton, el teniente de infantes de marina. Cuando Bulkeley le hizo ver que sus hombres no iban armados, Cheap dejó su pistola en el suelo fangoso y dijo: «Ya lo veo, y si los he convocado es solo para que todos ustedes sepan que sigo siendo su comandante, así que vuelva cada cual a su tienda».

Mientras el mar rompía contra la playa, hubo unos momentos de incertidumbre. Bulkeley y sus hombres sabían que, si se negaban a obedecer, estarían dando un primer paso para derrocar a su capitán, quebrantando así las normas de la Armada, las normas por las que se habían regido siempre. El tiro a quemarropa contra Cozens, observó Byron, había provocado casi «un tumulto y un acto de sedición». Finalmente, Bulkeley dio media vuelta y el resto de los náufragos le imitó. Byron, que regresó a solas a su choza, dejó escrito que el resentimiento general parecía «sofocado por el momento».

Por último, el capitán Cheap dio orden de que llevaran a Cozens a la tienda-enfermería.

Bulkeley fue a visitar a Cozens. Estaba siendo atendido por un joven de nombre Robert, el ayudante del cirujano. Robert inspeccionó la herida, de la que manaba sangre. El primer manual sobre medicina para cirujanos navales advertía de que las heridas de bala «siempre son complejas, nunca simples, y las más difíciles de curar». Robert buscó la trayectoria de la bala. Había entrado por la mejilla izquierda, destrozándole la mandíbula superior, pero no había orificio de salida. El proyectil seguía alojado en la cabeza de Cozens, unos ocho centímetros por debajo del ojo derecho. Robert empleó vendas en su intento de cortar la hemorragia, pero estaba claro que había que extraer la bala si se quería dar a Cozens alguna oportunidad de sobrevivir.

La intervención quirúrgica fue programada para el día siguiente. Sin embargo, cuando llegó la hora, el cirujano en jefe, Elliot, no compareció. Algunos atribuyeron su ausencia a una pelea previa entre él y Cozens. Cummins, el carpintero, dijo haber oído que Elliot quería acudir pero que el capitán Cheap había intervenido. El guardiamarina Campbell dijo que a él no le constaba que el capitán hubiera hecho tal cosa, y que probablemente ese conflicto era fruto de la desinformación, tal como había sido falso el rumor sobre que a Cozens se le había reducido la ración de vino. Pese a la insistencia de Campbell en el sentido de que Cheap estaba siendo objeto de difamaciones, la idea de que el capitán habría impedido que Elliot tratara a Cozens se extendió por el asentamiento. «Muchos lo vieron como un acto inhumano por parte del capitán —escribió Bulkeley en su diario—, y ello contribuyó en gran manera a hacerle perder el cariño del pueblo». El artillero añadía que habría sido más honroso por parte de Cheap haber rematado a Cozens con un segundo balazo, en vez de negarle la ayuda.

Finalmente, Robert decidió intentarlo él. El manual advertía de que el primer deber de todo cirujano era para con Dios, «que ve lo que no ve el hombre» y que «nos guiará por el buen camino». Robert abrió el maletín médico, en cuyo interior había instrumentos metálicos tales como escalpelos, fórceps, sierras de cortar hueso y un hierro para cauterizar. Nada estaba esterilizado, y la operación —sin anestesia— tenía por tanto tantas probabilidades de éxito como de fracaso. Cozens logró sobrevivir al proceso. Una esquirla de la bala se había desprendido, pero Robert pudo alcanzar el grueso del proyectil y extraerlo.

Cozens estaba consciente, pero aún corría peligro de morir debido a la pérdida de sangre; y existía también el riesgo de que la herida se gangrenase. El paciente quiso que lo trasladaran a la vivienda de Bulkeley para estar entre amigos. Cuando Bulkeley solicitó permiso al capitán Cheap para el traslado, este se negó, alegando las presuntas intenciones de Cozens de amotinarse, que constituían un peligro para todos. «Si vive –dijo el capitán–, lo llevaré preso ante el comodoro y haré que lo cuelguen». El 17 de junio, una semana después del disparo, Robert operó por segunda vez a Cozens en un esfuerzo por extraer el fragmento de bala que quedaba, así como un trozo de la astillada mandíbula. El ayudante del cirujano completó la intervención, pero Cozens parecía estar yéndose. En tales casos, aconsejaba el manual, los cirujanos no debían desesperar, «pues Dios es misericordioso». Cozens le pidió un último favor a Robert: que le entregara a Bulkeley un pequeño paquete con la bala y el fragmento de hueso extraídos. Cozens no quería que esas pruebas se perdieran. Robert accedió, y Bulkeley guardó en su refugio el desconcertante paquetito.

El día 24 de junio Bulkeley escribió en su diario: «Abandonó este mundo el señor Henry Cozens, guardiamarina, tras languidecer durante catorce días». Que Cozens se hubiera desmandado estando en la isla no quitaba que, como escribió Byron, fuera «muy querido», y la gran mayoría de los náufragos quedó «extraordinariamente afectada por la catástrofe».

Ateridos de frío, sucios, harapientos, cavaron una fosa en el barro; alrededor estaban las tumbas anónimas de hombres y muchachos que, según lo expresaba Bulkeley en su diario, perecieron «de diversas maneras desde que el barco encallara». El cuerpo de Cozens, todavía en proceso de rigor mortis, fue sacado de la enfermería y depositado en el suelo. No hubo subasta de sus posesiones para recaudar fondos de cara a sus familiares: apenas si poseía objetos, y los hombres no tenían ningún dinero que ofrecer. Pero sí tuvieron cuidado de esparcir tierra suelta sobre el cadáver para que los buitres no lo picotearan. «Le dimos la mejor sepultura que el momento, el lugar y las circunstancias nos permitían», recordaba Bulkeley.

Llevaban cuarenta y un días atrapados en la isla.

15

EL ARCA

Los hombres vieron un repentino atisbo de salvación. A Cummins, el carpintero, se le ocurrió una idea novedosa: si conseguían rescatar la lancha que había quedado sumergida con el pecio, cabía la posibilidad de reconvertirla en un arca, y con ella abandonar la isla. En los días inmediatamente posteriores a la muerte de Cozens, el capitán Cheap se había recluido en su cabaña, rumiando, cavilando, cada vez más desesperado. ¿Consideraría el Almirantazgo que su actitud fue justificada, o le colgarían por asesinato? Bulkeley dejó escrito que el capitán parecía cada día más inquieto, y que no solo estaba perdiendo «el amor de los hombres», sino también «toda serenidad mental».

De improviso, Cheap empezó a dedicar todas sus energías al plan de Cummins. El primer paso era liberar la lancha, que estaba enganchada entre los restos del naufragio. La única manera de sacarla de allí era practicar un agujero en el costado del Wager. Era una tarea ardua y peligrosa, pero los hombres la llevaron a cabo y pronto pudieron trasladar la lancha a tierra. Estaba agrietada, saturada de agua y era demasiado angosta como para transportar al grupo entero; nadie pensaba que con aquel artefacto pudieran dar siquiera la vuelta a la isla. Y, sin embargo, llevaba consigo el embrión de un sueño.

Cummins supervisó la remodelación de la embarcación. Para que cupieran en ella más personas, era preciso alargar la eslora: añadir tres metros como mínimo a los once que tenía. Buena parte de la tablazón estaba podrida y habría que reemplazarla. Por lo demás, tendrían que convertir la lancha en una embarcación de dos mástiles a fin de surcar aquellas aguas tan embravecidas.

Cummins calculó que la construcción podía llevarles varios meses, y eso suponiendo que pudieran reunir suficientes materiales (por no hablar de vivir para contarlo). Todo el mundo tendría que arrimar el hombro. Cummins necesitaba otro artesano experto, pero sus dos ayudantes, James Mitchell y William Oram, estaban con los secesionistas. Aunque el loco Mitchell quedaba descartado, Cheap decidió enviar una partida en misión clandestina con el fin de persuadir a Oram de que desertara de los desertores. A saber cómo podía reaccionar Mitchell si llegaba a enterarse de ello, de ahí que Cheap solo pudiera reclutar a dos hombres para tan peligroso encargo. Uno era Bulkeley.

Mientras Bulkeley y su compañero de misión atravesaban la isla, afanándose con sus pesados mosquetes por empinadas laderas y matorrales erizados de púas, hicieron lo posible por no dejarse ver. «En este asunto yo estaba obligado a actuar con el máximo secretismo», escribió Bulkeley.

Cuando llegaron al campamento de los separatistas, que distaba varios kilómetros del asentamiento principal, esperaron hasta ver que Oram estaba a solas y se le acercaron. Bulkeley le dijo en voz baja que el capitán Cheap tenía una propuesta que hacerle. Oram, que contaba veintiocho años, se enfrentaba a una casi segura sentencia de muerte: o moría de inanición con el resto de los rebeldes o era ejecutado por sedición. Pero si volvía con los otros y ayudaba en la modificación de la lancha, sería indultado por el capitán y tendría la oportunidad de volver a la patria chica. Oram estuvo de acuerdo en regresar con ellos.

Hacia mediados de julio, dos meses después del naufragio y tres semanas después de morir Cozens, Cheap observaba a Bulkeley, Byron y el resto trabajando con afán —y con entusiasmo– en el arca. Byron anotó en su diario que nada parecía «tan necesario como librarnos cuanto antes de este desolado paraje».

Primero hubo que apoyar la lancha sobre gruesos tacos de madera, de forma que el casco quedara a suficiente distancia del suelo. Luego, Cummins serró la lancha por la mitad. Lo siguiente era más complicado: había que juntar otra vez estas piezas, pero dándoles una forma totalmente nueva de modo que la embarcación resultante fuera más larga, más ancha y más robusta.

Con lluvia y aguanieve, vendavales y relámpagos, Cummins –a quien Bulkeley describió como un hombre incansable– fue puliendo el diseño con su miscelánea de herramientas, entre ellas una sierra, un martillo y una azuela. Envió hombres al bosque para que buscaran maderas que tuviesen una curvatura natural. Una vez que tuvo clara la forma general de la embarcación, empezó a colocar las piezas de madera formando una especie de costillar encima de la quilla. Para la tablazón necesitaba una clase diferente de troncos –largos, gruesos y rectos–; había que cortar las piezas a medida y luego asegurarlas en ángulo recto al armazón curvo. Como disponía de pocos clavos metálicos, hubo que peinar el pecio para conseguir más. Y cuando estos clavos se agotaron, el carpintero y su ayudante hicieron pernos de madera. Los hombres reunieron asimismo otros materiales esenciales: lona para las velas, cuerdas para el aparejo, cera de vela para el calafateado.

Los hombres trabajaban de firme pese a que muchos de ellos padecían los efectos debilitadores de la malnutrición: flacos hasta los huesos, los ojos saliéndose de sus órbitas, el pelo como de paja cayéndoles sin tregua. De los náufragos, Bulkeley dijo: «Soportan fuertes dolores, y apenas si ven por dónde van». Pero ese misterioso narcótico, la esperanza, los empujaba a seguir adelante.

Un día, Cheap oyó un grito angustioso que resonó en todo el asentamiento. Una gran ola solitaria se aproximaba a la playa, dejando atrás la línea de la marea y tironeando mar adentro del esqueleto de la lancha reconvertida. Los hombres acudieron a la carrera y lograron subir el armazón un poco más playa arriba para impedir que el mar se lo tragara. El trabajo se reanudó.

El plan de Cheap, entretanto, iba adquiriendo nuevas y ocultas dimensiones. Examinando las cartas de navegación, empezó a pensar que no solo había una manera de conservar la vida de todos ellos, sino también de llevar a cabo su misión militar original. Calculó que el asentamiento español más cercano estaba en Chiloé, una isla frente al litoral chileno, situada unos quinientos cincuenta kilómetros al norte de donde se encontraban ellos ahora. Cheap estaba convencido de que podían navegar hasta allí en el arca junto con las tres embarcaciones más pequeñas: la yola, el cúter y el queche. Tan pronto arribaran a Chiloé —y, para él, esto era lo mejor de todo—, podrían organizar un ataque por sorpresa contra un mercante español y, una vez tomado este navío y sus víveres, navegar hasta el punto de reunión e ir en busca del comodoro Anson y de los posibles supervivientes de la escuadra. Luego procederían a la búsqueda del galeón.

Los riesgos eran desalentadores, y Cheap, consciente de que tendría que persuadir a sus hombres, no compartió de inmediato los detalles de su plan. Pero, como diría más tarde: «No debemos temer la captura de un barco enemigo, y quizá tengamos una oportunidad de ver al comodoro». Aún existía, estaba convencido Cheap, una posibilidad de gloria… y de redención.

El 30 de julio, Bulkeley se detuvo junto a la solitaria choza que Byron tenía en la linde del poblado, y allí encontró al flaco y mugriento hijo de aristócrata, sumido en sus cuentos del mar; estaba volviendo a leer la crónica de sir John Narborough. Bulkeley le preguntó si se lo prestaba, aunque nada más que por motivos prácticos. Narborough había explorado la región de la Patagonia y Bulkeley pensaba que su narración

—que sería básicamente un detallado diario de a bordo— tal vez contendría pistas vitales para que el arca pudiera dejar atrás la isla Wager sin correr peligro.

Byron le pasó el libro a Bulkeley tras asegurarse de contar con la autorización del capitán Cheap, pues el libro era suyo. Bulkeley volvió con él a sus aposentos y empezó a estudiar el texto con el mismo ahínco que ponía en *La imitación de Cristo*. Narborough hacía una descripción de su travesía del estrecho de Magallanes, ese pasaje de cuatrocientos kilómetros entre la punta meridional del continente sudamericano y Tierra del Fuego, que ofrecía una ruta alternativa entre el Pacífico y el Atlántico evitando el paso Drake. «En cualquier ocasión en que uno desee penetrar en el estrecho de Magallanes —desde el lado del Pacífico, escribía Narborough—, siempre será más seguro, en mi opinión, navegar de bolina en la latitud de 52 grados». Esta brecha se encontraba unos seiscientos kilómetros al sur de la isla Wager, y a Bulkeley se le ocurrió una idea. Con el proyecto de lancha remodelada y tres pequeñas embarcaciones auxiliares, pensó, los náufragos podrían atravesar el estrecho en dirección al Atlántico, y luego poner rumbo al norte hacia Brasil; el gobierno de dicho país había optado por la neutralidad en la guerra, y sin duda les ofrecería un puerto seguro y los medios necesarios para regresar a Inglaterra.

La distancia total desde la isla Wager hasta Brasil debía de rondar las tres mil millas; Bulkeley reconoció que a muchos les parecería una «empresa de locos». En algunos tramos, el estrecho era angosto y sinuoso, y a menudo se dividía en un confuso laberinto de ramales sin salida. Rocas y bancos de arena atestaban las aguas, y las nieblas allí eran muy densas. «Uno puede errar el rumbo y acabar metiéndose entre islotes y rocas, con el subsiguiente riesgo para el barco», advertía Narborough. Y aunque el estrecho estaba más protegido que el paso Drake, era conocido por sus impredecibles borrascas así como por unas rachas glaciales —ahora conocidas como vientos catabáticos— que dejaban a los barcos varados en las orillas. Por eso el comodoro Anson, que dirigía una flota de grandes y poco marineros buques de guerra navegando a estima, había preferido arriesgarse a la violencia del mar abierto y doblar el cabo de Hornos.

Sin embargo, observaba Bulkeley, «males desesperados exigen remedios desesperados», y él estaba convencido de que esta ruta a Brasil era la única opción viable. El paso Drake, seiscientos kilómetros más al sur, estaba demasiado lejos, y sus aguas eran demasiado letales para embarcaciones tan pequeñas. En cuanto a los obstáculos del estrecho, Narborough había dejado constancia de un itinerario seguro. Es más, decía haber hallado fuentes de sustento para evitar el riesgo de inanición. Además de moluscos y lapas, escribía, «hay aquí ánades, barnaclas, gaviotas grises, gaviotas tridáctilas, colimbos y pingüinos».

Para Bulkeley, esta ruta era deseable también por otro motivo: estarían trazando su propio destino, ajenos a una chapucera misión naval pergeñada por funcionarios militares y gubernamentales allá en Inglaterra; una misión que estaba condenada desde un principio. Ahora, los náufragos escogerían sobrevivir en lugar de aventurarse Pacífico arriba, donde una armada española sin duda los destrozaría o los haría prisioneros. «Atravesar el estrecho de Magallanes camino de Brasil sería la única manera de evitar caer en manos de un enemigo cruel, bárbaro e insultante —concluía Bulkeley—. Nuestra lancha, una vez terminada, es posible que no sirva para otro fin que el de ayudarnos a conservar la vida. Dado que no podemos atacar, deberíamos prestar especial atención tanto a nuestra seguridad como a nuestra libertad». El artillero pidió al maestre Clark y los demás pilotos que revisaran la ruta que él había trazado basándose en los datos que aportaba Narborough. Ellos estuvieron de acuerdo en que el plan constituía la mejor oportunidad para sobrevivir. Bulkeley compartió su idea con el resto de los hombres, que ahora se enfrentaban a una elección fundamental. Estaban hartos de la guerra —de tanta muerte y tanta destrucción— y ansiaban volver a casa, pero ello suponía abandonar la misión encomendada y, posiblemente, al resto de la escuadra. Y, para empeorar aún más la situación, el capitán Cheap acababa de anunciarles que tenía plena confianza en que cumplirían con su deber patriótico y tomarían la dirección contraria. Les juró que encontrarían al comodoro y que jamás se batirían en retirada.

Byron fue testigo de cómo el puesto de avanzada, que había estado brevemente unido gracias a la construcción del arca, se escindía en dos facciones rivales. De un lado estaban Cheap y su leal aunque poco numerosa camarilla. Del otro estaban Bulkeley y sus legiones de partidarios. Hasta el momento, Byron se había mostrado neutral, pero esa postura empezaba a ser insostenible. Aunque la disputa se centraba en la simple cuestión de qué rumbo tomar, suscitó múltiples interrogantes acerca de conceptos como el liderazgo, la lealtad, la traición, el valor y el patriotismo. Byron, aristócrata que aspiraba a ascender en el escalafón naval para capitanear algún día su propio barco, batallaba con estos conceptos pues ahora tenía que elegir entre su comandante en jefe y el carismático artillero. Conociendo lo arriesgado de la decisión, Byron fue un tanto circunspecto en sus escritos. Pero está claro que se sentía ligado a Cheap por el deber, y que consideraba a Bulkeley –quien parecía gozar con su nuevo estatus– alguien que intentaba socavar al capitán alimentando tanto su paranoia como sus inseguridades. Además, Cheap, al exponer su plan, había evocado el heroísmo y el sacrificio imperiales (aquella mitopoética vida del marino) que tanto ensalzaban los libros preferidos de Byron.

Por otra parte, Bulkeley parecía mucho más sosegado y más idóneo para mandar a los hombres en aquellas circunstancias de pesadilla. Constante, ingenioso y astuto, se había erigido en líder por sus propios méritos. Por el contrario, la esperanza de Cheap de que los hombres lo seguirían sin titubear se basaba única y exclusivamente en la cadena de mando. Y, desesperado por preservar su autoridad, se había vuelto más fanático aún. Como Bulkeley comentó en su momento: «Al perder el barco, se perdió a sí mismo; él sabía gobernar mientras estaba a bordo, pero cuando la situación se volvió caótica, pensó que con coraje sería suficiente para establecer su mando en tierra firme, y que reprimiría hasta el menor insulto a su autoridad».

El 3 de agosto, Byron supo que Bulkeley iba a reunirse con el grueso de los hombres para hablar de los próximos movimientos. Byron se debatió entre acudir a la reunión o mantenerse fiel al capitán.

Al día siguiente, Cheap vio que Bulkeley se acercaba acompañado de un séquito. Cuando el artillero estuvo a solo unos palmos del capitán, se detuvo y le mostró un papel. Dijo que era una instancia y se puso a leerla en voz alta, como si estuviera en sede parlamentaria:

> Los abajo firmantes, tras arduas consideraciones [...] pensamos que lo mejor y lo más seguro de cara a preservar la vida del grupo de personas que en este lugar se hallan es cruzar el estrecho de Magallanes y poner rumbo a Inglaterra. Fechado en una desolada isla de la costa de Patagonia.

Si bien redactada con esmero, la declaración dejaba ver un claro propósito. Bulkeley, en una reunión previa, había invitado a firmar la instancia a todo aquel que lo deseara. Así lo habían hecho uno por uno, incluidos el jefe de los infantes de marina, Pemberton; el maestre Clark, que seguía protegiendo a su joven hijo; el anciano cocinero, Maclean, aferrado todavía a la vida; y el viejo lobo de mar John Duck. Incluso el mismo guardiamarina Campbell, fiel ejecutor de las órdenes de Cheap, había puesto su firma. El nombre de Byron aparecía también allí.

Bulkeley entregó a Cheap el emborronado papel, y el capitán pudo ver al pie del escrito la larga lista de firmas. Eran tantos los hombres de Cheap que respaldaban la instancia, que le habría sido difícil elegir a cualquiera de ellos (sin olvidar al principal instigador, Bulkeley) para infligirle un castigo ejemplar.

Los hombres que no le habían desafiado se podían contar con una sola mano: Harvey, el sobrecargo; Elliot, el cirujano; Hamilton, el teniente de infantes de marina; y Peter Plastow, su fiel criado. Y faltaba también otro nombre, tal vez el más significativo: el del teniente Baynes. Así pues, Cheap aún contaba con su segundo de a bordo y oficial naval de mayor rango en la isla, después del propio capitán. La cadena de mando, en sus principales eslabones, se mantenía unida.

Tenía que reflexionar sobre su siguiente paso. Con el documento en la mano, despidió al artillero y a su séquito diciendo que les daría una respuesta una vez que lo hubiera estudiado.

Al cabo de dos días, Bulkeley y Cummins fueron convocados por Cheap. Al entrar en la vivienda del capitán, vieron que no estaba solo. Sentado a su vera estaba el teniente Baynes.

Una vez que Bulkeley y Cummins hubieron tomado asiento, Cheap les dijo: «Este papel me ha provocado mucha desazón, hasta el punto de que no he pegado ojo hasta las ocho de esta mañana, de tanto darle vueltas al asunto; pero yo creo que no han sopesado ustedes las cosas de manera correcta». Él estaba convencido de que no hacían otra cosa que seducir a los hombres con falsas esperanzas de una travesía sin problemas hasta Inglaterra, cuando, de hecho, la ruta hasta Brasil era muchísimo más larga que la ruta hasta Chiloé. Si seguían el itinerario que proponían ellos, dijo, «imaginen la distancia a recorrer [...] con los vientos siempre en contra y sin agua potable».

Bulkeley y Cummins replicaron que en la lancha se podían transportar raciones de agua para todo un mes, y que con las embarcaciones pequeñas podían remar hasta tierra firme y recolectar provisiones. «Allí no encontraremos otros enemigos que unos indios en canoa», afirmó Bulkeley.

Cheap no pestañeó siquiera. Si iban hacia Chiloé, dijo, podían apresar un barco mercante cargado de provisiones.

Cummins preguntó de qué manera iban a capturar un barco sin un solo cañón.

—¿Y para qué tenemos mosquetes —replicó Cheap—, sino para abordar un barco enemigo?

Cummins le hizo ver que la lancha no sobreviviría a los cañones enemigos. Y que, aun si de milagro no se iban a pique, las probabilidades de reunirse con Anson eran prácticamente nulas.

—Es posible que el comodoro haya corrido la misma suerte que nosotros, o incluso peor —dijo.

La acritud iba en aumento, y, de golpe y porrazo, Cummins le soltó al capitán: «Señor, al fin y al cabo estamos aquí por su culpa». Allí estaba por fin: la acusación que había ido ulcerándose con el paso de los días. Cummins, lanzado, insistió en que había sido una locura poner rumbo a tierra firme en las condiciones en que estaba el Wager y con todos los hombres enfermos.

—Usted no conoce mis órdenes —dijo Cheap—. Jamás se le dieron a un capitán órdenes tan estrictas. —Repitió que no había tenido otro remedio que dirigirse hacia el punto de encuentro—. Estaba obligado a ello.

Bulkeley intervino para decir que un capitán, independientemente de las órdenes recibidas, debía tener siempre su propio criterio.

Sorprendentemente, Cheap pasó por alto este comentario y volvió al asunto que los ocupaba. En un tono casi diplomático, anunció que tal vez accedería a la propuesta de atravesar el estrecho de Magallanes, pero que necesitaba más tiempo para tomar una decisión.

Bulkeley, recelando de que aquello fuera solo una evasiva, dijo:

—El pueblo está intranquilo. […] Por lo tanto, cuanto antes se decida, mejor.

Durante toda la charla, Baynes había permanecido prácticamente callado, dejándole la palabra a Cheap. Este dio por concluida la reunión y les preguntó a Bulkeley y Cummins:

—¿Alguna otra objeción?

—Sí, señor, una —respondió Bulkeley. Quería que el capitán les garantizara que, si partían juntos en la lancha, no daría ningún paso (echar el ancla, alterar el rumbo, lanzar un ataque) sin consultarlo antes con sus oficiales.

Comprendiendo que de esta manera su autoridad como capitán quedaría totalmente en entredicho, Cheap no pudo contenerse más y dijo a voz en grito que él seguía siendo el comandante en jefe.

—Nosotros le apoyaremos con nuestras vidas siempre y cuando permita que sea la razón la que gobierne —dijo Bulkeley, y salió en compañía de Cummins.

Todo el mundo salvo John Byron parecía estar haciendo acopio de armas. Cheap estaba al mando de la tienda-almacén y, aprovechando que tenía acceso al grueso del arsenal, transformó su morada en un búnker armado. Aparte de armas de fuego, guardaba allí un par de relucientes espadas. El teniente de infantes, Hamilton, experto en el cuchillo, le ayudaba frecuentemente a montar guardia. El capitán, consciente de que seguía estando en inferioridad numérica, mandó al sobrecargo a visitar a los secesionistas y ofrecerles brandy con el fin de animarlos a formar una alianza, pero los rebeldes seguían siendo una banda aparte.

Bulkeley se enteró de lo ocurrido y lo calificó de «soborno». A todo esto, él seguía rescatando mosquetes, pistolas y postas del barco naufragado, convirtiendo así su propia casa en una armería. Byron veía cómo, por la noche, los socios del artillero iban a hurtadillas hasta el pecio: aún quedaban barriles de pólvora y algunas armas oxidadas. Campbell, el guardiamarina que seguía respaldando a Cheap, dejó escrito que

Bulkeley y sus hombres tenían «ahora plena capacidad para plantar cara a los oficiales».

La comunicación entre las dos facciones se había deteriorado hasta el punto de que Bulkeley juró que no volvería a acercarse a Cheap. Y aunque las viviendas de uno y otro no distaban más que unos cuantos metros, a menudo se enviaban emisarios como si fueran diplomáticos de países en guerra. Un día, Cheap hizo que el teniente Baynes le transmitiera a Bulkeley una propuesta inesperada: para la próxima festividad religiosa, ¿qué tal si utilizaban los amplios aposentos del artillero como lugar de culto, y así todos los hombres podrían rezar juntos? Parecía una oferta de paz, una muestra de respeto para con la religiosidad de Bulkeley, además de un recordatorio de que todos estaban hechos del mismo barro. Pero el artillero se olió alguna artimaña y rechazó la oferta de Cheap. «A nuestro modo de ver, en esta propuesta lo que menos importa es la religión —escribió Bulkeley en su diario—. Si nuestra tienda se convierte en casa de plegarias […] podría ser que, en mitad de los rezos, fuéramos sorprendidos y despojados de nuestras armas con el fin de frustrar nuestros planes». A ojos de Byron, las dos facciones parecían estar inmersas en complots y contracomplots, manteniendo reuniones clandestinas, enredándose en secretos. Para aumentar todavía más la tensión reinante, muchas de las fuerzas de Bulkeley empezaron a llevar a cabo ejercicios militares. Pemberton hizo formar a sus demacrados infantes en posición de combate, mientras zarrapastrosos marineros cargaban sus mosquetes y hacían puntería a blancos en medio de la neblina. Las andanadas resonaron por toda la isla. Byron no había entrado en combate durante la guerra de la Oreja de Jenkins; ahora, comprendió, tal vez sería testigo de ello entre sus propios compañeros de barco.

El día 25 de agosto, Byron notó un pavoroso estrépito que sacudió todo su cuerpo, y cuanto había a su alrededor tembló también y pareció venirse abajo: las paredes de las chozas, las ramas de los árboles, el suelo bajo sus pies. Era un terremoto, nada más que un terremoto.

16

MIS AMOTINADOS

El 27 de agosto, dos días después de lo que refirió como «violentas sacudidas y temblores de la tierra», Bulkeley se reunió en secreto con sus más fieles confidentes. Aunque habían transcurrido tres semanas desde que le entregaran la instancia a Cheap, el capitán no había dado aún una respuesta definitiva. Bulkeley dedujo que no tenía la menor intención de aprobar el plan de Brasil, porque él jamás contravendría sus órdenes originales.

En la reunión, Bulkeley abordó el tema prohibido: amotinarse. Un motín a gran escala nada tenía que ver con otras revueltas. Tenía lugar en el seno mismo de las fuerzas establecidas por el Estado para imponer el orden —los militares—, y por ello representaba una gran amenaza para las autoridades gobernantes y era aplastado a menudo con brutalidad. De ahí el tirón que los motines tenían en el imaginario popular. ¿Qué empujaba a unos garantes del orden a provocar semejante desorden? ¿Eran acaso forajidos desatados? ¿Había, quizás, algo podrido en el corazón mismo del sistema, algo que imbuía de nobleza su actitud rebelde?

Bulkeley alegó frente a sus fieles que la sublevación estaría justificada. Según él, en cuanto que náufragos, «las reglas de la Armada no bastan para dirigirnos». En el lugar donde se encontraban, no había ningún código escrito, ningún texto preexistente por el que pudieran regirse. Si querían sobrevivir, debían crear sus propias reglas. Bulkeley invocó los derechos a «la vida» y a «la libertad» que, en determinados momentos de la historia, súbditos británicos habían sacado a la palestra en su intento de poner freno a los excesos de tal o cual monarca. Pero Bulkeley, admitiendo que formaban parte del aparato naval, de un instrumento del propio Estado, planteó un argumento más radical. Sugirió que la verdadera fuente de caos en la isla, quien violaba realmente la ética de la Armada, no era otro que Cheap, como si el verdadero amotinado fuera él.

Sin embargo, Bulkeley sabía que, si los pillaban confabulándose contra el capitán y contra la estructura de mando militar, corrían el peligro de no salir vivos de la isla, como le había pasado a Cozens. E incluso si lo conseguían y volvían a Inglaterra, probablemente acabarían frente a un consejo de guerra presidido por oficiales como Cheap, que los sentenciarían a morir en la horca. Como lo expresó en su momento un historiador: «Un motín es como una enfermedad maligna, y las probabilidades de que el paciente sufra una muerte atroz son tan grandes, que ni siquiera se puede hablar de ello en voz alta».

Bulkeley tenía que medir muy bien sus pasos; cada una de las acciones del grupo encontró su justificación por escrito en su diario. Conocedor del mar y sofista por naturaleza, llevaba un tiempo consignando hasta el más pequeño incidente que, a su modo de ver, mostraba la incapacidad del capitán para llevar la batuta. Ahora necesitaba componer un relato irrefutable –una intemporal historia de marinos–, capaz de soportar el escrutinio público y el desgaste de una batalla legal.

El primer paso fue conseguir el respaldo del teniente de navío Baynes. Era indispensable que Baynes, como segundo en la cadena de mando, asumiera (nominalmente, al menos) el título de capitán. Esto contribuiría a demostrar ante el Almirantazgo que Bulkeley no pretendía destruir el orden naval y tomar el poder. Baynes le había reconocido en privado que pensaba que atravesar el estrecho era lo más sensato, pero parecía temeroso de las repercusiones de romper con el capitán Cheap. El teniente entendía –tal vez mejor que ninguno de ellos– lo que podía ocurrir si uno elegía el bando perdedor en un conflicto civil: su abuelo, Adam Baynes, republicano radical y parlamentario, se había alineado en contra de los realistas, y en 1666, después que estos recuperaran el poder, fue encerrado en la Torre de Londres como sospechoso de «prácticas traicioneras».

Bulkeley había perseverado en su intento de ganarse al teniente Baynes para su bando, y, tras una nueva charla privada, Baynes accedió a destituir a Cheap pero con una condición. Primero redactarían un documento formal expresando los motivos para tomar la ruta del Brasil y le darían a Cheap la oportunidad de rubricarlo, una última ocasión de plegarse a la voluntad del pueblo. Si accedía, le sería permitido conservar el rango de capitán, aunque con los poderes muy restringidos. Bulkeley escribió en su diario: «Suponíamos que si el capitán Cheap volvía a disponer del mando absoluto que había tenido antes de la pérdida del Wager, reincidiría en los mismos principios, se negaría a consultar a sus oficiales y actuaría de manera arbitraria, según de qué humor estuviera y basándose siempre en su confianza en un conocimiento superior. –Y añadía–: Le consideramos un caballero digno de tener un poder limitado, pero demasiado peligroso como persona para confiarle el poder absoluto».

Si Cheap se oponía a estos términos, lo derrocarían. La muerte de Cozens, pensaban, era motivo más que suficiente para arrestar al capitán. Baynes dijo que todo oficial involucrado en la insurrección podría presentar este documento para «justificar su postura una vez en Inglaterra».

Bulkeley lo redactó en un trozo de papel. El texto afirmaba que los robos y las luchas intestinas «acabarán sin duda destruyendo al conjunto de los supervivientes». Así pues, el pueblo había acordado «por unanimidad» abandonar la expedición y volver a Inglaterra, vía el estrecho de Magallanes y el Brasil.

Al día siguiente, Bulkeley y Baynes y un pequeño grupo de hombres fueron a ver al capitán, armados de pistolas y mosquetes. Al entrar en la vivienda de Cheap se encontraron al capitán rodeado de un puñado de fieles, todos fuertemente armados.

Bulkeley se sacó el documento del bolsillo, lo desdobló y empezó a leer en voz alta. Terminada la lectura, pidió al capitán que firmara el documento. Cheap se negó. Furioso, les recriminó que hubieran mancillado su honor.

Bulkeley partió con los suyos y fue derecho a la cabaña de Pemberton. El capitán de los infantes estaba aposentado en su trono, rodeado de sus soldados. Entraron otros náufragos, ansiosos por saber qué había pasado. Bulkeley les dijo, como lo expresaría más tarde, que el capitán, «de manera harto despectiva, ha rechazado cuanto se le proponía». Pemberton declaró que él ponía su vida al servicio del pueblo, y los allí reunidos gritaron al unísono: «¡Por Inglaterra!». Cheap salió de su vivienda y preguntó a qué se debía tanto alboroto. Bulkeley y los otros oficiales anunciaron que estaban de acuerdo en privarlo de su poder y en traspasar el mando al teniente Baynes.

Con una voz que sonó como el trueno, Cheap dijo:

—¿Y quién se supone que va a asumir el mando en mi lugar? —Miró fijamente a Baynes, mientras el viento crepitaba entre los dos, y agregó—: ¿Usted?

Baynes pareció encogerse, o, según lo contaba después Bulkeley, «el aspecto del capitán aterrorizó al teniente hasta el punto de hacerle parecer un simple fantasma».

Baynes solo respondió:

—No, señor.

El teniente de navío había abandonado la conspiración… y todo protagonismo. Bulkeley y sus hombres no tardaron en retirarse.

Durante días, después de aquello, el capitán David Cheap pudo oír los movimientos de sus enemigos. Y algunos de sus aliados empezaron a desertar. Harvey, el sobrecargo, viendo dónde estaba ahora el centro del poder, abandonó a Cheap. Luego, el capitán oyó un rumor sobre que su criado, Peter Plastow, la última persona que esperaba que le diera la espalda, había decidido sumarse a la ruta del estrecho junto a Bulkeley y los otros. Cheap hizo llamar a Plastow y le preguntó, incrédulo, si era verdad lo que había oído.

—Sí, señor —respondió Plastow—. Aprovecharé la oportunidad, pues quisiera volver a Inglaterra.

Cheap lo tildó de canalla —¡eran todos unos canallas!— y le dijo que saliera inmediatamente de allí. Ahora Cheap era un capitán sin tripulación, estaba casi completamente aislado. Escuchó cómo los hombres (él los bautizó como «mis amotinados») se juntaban en formaciones militares y hacían prácticas de tiro con sus armas de fuego. Pero, oficialmente, Cheap seguía teniendo el mando, y sabía que Bulkeley no podía hacer nada sin Baynes si esperaba salvarse de la soga una vez en Inglaterra.

Unos días después, Cheap hizo llegar un mensaje a Bulkeley para que se reuniera con él, esta vez a solas. Aunque Bulkeley se presentó escoltado por dos hombres armados, entró él solo en el búnker de Cheap. Llevaba consigo una pistola. Cheap estaba sentado en su cofre de marinero. Sobre el muslo derecho descansaba su pistola, amartillada. El capitán miró fijamente a Bulkeley, quien también amartilló su pistola pero luego fue retrocediendo paso a paso. Posteriormente diría que no quiso verse «obligado a hacer fuego en defensa propia contra un caballero».

Bulkeley salió. En el exterior se había congregado una multitud expectante. Entonces Cheap hizo algo más sorprendente aún para afirmar su autoridad: emergió del búnker, desarmado, y se encaró a la exaltada muchedumbre. «El capitán mostró toda la conducta y el valor imaginables —reconocía Bulkeley—. Era un solo hombre contra una turba, gente muy insatisfecha con él, y armados hasta el último de ellos». Y en aquel momento, ni una sola persona —ni Bulkeley, ni Pemberton, como tampoco King, el violento contramaestre— osó ponerle un dedo encima al capitán.

El hambre seguía maltratando a los náufragos. John Byron nunca sabía quién iba a ser el próximo en sucumbir. Un compañero se desmayó estando a su lado. «Yo estaba allí sentado y vi cómo se desplomaba —escribió Byron—, y como tenía en mi bolsillo unos crustáceos secos (cinco o seis), de vez en cuando le ponía uno en la boca. […] Sin embargo, poco después de que se agotaran mis magras existencias, la muerte se lo llevó». Más de cincuenta náufragos habían perecido ya en la isla, y varios compañeros de Byron estaban tan famélicos que habían empezado a contemplar una medida extrema: comerse a los muertos. Un muchacho, en pleno delirio, había cortado un trozo de un cadáver antes de que lo enterraran y tuvieron que frenarlo para que no lo consumiera; y si bien la mayoría de los hombres tenía claro que la palabra «canibalismo» no había que mencionarla ni siquiera en los diarios, Byron reconocía que algunos habían empezado a descuartizar y comer la carne de sus compañeros muertos, cosa a la que el guardiamarina aludía como «el remedio final». Si los náufragos que quedaban no hacían algo para abandonar pronto la isla, serían más los que sucumbirían a esta blasfemia.

El día 5 de octubre, tras 144 días en la isla, Byron vio ante sus ojos lo que le pareció un espejismo inducido por el hambre. En el lugar donde antes estaban los fragmentos de la lancha colocados sobre unos bloques de madera, había ahora un bello y reluciente casco. De tres metros de manga por más de quince de eslora, con sus cuadernas de popa a proa, tenía una cubierta desde la cual montar guardia, una bodega debajo para las provisiones, una caña de timón y un bauprés. Entre todos dieron los últimos toques, tales como revestir la parte inferior con cera y sebo para prevenir filtraciones.

Sí, pero ¿cómo conseguirían llevar semejante embarcación hasta el mar? Pesaba toneladas, no podían transportarla ni arrastrarla por la arena, tanto más habida cuenta de lo debilitados que estaban todos. Casi se diría que habían construido el arca solo para atormentarse aún más. Sin embargo, encontraron una solución: tender un camino con troncos y que la barca se deslizara por ellos hasta que pudieran botarla. Luego, con cuerdas rescatadas del pecio, izaron los dos mástiles de madera. Allí estaba por fin la nueva lancha, balanceándose entre las olas. Decidieron ponerle por nombre Speedwell. (Era una palabra con un significado especial para ellos: el bucanero británico Shelvocke y sus hombres, después de quedar varados, habían construido una embarcación con madera de su barco hundido, el Speedwell, logrando volver con ella a Inglaterra). Bulkeley proclamó que Dios les había donado un bajel para devolverlos a la libertad.

Como todos los demás, Byron anhelaba volver a casa. Echaba de menos a su hermana Isabella, a la que se sentía muy unido. Incluso su hermano mayor, el Villano, no se le antojaba ya tan malvado.

Pero aunque había apoyado la campaña de Bulkeley para volver a Inglaterra, Byron no había tenido parte en el complot para destituir a Cheap, y parecía aferrarse a una última ilusión adolescente: que todos los supervivientes zarparan de la isla juntos y en paz.

A primera hora de la mañana del 9 de octubre, Bulkeley y los conspirados empezaron a reunir en silencio un desharrapado ejército de náufragos: figuras famélicas y semivestidas de ojos vidriosos y cabellos apelmazados. El artillero fue distribuyendo sus herramientas de guerra: mosquetes, bayonetas, pistolas, munición, cartuchos, puñales, cuerdas para sujetar a prisioneros. Los hombres cargaron los cañones de sus armas y las amartillaron.

Al rayar el alba, el grupo empezó a cruzar el caótico puesto de avanzada imperial. Monte Desdicha se cernía sobre ellos; el mar, lo mismo que los hombres, inspiraba y exhalaba. Se detuvieron al llegar a la vivienda de Cheap, atentos a cualquier ruido, y luego, uno detrás de otro, irrumpieron en el interior. Cheap, que estaba ovillado en el suelo durmiendo, delgado y frágil, se despertó y vio a sus hombres avanzar en tromba hacia él. Antes de que pudiera alcanzar su pistola, fue agarrado y, como más tarde lo expresó uno de los oficiales, tratado «con cierta rudeza». En una operación sincronizada, Hamilton, que dormía en una cabaña cercana, fue apresado también.

Los náufragos habían decidido que era demasiado «peligroso seguir soportando al capitán para conseguir la libertad», escribió Bulkeley. Esta vez, el teniente Baynes se había sumado a la rebelión.

Cheap no daba crédito a sus ojos, y, volviéndose hacia Bulkeley y los otros oficiales, dijo:

—Caballeros, ¿saben lo que acaban de hacer?

Bulkeley le explicó que él y sus hombres habían ido a arrestarlo por la muerte de Cozens.

—Sigo siendo el comandante en jefe —repuso Cheap—. Les voy a mostrar mis instrucciones. —Autorizado a rebuscar entre sus cosas, Cheap sacó una carta que le había dado el comodoro Anson nombrándolo capitán del Wager. Agitó en alto el documento, diciendo—: ¡Miren! ¡Miren! Nunca pensé que llegarían a hacerme esto.

—Señor —dijo Bulkeley—, la culpa ha sido suya. No ha querido saber nada del bienestar de sus hombres [...] es más, ha obrado en el sentido contrario, o digamos que se ha mostrado indiferente y ajeno a ello, como si nos hubiéramos quedado sin comandante.

Cheap se dirigió a los marineros, no a los oficiales.

—Muy bien, caballeros, me han sorprendido echando un sueñecito. [...] Son ustedes unos verdaderos valientes, pero mis oficiales son todos unas sabandijas. —Los intrusos le habían atado las manos a la espalda—. Muchachos, yo no les culpo —volvió a decir—. Es por la ruindad de mis oficiales.

Añadió que tarde o temprano aquellos hombres responderían de sus actos. Nadie dudó de que se refería a la horca.

Entonces miró a Baynes y le preguntó:

—Bien, señor, ¿qué piensa usted hacer conmigo? —Cuando Baynes le explicó que los oficiales habían planeado recluirlo en una de las tiendas, Cheap dijo—: Les estaría muy agradecido a estos caballeros si me permitieran quedarme en la mía. —Su petición fue denegada—. ¡Vaya, vaya, *capitán* Baynes! —comentó con aire despectivo.

Cheap —que estaba a medio vestir aunque llevaba puesta la gorra— se esforzó por mantener un aire de dignidad mientras salía escoltado a la gélida intemperie. A la multitud que miraba, les dijo:

—Discúlpenme que no me descubra; tengo las manos atadas.

En su relato de lo ocurrido, Bulkeley no pudo por menos de expresar cierta admiración por su adversario. Vencido, atado y humillado, Cheap no perdió la compostura ni el valor. Al final, como un verdadero capitán, había sabido dominarse.

Momentos después el contramaestre King se acercó pavoneándose a Cheap, tomó impulso y le dio con el puño en la cara.

—¡Tuvo su momento, pero ahora, maldito sea, ahora es el mío! —le espetó King.

—Es usted un canalla por maltratar a un caballero cuando está prisionero y no puede defenderse —dijo Cheap, la cara manchada de sangre.

Hamilton y él fueron llevados a una cárcel improvisada, vigilados a todas horas por una falange de seis hombres y un oficial. Nadie podía entrar allí sin ser cacheado previamente. Bulkeley, por lo visto, no pensaba correr el menor riesgo: no quería que Cheap escapara ni que nadie irrumpiera allí dentro.

Como comandante de facto, Bulkeley experimentaba el peso de ser el máximo responsable. «Ahora lo considerábamos [a Bulkeley] nuestro capitán», reconocía Campbell. Bulkeley empezó a hacer los últimos preparativos para la travesía. Ordenó a los hombres que llenaran barriles de pólvora vacíos con agua de lluvia para beber, y que cortaran y sazonaran las pocas porciones de carne que les quedaban aún. Después hizo guardar en las barcas sus escasos víveres, incluidos varios sacos de harina. Bulkeley llevó también sus dos preciadas posesiones —su diario y el libro *La imitación de Cristo*— a la bodega del Speedwell, para que no cogieran humedad. Byron, que no se había repuesto aún de lo que significaba el motín, temía que las existencias de comida del arca duraran apenas unos días: «Hubo que alargar la harina con una mezcla de algas; y el resto de nuestras provisiones dependía del éxito de nuestras armas».

Bulkeley estaba decidido a poner freno a la anarquía, y junto con sus aliados redactó una serie de normas para gobernar al grupo en cuanto se hicieran a la mar. He aquí algunas de ellas:

Todas las aves, peces y otras cosas vitales obtenidas durante la travesía serán repartidas a partes iguales.

Toda persona hallada culpable de robar comida será abandonada, independientemente de su rango, en la playa más próxima.

A fin de impedir reyertas, peleas y motines, todo hombre que amenace a otro de muerte o le inflija violencia será abandonado en la playa más próxima.

Bulkeley declaró que estos mandamientos eran «por el bien de la comunidad», y que todos los que tuvieran intención de embarcarse debían firmar el documento, a modo de pacto de sangre.

Había un último tema apremiante: ¿qué hacer con Cheap? En conjunto, de los doscientos cincuenta hombres y muchachos que formaban la dotación original del Wager, seguían con vida noventa y uno, contando a los secesionistas. Para meter a todos los pasajeros en las cuatro embarcaciones, tendrían que ir casi unos encima de los otros. No había un espacio aparte para un prisionero, y Cheap tendría que ir atado, lo cual constituiría además una amenaza continua para el nuevo orden.

Según Bulkeley, el plan era llevar a Cheap hasta Inglaterra en calidad de detenido, para que el capitán fuera juzgado por asesinato. Pero, en el último momento, Cheap le dijo a Bulkeley que prefería «que me peguen un tiro a ser llevado como prisionero». Pidió, pues, que lo dejaran en la isla con todo aquel que quisiera seguir a su lado y con algunos víveres. Según el relato de Bulkeley, este conferenció con varios de los hombres, cuya respuesta fue: «¡Que se quede y al diablo con él!».

Bulkeley y los más íntimos de entre sus colegas oficiales elaboraron entonces el documento más importante de todos. Iba dirigido directamente al lord gran almirante de Gran Bretaña. En él se decía que, debido a la dificultad de llevar a Cheap como prisionero «en una embarcación tan pequeña, durante una travesía tan larga y tediosa», y dado que podía urdir algún complot «que resultara destructivo para el conjunto de los hombres», habían convenido en abandonar a su capitán en la isla Wager. Una medida necesaria, insistían, «a fin de impedir un asesinato».

Cheap estaba seguro de que sus enemigos pretendían deshacerse de él y estaban utilizando la muerte de Cozens como pretexto. Sin duda sabían que la versión que él daría de los hechos podía llevarlos a la horca.

Mientras se preparaban para zarpar, los hombres de Bulkeley informaron a Cheap de que le darían la yola de cinco metros y medio. Además de ser la más pequeña de las embarcaciones, hacía poco se había agrietado al chocar con las rocas. El casco, observó Cheap, estaba «hecho pedazos». Le proporcionaron también, según lo expresó él, apenas «una muy pequeña cantidad de una harina malísima y unos trozos de carne salada». Y le ofrecieron una brújula, un par de defectuosas armas de fuego, un telescopio y una Biblia.

El teniente Hamilton y el cirujano Elliot decidieron quedarse con Cheap, pero no así Byron ni Campbell ni nadie más. Los secesionistas, por su parte, también tenían pensado quedarse; por una parte, no había espacio en los botes; por otra, se habían acostumbrado a vivir separados del resto. Ellos también habían sufrido desgaste: días atrás, Mitchell y dos de sus camaradas habían desaparecido tras zarpar en una endeble balsa con la esperanza de llegar al continente. No se supo más de ellos; sin duda habían tenido un macabro final. De los secesionistas originales solo quedaban siete, con lo que el número de hombres que permanecerían en la isla, Cheap incluido, era de diez.

El 14 de octubre de 1741, cinco meses después de naufragar y más de un año después de zarpar de Inglaterra, la partida de Bulkeley empezó a subir a los botes. Estaban ansiosos por dejar atrás su reclusión en territorio salvaje, y, quizá también, ansiosos por dejar atrás aquello en que se habían convertido. Pero, a la vez, temían embarcarse en otra travesía hacia lo desconocido.

Liberado de su reclusión, Cheap bajó hasta la playa y vio cómo aquellos hombres vestidos con harapos se instalaban como podían en los tres botes. Distinguió a sus guardiamarinas, Byron, Campbell e Isaac Morris. Estaba también el maestre Clark, vigilando que su hijo estuviera a buen recaudo. Estaban el sobrecargo Harvey y el cocinero Maclean, así como el contramaestre King y los lobos de mar John Duck y John Jones. En total, cincuenta y nueve cuerpos apretujados en la lancha, doce en el cúter y diez en el queche. Bulkeley escribió en su diario: «Estamos tan apretados por falta de espacio que el peor calabozo de Inglaterra es para nosotros un palacio en las presentes circunstancias».

Varios hombres se dirigieron a gritos a Cheap con «la máxima insolencia y la mínima humanidad», en palabras del capitán. Le decían que no volvería a ver un inglés en su vida, aparte de los pocos que quedaban en la isla y con los cuales sin duda moriría.

Bulkeley fue hacia él; Cheap miró a los ojos al hombre que lo había degradado. Sabía que tanto el uno como el otro iban a enfrentarse a un nuevo calvario, y es posible que viera en el artillero una pequeña parte de sí mismo: la ambición orgullosa, la crueldad desesperada, y un vestigio de bondad. Le tendió la mano deseándole una buena travesía. Bulkeley anotó: «Fue la última vez que vi al desventurado capitán Cheap».

A las once de la mañana, con Bulkeley en el puesto de mando del Speedwell, los botes avanzaron hacia la bahía de Cheap, las tripulaciones izando velas y afanándose con los remos para superar las ruidosas rompientes. Cheap le había pedido a Bulkeley un solo favor: que llegaran a Inglaterra para relatar todo cuanto había sucedido, incluyendo la versión de Cheap. Sin embargo, mientras los botes se alejaban, el antiguo capitán comprendió que, probablemente, la isla se convertiría en el lugar donde él y su historia se perderían para siempre.

CUARTA PARTE

SALVACIÓN

17

LA ELECCIÓN DE BYRON

Mientras las tres embarcaciones se adentraban en el mar, John Byron observó a Cheap solo en la playa entre la bruma espectral. Había dado en creer que Cheap viajaría con ellos, al menos en calidad de prisionero; pero lo habían abandonado allí, sin un bote en condiciones, condenado sin duda a perecer. «Yo había estado todo el tiempo in albis respecto al giro que iba a tomar este asunto», escribió después Byron.

Al principio había elegido algo con lo que podía sentirse a gusto: abandonar la misión para volver a casa era una opción que quizá trastocaría su carrera naval, pero le salvaría la vida. Hacerle esto a Cheap era harina de otro costal. Jugar un papel en traicionar a su capitán –por muy tiránico que fuera, por más defectos que tuviera– ponía en peligro la imagen romántica de sí mismo a la que se había aferrado pese a los horrores de la travesía. Mientras continuaba mirando a Cheap en la lejanía, él y varios más lanzaron tres hurras por el viejo capitán. Luego Cheap desapareció de su vista y la decisión de Byron se volvió irreversible.

Antes de rodear del todo isla Wager, los hombres fueron sorprendidos por un tremendo aguacero, como si estuvieran ya siendo castigados por sus pecados. Entonces Byron oyó un ruido inquietante: el improvisado trinquete de la muy ufana nueva lancha se había rajado y restallaba sin control. Se vieron obligados a refugiarse en la albufera de otra isla al oeste de la bahía de Cheap, donde podrían reparar la vela y esperar a que pasase la tormenta. No habían recorrido ni dos kilómetros.

Al día siguiente Bulkeley pidió voluntarios para volver en el queche a isla Wager y recuperar una de las tiendas de lona por si más adelante necesitaban material para velas nuevas. Byron vio una oportunidad y se ofreció a formar parte del grupo; otro tanto hizo su compañero Campbell. Aquella tarde partieron con ocho hombres más, remando entre las encrespadas olas. Campbell compartía los recelos de Byron, y mientras eran zarandeados y salpicados por el oleaje, los dos guardiamarinas empezaron a conspirar. Byron creía que, si querían evitar la mácula del deshonor y la cobardía, era preciso rescatar a Cheap. Campbell estuvo de acuerdo, y en voz baja añadió que era el momento de hacerlo.

Confiando en apoderarse del queche, intentaron reclutar a los otros hombres de a bordo, entre los que se contaban varios que habían respaldado a Cheap. También a ellos les había afectado abandonar al capitán de aquella manera. Temiendo que los colgaran si alguna vez lograban volver a casa, se sumaron al plan.

Mientras remaba con los demás, Byron empezó a sentirse cada vez más inquieto: ¿y si Bulkeley y los suyos sospechaban que no tenían intención de volver con el grupo? Las deserciones no les importarían demasiado —menos hombres que transportar y menos bocas que alimentar—, pero perder el queche no les haría ninguna gracia, pues necesitaban ese espacio extra, y el bote en cuestión era el idóneo para mandar a tierra una partida de caza. Byron y sus compañeros siguieron surcando las aguas en plena oscuridad hasta que divisaron unas fogatas en lontananza: el puesto de avanzada. Habían conseguido llegar a isla Wager sin novedad.

Cheap no daba crédito cuando los vio llegar, y al ser informado de lo que planeaban hacer pareció que recobraba todo el vigor. Hizo pasar a su vivienda a los dos guardiamarinas y, en compañía del cirujano, Elliot, y el teniente de infantes, Hamilton, estuvieron charlando hasta muy tarde sobre sus perspectivas ahora que los cerebros de la rebelión quedaban ya lejos. Eran veinte hombres en la isla: trece en el asentamiento principal y otros siete en el campamento de los secesionistas. Cheap y su grupo disponían de al menos una embarcación en condiciones —el queche—, y podían intentar reparar la yola.

Sin embargo, cuando Byron despertó a la mañana siguiente, se vio enfrentado a la cruda realidad. No tenía para ponerse encima más que un gorro, unos pantalones desgarrados y los restos deshilachados de un chaleco. Iba descalzo, pues sus zapatos se habían desintegrado. Y, lo más preocupante, no tenía reservas de comida, ni una triste torta de repollo. Y otro tanto podía decirse de los hombres que habían vuelto con él. Sus magras raciones estaban en el Speedwell, donde viajaban las personas a las que acababan de traicionar.

Cheap compartió un poco de la carne que tenía: estaba podrida, y de todos modos no había suficiente para alimentar a todos. Byron, que había tenido que aguantar los caprichos de sus superiores, intentó finalmente urdir un plan propio. Decidió que debía volver con los amotinados y reclamar la parte de comida que les correspondía a los del queche. Sería arriesgado, por no decir incluso una locura, pero ¿qué alternativas había?

Cuando Byron expuso la idea, Cheap le advirtió de que sus enemigos buscarían venganza y querrían hacerse con el queche, con lo cual los de la isla volverían a estar como antes.

Byron había pensado en ello, y dijo que Campbell y él y unos pocos más podían desembarcar a cierta distancia de la albufera. Luego, mientras los otros vigilaban el queche, Campbell y él irían a pie hasta donde estaban Bulkeley y su grupo. Se arriesgaban a sufrir represalias, sí, pero la tentación de conseguir comida era superior a todo lo demás. A la mañana siguiente, con la bendición y los ánimos de Cheap, Byron y su pequeña partida embarcaron de nuevo.

Tras remar hasta la otra isla, escondieron el queche en un paraje resguardado. Byron y Campbell se despidieron de sus compañeros y emprendieron la ardua caminata. Hubieron de atravesar fangosos pantanos y bosques frondosos hasta que, por la noche, llegaron a los confines de la negra albufera. Oyeron voces en la oscuridad. El grueso de los amotinados (entre ellos sus jefes, Bulkeley y Baynes) estaba en la playa buscando alimento: eso no había cambiado ni cambiaría.

Bulkeley pareció sorprendido ante la llegada de los dos guardiamarinas. ¿Cómo era que venían por tierra, y sin el queche?

Byron, haciendo acopio de coraje, informó de que no pensaban abandonar a Cheap.

Bulkeley pareció muy afectado por la deserción de Byron. Supuso que se había dejado convencer por Campbell; o eso, o el joven aristócrata había vuelto a los viejos esquemas de clase y jerarquía. (En un velado comentario en su diario, Bulkeley escribió que «el honorable señor Byron» no acababa de adaptarse a «estar con el resto de los hombres»).

Cuando Byron y Campbell reclamaron la parte de comida que les correspondía, Bulkeley y Baynes exigieron conocer el paradero del queche. Campbell les dijo que tenían intención de quedarse con él; a fin de cuentas, estaba pensado para transportar diez náufragos, y diez de ellos estaban ahora donde Cheap. Al oírlo, uno de los amotinados espetó: «Malditos seáis», y les advirtió de que si no traían el queche, no les darían nada.

Byron apeló directamente al resto de los hombres, pero estos le dijeron que o se presentaba con el queche al día siguiente, o armarían el cúter e irían a por ellos.

Byron se alejó, pero luego, consternado, volvió sobre sus pasos y reiteró su petición. Fue en vano. Se preguntó cómo la gente podía ser tan cruel.

Cuando se marchaba de nuevo, una fuerte ráfaga de viento le hizo perder el gorro. John Duck, el lobo de mar, se acercó a su antiguo compañero y tuvo la generosidad de ofrecerle su propia gorra.

Byron se sintió anonadado por este gesto de bondad. «¡John! —exclamó—. Muchas gracias». Pero luego insistió en que no podía dejar a Duck sin gorra y se la devolvió.

Acto seguido, Campbell y él se pusieron en camino, subieron al queche y remaron hasta isla Wager, no sin mirar atrás de vez en cuando para ver si un cúter reluciente de cañones los estaba persiguiendo.

18

PUERTO DE LA MISERICORDIA DIVINA

Tan pronto el viento amainó, Bulkeley, el teniente Baynes y los otros hombres de las dos embarcaciones restantes se hicieron a la mar. Estaban a distancia de tiro del puesto de avanzada, pero Bulkeley desoyó las peticiones de lanzar un asalto para apoderarse del queche, optando en cambio por guiar a sus hombres en otra dirección, al sur, rumbo al estrecho de Magallanes. Había que mirar hacia delante.

Mientras avanzaban a marchas forzadas, quedó claro, incluso para veteranos como Bulkeley, que la travesía en aquellas embarcaciones no iba a ser como ninguna otra experiencia anterior. El Speedwell no era en realidad mucho más largo que la lancha original, que estaba pensada para alojar a veinte remeros y transportar provisiones en distancias cortas. Ahora el Speedwell iba cargado con suficientes barricas de agua como para un mes, y con armas y munición suficientes para repeler un ataque. Pero, sobre todo, la embarcación estaba atestada de hombres: apretujados en la proa, en torno a los mástiles, junto a la rueda del timón, abajo en la bodega. Era como si hubieran improvisado una barca utilizando extremidades humanas.

Con cincuenta y nueve personas a bordo, no había donde tumbarse, y a la tripulación le resultaba casi imposible izar una vela o halar un cabo. Después de varias horas de guardia, los que estaban en cubierta tenían que abrirse paso para intercambiar su puesto con los que estaban en la bodega, que era un lugar tan húmedo y oscuro como un féretro pero proporcionaba cierta protección contra los elementos. Si uno necesitaba orinar o defecar, tenía que hacerlo inclinándose sobre el costado del casco. Solo el hedor de las prendas mojadas, escribió Bulkeley, «hace que respiremos un aire nauseabundo, hasta el punto de que a uno le parecería impensable que se pudiera vivir así».

Con tanto peso, entre hombres y cargamento, el casco iba muy hundido y la popa apenas si sobresalía diez centímetros de la línea de flotación. Incluso las olas pequeñas sobrepasaban la regala, empapando a los marineros; con mar picada, los que estaban en cubierta corrían el riesgo de caer por la borda cada vez que llegaba una ola grande.

Los doce que iban en el cúter, entre ellos el sobrecargo Thomas Harvey, lo tenían aún peor. Era una embarcación de poco más de siete metros y medio de eslora, muy inestable en condiciones de fuerte oleaje, y con su solitario mástil parecía de juguete. Los hombres iban sentados, unos junto a otros, en duros y estrechos tablones, dando saltos de mala manera. No había espacio debajo donde resguardarse en caso necesario, y algunas noches subían al Speedwell para dormir un poco, con el cúter remolcado detrás. En tales ocasiones, la lancha transportaba setenta y un hombres.

No es solo que estas embarcaciones hubieran de navegar por algunos de los mares más turbulentos del globo, sino que la mayoría de los hombres que intentaban llevar a cabo esta gesta tenían un pie en la tumba. «El grueso de la gente que llevamos a bordo se muestra tan ajena a la vida que se diría que les es indiferente vivir o morir —escribió Bulkeley—, y solo después de mucho suplicar consigue uno persuadirlos de que suban a cubierta para echar una mano». Comandar al grupo en tales circunstancias era todo un reto para Bulkeley, y la insólita dinámica de poder que estaba en juego lo hacía todo aún más complicado. Si bien el artillero ejercía de capitán en muchos aspectos, oficialmente el teniente Baynes seguía siendo el comandante en jefe.

El 30 de octubre, tras dos semanas de travesía, los hombres se vieron sorprendidos por otra borrasca. Mientras los vientos soltaban sus fieras andanadas, Bulkeley divisó, en el montañoso litoral de levante, un pequeño canal o vía de agua. Pensó que posiblemente desembocaría en un puerto seguro, pero estaba rodeada de rocas, igual que las que habían agujereado el casco del Wager. Bulkeley consultaba a menudo con Baynes —tal como habían acordado— y con el carpintero, Cummins, pues confiaba mucho en este. Dichas consultas parecían ser, además, la manera en que Bulkeley subrayaba la diferencia entre él y el depuesto capitán Cheap.

Bulkeley se enfrentaba ahora a su primera decisión táctica importante: permanecer en mar abierto o intentar adentrarse entre las rocas. «Quedarnos en el mar significaba la muerte, y otro tanto si chocábamos con la tierra», escribió. Los botes avanzaban a paso de tortuga, y Bulkeley tomó la decisión de adentrarse por el canal: «La entrada es tan peligrosa que ningún mortal lo intentaría, a no ser que su caso fuera tan desesperado como el nuestro».

Mientras se aproximaban al embudo, oyeron un rugido amenazador: rompientes chocando con los arrecifes. El más leve error, y se irían a pique. Vigías escrutaban las aguas en busca de rocas sumergidas en tanto que otros hombres atendían las velas. Bulkeley, agarrado para no caerse y gritando órdenes, los guio por el laberinto de rocas hasta que arribaron por los pelos a un puerto protegido por riscos con cascadas cristalinas. El lugar era tan espacioso, se jactaba después Bulkeley, que toda la flota británica podía congregarse allí dentro.

No tuvo mucho tiempo para celebrar su triunfo. Se enviaron grupos a tierra en el cúter para hacer acopio de agua dulce y de los moluscos que pudieran encontrar, o, como lo expresó Bulkeley, «lo que la Providencia tenga a bien poner a nuestro paso». Después zarparon de nuevo hacia el enojado mar.

El 3 de noviembre, durante un fuerte aguacero, Bulkeley hizo señas al cúter para que no se separara mucho. Al poco, la vela mayor del cúter se rajó y lo perdieron de vista. Los de la lancha rastrearon la zona tratando de localizar la otra embarcación cada vez que el Speedwell se encaramaba a las grandes olas. Pero no había rastro del cúter; debía de haberse hundido junto con sus doce hombres. Por fin, con el propio Speedwell pugnando por no zozobrar, Bulkeley y Baynes se dieron por vencidos y se adentraron en una ensenada.

Bulkeley experimentó la aflicción de perder a hombres que estaban bajo su mando a todos los efectos, y, pese a la falta de espacio en el Speedwell, fue a por su diario e inscribió en él los nombres. Entre las pérdidas estaban el sobrecargo, Harvey; el ingenioso constructor de balsas, Richard Phipps; y el ayudante de carpintero, William Oram, a quien Bulkeley convenciera de abandonar a los secesionistas con la esperanza de llegar a Inglaterra.

La profunda quilla de la lancha y su pesado casco hacían imposible aproximarse demasiado a la costa, y sin el cúter no tenían manera de enviar hombres a tierra en busca de algo que comer. Y solo unos pocos sabían nadar. «Estamos en una situación penosa», confesaba Bulkeley.

El 5 de noviembre intentaron ir hacia mar abierto, pero el temporal los hizo retroceder. Atrapados de nuevo en el barco y consumidos por el hambre, se quedaron mirando con desespero los pocos moluscos que había en las rocas. Angustiado hasta el límite, King, el contramaestre, agarró unos remos y unas barricas vacías, los ató entre sí con unos cabos y luego bajó el estrafalario artefacto hasta el agua. Flotaba.

Él y otros dos hombres se dejaron caer sobre el artilugio y empezaron a remar hacia la costa. No habían recorrido más que unos pocos metros cuando una ola lanzó los barriles hacia el cielo y los hombres salieron catapultados para caer al mar. Se debatieron intentando sobrevivir. Dos de ellos fueron sacados del agua por tripulantes del Speedwell, pero King consiguió agarrarse a la destrozada balsa y se propulsó con los pies hacia la playa. Anochecía cuando regresó con el poco sustento que había encontrado, y explicó que en la playa había encontrado un casco de comida vacío cuyo aspecto era como el de los que utilizaba la Armada británica. Repentinamente serios, los náufragos se preguntaron si otro navío, tal vez incluso el Centurion, el buque insignia del comodoro Anson, no se habría hundido como el Wager.

A la mañana siguiente, mientras reanudaban su travesía, Bulkeley y los suyos divisaron en el desértico mar cómo un jirón blanco subía y bajaba a merced de las olas. ¡Era la vela del cúter! El bote estaba intacto, y los miembros de su tripulación vivos, aunque empapados y aturdidos. Aquella milagrosa reunión, escribió Bulkeley, les dio a todos «una nueva vida».

Tras dirigirse hacia una rada y enviar el cúter para coger algunos moluscos, intentaron descansar un poco. El bote estaba amarrado a la popa del Speedwell, y su tripulación —salvo un marinero de nombre James Stewart— subió al Speedwell para dormir.

A las dos de la madrugada, el cabo se partió y el cúter quedó a merced de las olas. Bulkeley y varios de los hombres escrutaron la oscuridad barrida por la lluvia y pudieron divisar a Stewart en el bote, que se aproximaba a los arrecifes peligrosamente. Los hombres lo llamaron a voces, pero el viento y la distancia impidieron que Stewart los oyera, y al poco rato perdieron de vista el cúter; esta vez no había duda: se había estrellado contra las rocas.

No solo habían perdido a otro compañero, sino también el medio para ir a tierra en busca de sustento. Además, ahora el Speedwell tendría que llevar, día y noche, a setenta náufragos apretujados. «Gran desasosiego entre el pueblo, muchos creen imposible una salvación», escribió Bulkeley.

Al día siguiente once de los hombres, Phipps entre ellos, solicitaron ser abandonados en aquella parte del mundo tan desolada, pues preferían no continuar a bordo del Speedwell tal como pintaban las cosas. Bulkeley y Baynes, siempre conscientes de las repercusiones legales, redactaron una nota para los lores del Almirantazgo, declarando que los once hombres habían tomado libremente esa decisión y exonerado «a toda persona a quien en un momento dado se le puedan pedir cuentas por haberlos dejado en tierra». En su diario, Bulkeley escribió que aquellos hombres se marchaban «por su propia supervivencia tanto como por la nuestra».

Bulkeley llevó la embarcación lo más cerca posible de la playa, y los once saltaron al agua. Los vio nadar hasta un trecho de tierra sin vida. Fue la última vez que se supo de ellos. Luego, él y el resto de la partida a bordo del Speedwell siguieron su camino.

El 10 de noviembre, casi un mes después de abandonar isla Wager y tras recorrer algo más de seiscientos kilómetros, Bulkeley observó una ristra de pequeñas y áridas islas. Le pareció que eran exactamente las que describía sir John Narborough como la entrada más septentrional al estrecho de Magallanes. En el lado opuesto, al sur, había otra isla pelada, con montañas oscuras que dibujaban una sierra dentada. Bulkeley se figuró que debía de ser la isla de la Desolación, bautizada así por Narborough porque daba «una imagen extraordinariamente desolada». Basándose en estas observaciones y en sus cálculos sobre la latitud del Speedwell, Bulkeley quedó convencido de que habían llegado al estrecho.

Tras cambiar de bordada hacia el sudeste, a punto de poner en marcha su plan, Bulkeley se descubrió sintiendo algo que raramente reconocía en sí mismo: miedo. «En toda mi vida […] he visto un mar como el que discurre por aquí», observó. Los vientos tenían la fuerza de un tifón y el agua parecía en guerra consigo misma. Esto le llevó a creer que estaba presenciando la confluencia del océano Pacífico entrando en el estrecho con el océano Atlántico saliendo del mismo: era el punto exacto donde el bucanero británico Francis Drake había quedado atrapado en lo que el capellán de a bordo había llamado una «intolerable tempestad». (El capellán escribió que, aparentemente, Dios se había «puesto en contra nuestra» y no se «desdeciría de ello hasta haber sepultado nuestros cuerpos, y los barcos también, en el insondable abismo de este furioso mar»). Las olas empezaron a devorar el Speedwell de popa a proa, del casco hasta los masteleros. Una en concreto hizo escorarse la embarcación unos veinte grados, luego cincuenta, después ochenta… hasta dejarla completamente de costado, los mástiles y las velas en contacto con la superficie del mar. En medio de crujidos y corcoveos, y con el agua entrando por todas partes, Bulkeley estuvo seguro de que la lancha no recuperaría nunca la vertical. Después de tantas desventuras, de todos sus sacrificios y sus pecados, se enfrentaba ahora a la perspectiva de una muerte inútil, de ahogarse sin haber vuelto a ver a su familia. No obstante, aunque con gran lentitud, el Speedwell empezó a enderezarse y las velas emergieron poco a poco mientras cubierta y bodega escupían agua.

Cada pequeño respiro parecía intensificar el fervor mesiánico de Bulkeley. Sobre la tormenta, escribió: «Rezamos para que pasara de largo, pues era lo único que podía salvarnos de perecer». En lo que describió como un «destello de gracia divina», vieron de repente una ensenada e intentaron llegar allí atravesando una serie de rompientes. «Estábamos rodeados de rocas, y tan cerca de ellas que uno podría dejar una galleta encima», comentaba. Pero lograron meterse en la rada, que era tan lisa como una balsa de aceite. «Le hemos puesto por nombre el puerto de la Misericordia Divina, pues consideramos un milagro haber sobrevivido hasta el día de hoy —escribió el artillero—. Los más desaforados de entre nosotros no dudan ya de la existencia de un Ser Todopoderoso, y han decidido reformarse».

Pero con cada agobiante día que pasaba, los hombres estaban cada vez más desanimados y más rebeldes. Exigían raciones extra a cada momento, y Bulkeley y Baynes se vieron en el mismo callejón sin salida que tanto había frustrado a Cheap. «Si no somos extremadamente previsores a la hora de repartir nuestros víveres, no hay duda de que moriremos todos de

John Byron era un guardiamarina de dieciséis años en el **W**ager.

Un cuadro del siglo XVIII
de una banda de la prensa británica.

David Cheap, el teniente primero
del Centurion, soñaba con
convertirse en capitán.

Una pintura del siglo XVIII del astillero de Deptford,
donde se botó el Wager.

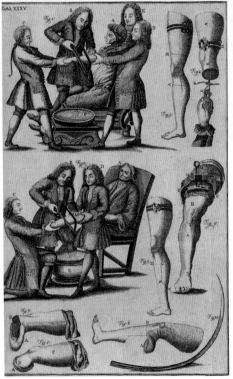

La vida en un buque de guerra:
(arriba) la maquinaria letal
cubierta de un cañón;
(izquierda) amputación de miembros.

Entierro en el mar *(página siguiente)*.

(*página anterior*) Un cuaderno de bitácora del Centurion, con entradas que detallan horribles enfermedades y tormentas.

(*arriba*) Un albatros en el cabo de Hornos.

(*izquierda*) Un oficial del Centurion pintó al escuadrón a su llegada a Santa Catalina, Brasil, en diciembre de 1740. El Wager es el segundo buque por la izquierda.

El Wager antes de naufragar, pintado por Charles Brooking, *c.* 1744.

La isla Wager.

(arriba) En este grabado,
los náufragos construyen
su campamento en la isla Wager.

(izquierda) El monte Desdicha
se cierne sobre los hombres en esta
ilustración del siglo XVIII.

Los náufragos encontraron en la isla
Wager un terreno montañoso *(arriba)*
prácticamente desprovisto de alimentos.
Se vieron obligados a comer trozos de
algas *(derecha)* y apio *(abajo)*.

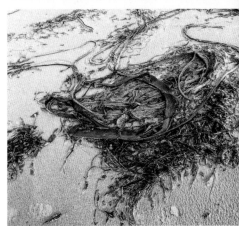

(izquierda) Un hombre kawésqar cazando leones marinos, fotografiado por el antropólogo Martin Gusinde a principios del siglo XX.

(abajo) Los indígenas de la región pasaban gran parte de su tiempo en canoas y sobrevivían casi exclusivamente gracias a los recursos marinos.

Un campamento costero kawésqar, fotografiado por el antropólogo Gusinde.

La violencia asesina estalló entre los náufragos del Wager,
como se representa en este grabado.

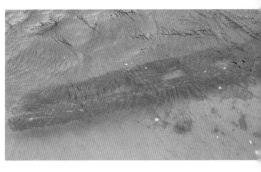

(página anterior, arriba) Una pintura del siglo XVIII del Centurion en combate, con las velas y la bandera británica desgarradas por el fuego de los cañones.

(página anterior, abajo) George Anson lideraba la escuadra británica que incluía al Wager.

(arriba) Restos del naufragio del Wager descubiertos en 2006.

(abajo) Los náufragos tenían una copia del libro de John Narborough sobre su expedición británica a la Patagonia, y estudiaron su mapa del estrecho de Magallanes.

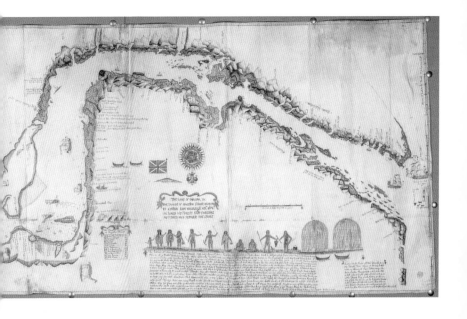

Una pintura del siglo XVIII muestra a hombres apiñados en una pequeña barca similar a la que utilizaron los supervivientes de la isla Wager.

Para escapar, los náufragos del Wager tendrían que navegar por los violentos mares de la costa chilena de la Patagonia.

hambre», escribió Bulkeley. Los hombres que con tanto entusiasmo y tanta devoción le habían seguido, ahora parecían, según lo expresó él, «a un paso del motín y la destrucción». Y añadía: «No sabemos qué hacer para someterlos a algún tipo de mando; nos han dado tantos problemas que ha llegado el punto en que tememos por nuestras vidas».

El artillero se esforzó por mantener el orden con la ayuda de Baynes y Cummins. Los artículos por los que se regía el grupo aprobaban abandonar a todo aquel que provocara disturbios. Pero Bulkeley les amenazó de muy diferente manera: si continuaba el mal comportamiento, él, junto con Baynes y Cummins, exigiría ser depositado en tierra, y que el resto se las apañara con el Speedwell. La tripulación sabía que Bulkeley era indispensable —no había nadie con su monomaníaca capacidad de marcar el rumbo y combatir los elementos—, y su amenaza calmó un poco los ánimos. «El pueblo ha prometido dejarse gobernar y se comporta mucho mejor ahora», escribió Bulkeley. A fin de apaciguar aún más a los hombres, sacó un poco más de harina de sus reservas, anotando que muchos de ellos se comían el polvo «crudo en cuanto se les sirve».

Sea como fuere, estaban muriendo. Entre las víctimas se contaba un muchacho de dieciséis años, George Bateman. «La pobre criatura pasó hambre, padeció y murió hecho un esqueleto —escribía Bulkeley, y más adelante añadía—: Hay varios más en el mismo mísero estado y que, a falta de remedio, van a correr la misma suerte».

Se esforzó por consolar a los enfermos, pero estos lo que más querían era alimento. Un muchacho de doce años le suplicó a un compañero un poco de harina extra, diciéndole que de lo contrario no viviría para ver Brasil, pero el otro no se inmutó. «Las personas que no han experimentado los trances en los que nos hemos visto nosotros —escribió Bulkeley— se preguntarán cómo puede la gente ser tan inhumana como para ver cómo otro se muere de hambre ante sus propios ojos y no procurarle ayuda. Pero en el hambre no hay lugar para la compasión». Las penurias del muchacho solo acabaron cuando «el cielo le envió el consuelo de la muerte».

El 24 de noviembre, el Speedwell quedó atrapado en un enigmático laberinto de canales y albuferas. Baynes acusó a Bulkeley de haberse equivocado al pensar que estaban entrando en el estrecho. ¿Habían desperdiciado dos semanas yendo por donde no debían? Bulkeley replicó que «si en verdad existe en el mundo algo como el estrecho de Magallanes, es donde estamos ahora».

Pero las críticas iban en aumento y Bulkeley ordenó virar en redondo y volver por donde habían venido. Uno de los infantes de marina empezó a hacer el loco y a reír como un histérico, hasta que se derrumbó en el suelo, callado y muerto. Otro hombre falleció poco después, y luego otro más. Sus cuerpos fueron arrojados al mar.

El grupo restante tardó cerca de dos semanas en desandar el camino… solo para descubrir que, efectivamente, aquello era el estrecho. Ahora les tocaba poner otra vez rumbo al este.

Tal vez Cheap estaba en lo cierto y deberían haber ido hacia el norte.

19

LA APARICIÓN

Cheap no había renunciado a su plan de reunirse con el comodoro Anson y la escuadra. Había forjado una alianza con los últimos secesionistas que quedaban —a veces la desesperación conduce a la unidad—, y el conjunto de ambos grupos, tras sufrir una muerte, ascendía a diecinueve personas, entre ellas Byron, Campbell, el teniente de infantes de marina Hamilton y Elliot el cirujano. Hacía dos meses que los demás habían abandonado la isla, y Cheap y el resto vivían en los refugios del puesto de avanzada, subsistiendo a base de algas y alguna que otra ave acuática.

Cheap, libre de lo que Byron describió como las «amenazas, los desórdenes y el celo alborotador de una tripulación indisciplinada», parecía otro hombre, más entusiasta, más vivo. «Había recuperado el vigor —comentaba Campbell—, iba por todas partes a buscar leña y agua, encendía fuego y demostró ser un excelente cocinero». Entre todos, valiéndose de las técnicas que habían aprendido en la remodelación de la lancha, consiguieron reparar la yola y reforzar el queche, que había quedado muy maltrecho. A todo esto, habían conseguido sacar del Wager tres cascos de carne de buey, y Cheap había podido hacer conserva de una parte para la inminente travesía. «Empecé a concebir grandes esperanzas», escribió Cheap en su relato. Ahora, lo que necesitaban era que cesaran las tormentas a fin de poder zarpar.

El 15 de diciembre, un resplandor despertó a Cheap: era el sol asomando entre las nubes. Con Byron y unos pocos más, subió a monte Desdicha para ver mejor el estado de la mar. Una vez en la cumbre, Cheap sacó su telescopio y escrutó el horizonte. A lo lejos se veían olas grandes.

Pero los hombres estaban impacientes por abandonar la isla. Muchos de ellos, asustados por su infinita mala suerte, estaban convencidos de que, por culpa de no haber enterrado al marinero a quien James Mitchell dio muerte en monte Desdicha, su espíritu rondaba por allí. «Una noche cundió la alarma debido a un extraño grito, como el de un hombre ahogándose —escribió Byron—. Muchos salimos de nuestras chozas hacia el lugar de donde provenía el ruido, que no era lejos de la playa, y pudimos percibir, aun cuando no con claridad (solo había luz de luna), una figura como la de un hombre nadando con medio cuerpo fuera del agua. El ruido que emitía aquella criatura era tan diferente del de cualquier otro animal que hubieran oído anteriormente, que causó en todos una gran impresión; y más adelante, en momentos de angustia, se acordarían a menudo de aquella aparición». Los náufragos empezaron a cargar sus escasas provisiones en el queche de siete metros y la yola de cinco. Más pequeños aún que el cúter, estos botes apenas si contaban con unas bancadas para sentarse. Cada uno llevaba un solitario mástil de poca altura en el que aparejar una vela, pero el grueso de la propulsión era a remo. Cheap subió al queche junto con Byron y otros nueve. Entre la maraña de cuerpos, cabos, velas y cascos de comida y agua, apenas quedaba un palmo de espacio para cada hombre. Campbell, Hamilton y otros seis se apretujaron de parecida manera en la yola, chocando a cada momento con el codo o la rodilla del de al lado.

Cheap contempló el puesto de avanzada, su hogar durante los últimos siete meses. Solo quedaban unos cuantos refugios maltratados por el viento, pruebas de una lucha a vida o muerte que pronto serían borradas por los elementos.

Cheap estaba ansioso por partir; según sus palabras, aquel anhelo llenaba «todo mi corazón». A una señal suya, Byron y el resto de los hombres zarparon de isla Wager para iniciar su larga y osada travesía hacia el norte. Tendrían que cruzar unos ciento cincuenta kilómetros del golfo de Penas, y luego otros cuatrocientos siguiendo la costa del Pacífico hasta la isla de Chiloé.

Al cabo de una hora escasa, las lluvias volvieron y el viento empezó a soplar de poniente, frío y recio. Avalanchas de olas sepultaron los botes. Cheap dio instrucciones de entorpecer el diluvio formando entre todos una muralla humana, volviendo la espalda al mar. El agua inundaba los cascos. Era imposible achicar lo bastante rápido usando manos y gorras y sombreros. Cheap supo que, si no aligeraban peso en los ya sobrecargados botes, volverían a zozobrar frente a la isla Wager. Así, los hombres se vieron obligados a hacer lo impensable: tirar por la borda casi todas sus provisiones, incluidos los preciados cascos de comida. Los hombres vieron cómo aquel mar voraz engullía las pocas raciones que les quedaban.

Al caer la noche, consiguieron meterse en una ensenada. Bajaron a tierra y treparon por el montañoso terreno con la esperanza de encontrar un lugar cubierto en el que guarecerse, pero al final se derrumbaron exhaustos en un lecho de rocas a la intemperie. Soñaron con los refugios que habían dejado atrás. «Aquí no disponemos de otra casa que el amplio mundo —escribió Campbell—. El frío era tan intenso que por la mañana varios de nosotros estábamos al borde de la muerte». Cheap sabía muy bien que tenían que ponerse en movimiento y les metió prisa para volver a los botes. Remaron hora tras hora, día tras día, deteniéndose solo para arrancar unas algas pardas que crecían en rocas a escasa profundidad y que dieron en llamar enredos o cintas de mar. Cuando el viento viró al sur, navegaron viento en popa, con las improvisadas velas desplegadas y los cascos cabalgando las olas.

Nueve días después de abandonar la isla, habían recorrido casi ciento cincuenta kilómetros en dirección norte. Hacia el noroeste pudieron ver la punta de un cabo con tres enormes acantilados al borde del mar. Se hallaban casi en el extremo del golfo; probablemente habían capeado lo peor de la travesía.

Desembarcaron para dormir un poco, y por la mañana, cuando se despertaron, cayeron en la cuenta de que era 25 de diciembre. Celebraron la Navidad con un festín de cintas de mar y tazones de agua de manantial, a la que llamaron «el vino de Adán», porque eso fue lo que Dios le había dado a beber a Adán. Cheap brindó a la salud del rey Jorge II, y luego cargaron las cosas y zarparon de nuevo.

Unos días más tarde llegaban al cabo, el punto más crítico de la ruta. Los mares que allí convergían eran un hervidero de tremendas corrientes y olas colosales coronadas de espuma: el blanco de los blancos, como lo llamaría Campbell. Cheap ordenó que arriaran las velas para no zozobrar, y a partir de ahí avanzaron a fuerza de remos.

Cheap les instaba a continuar. Después de horas, vieron frente a ellos el primero de los tres acantilados, pero las olas y las corrientes los hicieron retroceder. Aunque intentaron refugiarse en una bahía cercana, estaban tan cansados que no podían llegar antes de que anocheciera, de modo que durmieron en los botes, tumbados sobre los remos. Cuando salió el sol, recobraron fuerzas en la bahía hasta que Cheap ordenó intentar de nuevo llegar al cabo. Tenían que hacerlo, por el rey y por su país. Tenían que hacerlo por sus esposas e hijos y padres y novias, y por ellos mismos. Esta vez, los náufragos alcanzaron el segundo acantilado, pero de nuevo se vieron empujados hacia atrás y obligados a retroceder hasta la bahía.

Al día siguiente, las condiciones eran tan duras que Cheap supo que ninguno de los hombres se atrevería a doblar el cabo. Así pues, fueron a tierra en busca de alimento. Necesitarían fuerzas. Uno de los náufragos se topó con una foca, apuntó con su mosquete y disparó. Los hombres hicieron una lumbre para asarla; iban arrancando pedazos de grasa y la masticaban. No se desperdició nada. Byron se fabricó incluso unos zapatos con el pellejo, y pudo envolver con ellos sus casi congelados pies.

Las embarcaciones estaban ancladas a escasa distancia, y Cheap designó a dos hombres por bote para montar guardia durante la noche. A Byron y su compañero les tocó el queche. Pero tanto él como el otro hombre habían revivido gracias a la comida y se quedaron dormidos, tal vez pensando en que al día siguiente doblarían por fin el cabo.

Algo golpeaba el queche con un ruido sordo. «Me […] despertó el extraño movimiento del bote, y las rompientes bramando a nuestro alrededor −escribió Byron−. Al mismo tiempo oí un chillido». Era como si el aparecido de isla Wager hubiera vuelto a hacer acto de presencia. Los gritos procedían de la yola, anclada a unos pocos metros del queche. Justo en el momento en que Byron se volvía en aquella dirección, una ola volcó la yola, con sus dos hombres a bordo. Y luego se hundió. Uno de los vigías fue arrastrado hasta la playa por el oleaje, pero el otro pereció ahogado.

Byron pensó que el queche no tardaría en correr la misma suerte. Entre él y su compañero, levaron el ancla y remaron con la proa apuntando hacia las olas, en un intento de evitar ser alcanzados por el flanco y confiando en que el temporal amainase. «Estuvimos así todo el día siguiente, en medio de un mar embravecido, sin saber qué nos depararía el destino», escribió.

Cuando por fin llegaron a tierra, se reunieron con Cheap y el resto de los supervivientes. Ahora eran dieciocho hombres y, sin la yola, no había espacio suficiente para transportarlos a todos. En el queche, muy apretados, podían caber tres más, pero habría que dejar a cuatro hombres en tierra; de lo contrario, perecerían todos.

Eligieron a cuatro infantes de marina. Como eran soldados, no poseían conocimientos marineros. «Se ha optado por los infantes, al no ser de ninguna utilidad a bordo», confesó Campbell, señalando que «a todos nos causó tristeza, pero la necesidad obligaba». Fue él quien anotó los apellidos de los cuatro infantes de marina: Smith, Hobbs, Hertford y Crosslet.

Cheap les proporcionó algunas armas y una sartén. «Nuestros corazones se deshacían de compasión», escribió Campbell. Mientras el queche se alejaba, los cuatro infantes permanecieron en la playa, lanzaron tres hurras y gritaron: «¡Dios salve al rey!».

Seis semanas después de abandonar isla Wager, Cheap y su partida llegaron al cabo por tercera vez. El mar estaba más furioso que nunca, pero él hizo señas de seguir adelante y lograron dejar atrás un primer acantilado, y luego un segundo. Quedaba solo uno, el último. Casi lo habían rebasado. Pero la tripulación se derrumbó, agotada y vencida. «Al percibir ahora que ninguna embarcación podía doblar el cabo, los hombres se tumbaron sobre sus remos hasta que el queche estuvo muy cerca de las rompientes —escribió Byron—. Pensé que su intención era poner fin de una vez por todas a sus vidas y a sus desdichas». Durante un rato, nadie se movió ni dijo esta boca es mía. Estaban casi en las rompientes y el rugido del oleaje era ensordecedor. «Finalmente, el capitán Cheap les dijo que o perecían de inmediato, o bogaban con toda su tenacidad». Los hombres agarraron los remos, esforzándose lo suficiente para evitar las rocas y virar en redondo. «Estábamos resignados a nuestro destino, fuera el que fuese», escribió Byron, pues habían renunciado «a toda idea de hacer un nuevo intento de doblar el cabo».

Muchos de los hombres atribuían el fracaso a no haber enterrado a aquel marinero en isla Wager. Los náufragos volvieron a la bahía con la esperanza de, al menos, encontrar a los infantes de marina. Habían decidido que, de una manera u otra, les harían sitio en el queche. Tal como escribió Campbell: «Consideramos que, si el bote se hundía, al menos nos veríamos libres de la miserable vida que llevábamos, y moriríamos todos juntos».

Sin embargo, salvo un mosquete abandonado en la playa, no había rastro de los cuatro. Sin duda habrían perecido, pero ¿y sus cadáveres? Los náufragos pensaron en alguna manera de honrar a los cuatro infantes. «Hemos bautizado este lugar como bahía de los Infantes de Marina», escribió Byron. Cheap quería hacer un último intento de rodear el cabo. Se hallaban muy cerca, y si lo lograban estaba convencido de que su plan tendría éxito. Pero los hombres ya no secundaban sus ávidas obsesiones y decidieron regresar al sitio del que durante mucho tiempo habían querido escapar: isla Wager. «A estas alturas habíamos perdido toda esperanza de volver a ver nuestra patria chica», escribió Campbell, y preferían pasar sus últimos días en la isla, ya que se había convertido en «una especie de hogar».

Cheap no tuvo más remedio que acatar la decisión. Tardaron casi dos semanas en regresar a la isla; para entonces, la desastrosa aventura había durado dos meses. Habían agotado todos los víveres que tenían para la travesía; Byron se había comido incluso las rancias y pestilentes pieles de foca con que se cubría los pies. Oyó a varios de los hombres hablar en susurros sobre echar a suertes «y designar a alguien cuya muerte sirva para que los otros puedan sobrevivir». Esto era diferente a cuando algunos de los hombres habían canibalizado anteriormente cadáveres. Esto era matar a un compañero para tener algo que comer, un siniestro ritual que más adelante el poeta Lord Byron tradujo en palabras:

En silencioso horror se marcaron, mezclaron y entregaron
los papeles, y su distribución calmó incluso
el hambre salvaje que exigía,
como el buitre de Prometeo, aquella gran indecencia.

Al final, los náufragos no llegaron a tanto. En vez de ello, decidieron subir a monte Desdicha y buscar el cuerpo putrefacto de su compañero: el hombre cuyo espíritu, estaban convencidos, los había estado acechando. Cavaron un hoyo y lo enterraron. Luego bajaron de nuevo y se sentaron pegados los unos a los otros, mientras de fondo se oía el rumor del mar.

20

EL DÍA DE NUESTRA SALVACIÓN

Bulkeley y los otros cincuenta y ocho náufragos a bordo del Speedwell se habían puesto de nuevo en marcha y avanzaban lentamente hacia el Atlántico a través del estrecho de Magallanes. Destartalado como estaba, y con filtraciones de agua, el Speedwell era incapaz de navegar de ceñida, y Bulkeley tenía que esforzarse por mantener el rumbo. «Ver que el bote no será capaz de virar a barlovento es suficiente para desmoralizar a cualquiera», escribió, y añadía que el bajel seguía «flotando conmovedoramente sobre las olas».

Bulkeley ejercía también de piloto, y, sin una carta de navegación detallada de la zona, tenía que atar cabos sobre el paisaje tirando de lo que Narborough había dejado escrito e intentando encajarlo con sus propias observaciones. Por la noche, ojeroso y aturdido, interpretaba las estrellas para fijar la latitud de la embarcación; durante el día, calculaba su longitud a estima. Después comparaba estas coordenadas con las que citaba Narborough, otra pieza más del rompecabezas. He aquí una entrada típica de su diario: «A las ocho vimos dos salientes de roca que sobresalen a dos leguas de una punta de tierra formando una especie de viejo castillo».

Mientras atravesaban el estrecho, a veces navegando, a veces remando, dejaron atrás polvorientas colinas arboladas y glaciares azules, los Andes asomando en la lejanía con sus inmortales cumbres nevadas. Como escribiría más tarde Charles Darwin,

era un litoral que «a un hombre de tierra adentro lo deja soñando durante una semana con naufragios, peligros y muerte».
Los náufragos pasaron remando frente a un acantilado donde
divisaron a dos indígenas con tocados de plumas; estaban tumbados boca abajo y los observaron sin esconderse. Rebasaron
el cabo Froward, el extremo más meridional del continente,
donde dos brazos del estrecho —uno que se extendía hacia el
interior desde el Pacífico, el otro procedente del lado del Atlántico— confluían.

En este punto, el pasadizo torcía bruscamente hacia el nordeste. Tras seguir esta trayectoria durante unos treinta kilómetros, Bulkeley y sus hombres arribaron a Puerto del Hambre, baluarte de otro ejercicio de soberbia imperial. En 1584,
los españoles, decididos a controlar el acceso al estrecho, habían intentado crear allí una colonia poblándola con unos
trescientos colonos, entre los que había soldados, padres fran-
ciscanos, mujeres y niños. Pero durante el duro invierno empezaron a quedarse sin comida. Para cuando llegó una nueva
expedición casi tres años después, la mayoría de los colonos,
según escribió un testigo presencial, «habían muerto como
perros en sus casas» y el poblado entero estaba «contaminado
por el olor y el sabor de los muertos».

Cuando la partida de Bulkeley pasó frente a las ruinas de
Puerto del Hambre el 7 de diciembre de 1741, hacía casi dos
meses que habían abandonado isla Wager. Si no conseguían
más alimento y agua potable, también ellos perecerían pronto.

Dos días más tarde, vieron un rebaño de guanacos en la
arbolada ribera. Bulkeley, con ojo de depredador, describió al
animal —un primo salvaje de la llama— diciendo que era «tan
grande como un ciervo inglés, con el cuello largo; su cabeza,
su boca y sus orejas recordaban las de la oveja». Añadía que el
animal «tiene unas largas patas delgadas, con pezuñas hendidas
como las de un ciervo, y un rabo corto y peludo de un tono
rojizo». Aunque comentaba que eran animales extraordinariamente «ágiles, de una viveza exquisita, muy tímidos y nada
fáciles de abatir», intentó acercar el Speedwell lo más posible

a la costa para que varios hombres armados saltaran a tierra. Sin embargo, los vientos catabáticos que bajaban de los montes les obligaron a cambiar de curso. El rebaño se perdió de vista; los hombres siguieron navegando.

Tal como lo explicaba Narborough, el canal empezaba a angostarse. Bulkeley comprendió que habían penetrado en lo que se conocía como Primera Angostura. En su punto más ancho, el estrecho de Magallanes abarcaba unos treinta kilómetros, pero aquí se reducía a solamente tres. Maniobrar por el punto más estrecho del pasadizo era peligroso. La marea subía y bajaba unos doce metros, y a menudo había vientos compensatorios y corrientes de ocho nudos. Era ya de noche cuando empezaron a surcar el embudo de catorce kilómetros, y la oscuridad dificultaba aún más la marcha. Durante horas, discurrieron entre las amortajadas orillas tratando de evitar los bajíos y de restringir la constante tendencia del bote a virar hacia sotavento, hasta que, al alba, salieron por fin del embudo.

El 11 de diciembre, mientras avanzaban a remo, Bulkeley reparó en un farallón con majestuosos acantilados blancos. Sintió un estremecimiento: aquello era el cabo de las Once Mil Vírgenes, frente al cual habían pasado casi un año atrás con la escuadra de Anson, camino del cabo de Hornos. Eso quería decir que habían llegado a la entrada oriental del estrecho y estaban siendo empujados hacia el Atlántico. No solo habían atravesado sin novedad el largo pasadizo en aquel bote construido a la buena de Dios; también habían tardado, gracias a una notable gesta marinera de Bulkeley, solo treinta y un días (incluso contando la primera salida en falso), una semana menos que Fernando Magallanes y su armada.

Con todo, el puerto de Río Grande, que era el asentamiento más cercano del Brasil, estaba a más de dos mil quinientos kilómetros en dirección norte, y para llegar allí tendrían que pasar por un litoral (ahora parte de Argentina) que estaba bajo control de España; eso quería decir que afrontarían el peligro añadido de ser capturados. Y descontando un poco de harina cruda, no tenían nada que comer.

Los hombres decidieron que no tenían más alternativa que enviar a tierra una partida de caza, y pusieron rumbo a una bahía donde Narborough había afirmado ver una pequeña isla con focas. El 16 de diciembre arribaron a la bahía, conocida como Puerto Deseado. Bulkeley observó en la playa «una roca picuda, muy semejante a una torre; casi parecía una obra de arte puesta allí como reclamo». Viendo que no había rastro de habitantes españoles, dio instrucciones de adentrarse más. Enseguida encontraron la pequeña isla: descansando en ella, como si no se hubieran movido de allí desde los tiempos de Narborough, había numerosas focas. Bulkeley consiguió anclar lo bastante cerca de la playa como para que él y los demás, incluidos los que no sabían nadar, pudieran saltar por la borda y vadear con el agua al cuello y las armas en alto. Tan pronto pusieron el pie en la isla, empezaron a disparar como locos contra las focas. Ahumaron la carne sobre una fogata y devoraron sus raciones: «el pueblo comiendo con avidez», según lo expresó Bulkeley.

No pasó mucho rato antes de que la mayoría de ellos se sintiera enfermo. Probablemente, sufrían de lo que se conoce como síndrome de realimentación. La persona que se muere de hambre puede entrar en shock tras ingerir de repente grandes cantidades de comida, e incluso morir. (Científicos observaron este síndrome en los prisioneros liberados de campos de concentración al término de la Segunda Guerra Mundial). Thomas Harvey, el sobrecargo, falleció tras consumir varias raciones de foca, y al menos otro náufrago murió poco después saboreando lo que pensó iba a ser su salvación.

Los que quedaban reanudaron viaje siguiendo la costa. No mucho después, sus provisiones de foca empezaron a agotarse. Bulkeley no pudo impedir que muchos se pelearan por las raciones. De todas formas, la comida se acabó pronto. «Seguir camino sin carne ni bebida representa una muerte segura», escribió Bulkeley.

Una vez más intentaron enviar hombres a tierra para cazar. Pero ahora el mar estaba tan picado que hubieron de fondear a bastante distancia de la playa. Para llegar a tierra había que nadar entre las rompientes. La mayoría de los hombres no sabían nadar y estaban paralizados de agotamiento, y nadie se ofreció. Bulkeley, que tampoco sabía nadar, tenía que estar al timón. Pero el contramaestre King, el carpintero Cummins y otro hombre —a golpe de coraje o de desesperación, cuando no de ambas cosas— se lanzaron al agua. Estimulados por aquel gesto, otros once —entre ellos John Duck, el negro liberto, y el guardiamarina Isaac Morris— los imitaron. Uno de los infantes de marina empezó a flaquear de cansancio. Morris intentó ir a por él, pero el infante se hundió a solo seis metros de la playa.

Los otros nadadores llegaron agotados a la arena y Bulkeley tiró por la borda cuatro cascos vacíos, que las olas empujaron hasta la playa. Tenían que llenarlos de agua dulce. Bulkeley había atado a ellos varias armas de fuego, y algunos de los hombres fueron a cazar. Descubrieron un caballo marcado con las letras AR. Los españoles debían de estar cerca. Cada vez más nerviosos, los náufragos mataron al caballo y unas cuantas focas, destriparon a los animales y asaron la carne. Cummins, King y otros cuatro volvieron a nado al bote llevando consigo algo de comida y agua. Pero un turbión se llevó el Speedwell mar adentro, y ocho hombres, entre ellos Duck y Morris, quedaron varados en tierra. «Se los ve allá en la arena, pero no podemos ir a rescatarlos», escribió Bulkeley.

Aquella noche, mientras las olas zarandeaban la lancha, parte del timón se desprendió, haciendo aún más difícil la tarea de maniobrar. Bulkeley habló con Baynes, Cummins y los otros para ver qué medidas tomar. Su decisión quedó reflejada en otro documento firmado por todos. Fechado a bordo del Speedwell —«en la costa de Sudamérica, latitud 37:25 sur; longitud respecto al meridiano de Londres, 65:00 oeste, hoy, día 14 de enero»—, explicaba que tras la rotura del timón «esperábamos que el bajel se fuera a pique en cualquier momento», y «la opinión unánime es ir mar adentro si no queremos perecer». Metieron en un tonel unas cuantas armas y municiones, además de una carta explicando la decisión tomada, y lo arrojaron por la borda, dejando que las olas lo arrastraran hasta la playa. Esperaron. Duck, Morris y los otros seis abrieron el tonel, leyeron la carta y, postrados de rodillas, vieron alejarse el barco.

¿Observaba Dios las cosas que hacían en este lugar? Bulkeley seguía buscando solaz en *La imitación de Cristo*, pero un pasaje del mismo advertía: «Si limpia tuvieras la conciencia, a la muerte no podrías temer. Más te valdría evitar el pecado que huir de la muerte». Pero ¿acaso era un pecado querer vivir?

El timón medio roto los hacía ir un poco a la deriva, como si el barco siguiera su propio y críptico camino. Al cabo de unos días, la comida se había agotado y les quedaba muy poca agua. Los hombres apenas si se movían. Bulkeley había escrito: «Apenas hay quince de nosotros que estemos sanos (si es que se le puede llamar sano a alguien que casi no puede ni arrastrarse por el suelo). En este momento, se me considera uno de los hombres más robustos de a bordo, pero no aguanto de pie más allá de diez minutos. [...] Los que estamos en mejor estado de salud hacemos todo lo posible por animar al resto».

El teniente Baynes, que estaba enfermo, escribió hablando de «nuestros pobres camaradas que mueren a diario, mirándote con ese semblante espectral para que los ayudes, cosa que está fuera de mi alcance». El 23 de enero, el maestre Thomas Clark, que con tanto ahínco había protegido a su hijo, falleció, y al día siguiente lo hizo también el muchacho. Dos días después Thomas Maclean, el cocinero —el hombre más viejo de la travesía, que había soportado huracanes, el escorbuto y un naufragio—, exhaló su último aliento. Tenía ochenta y dos años.

Bulkeley continuaba garabateando en su diario. Si lo hacía con el futuro en mente, entonces debía de creer que, de una manera u otra, ese diario llegaría a Inglaterra. Pero su mente perdía facultades. Un día creyó ver mariposas cayendo del cielo como copos de nieve.

El día 28 de enero de 1742, el bote fue empujado hacia la orilla y Bulkeley contempló una estampa de formas extrañas. ¿Sería otro espejismo? Volvió a mirar. Las formas, no cabía duda, eran estructuras de madera –casas– y estaban situadas junto a un río de ancho cauce. Aquello tenía que ser el puerto de Río Grande, en la frontera meridional del Brasil. Bulkeley llamó a los demás, y los que todavía estaban conscientes agarraron los cabos e intentaron ajustar lo poco que quedaba de las velas. Después de invertir tres meses y medio en recorrer cerca de cinco mil kilómetros, habían llegado por fin a lugar seguro.

Mientras el Speedwell penetraba en el puerto, una muchedumbre de lugareños se congregó en la orilla para contemplar la maltrecha y anegada embarcación, con sus velas hechas jirones y blanqueadas por el sol. Entonces vieron las casi irreconocibles figuras humanas desperdigadas por la cubierta o amontonadas en la bodega; hombres semidesnudos y esqueléticos, la piel salpicada de quemaduras del sol como si hubieran emergido de un incendio, greñas de cabellos incrustados de sal poblaban sus barbillas y les caían por la espalda. Bulkeley había escrito en su diario: «Estoy convencido de que ningún otro mortal ha vivido más penurias y más privaciones que nosotros».

Muchos de los hombres no podían ni moverse, pero Bulkeley logró ponerse de pie. Cuando explicó que eran tripulantes del buque Wager de la Marina Real británica, hundido hacía ocho meses frente a la costa de Chile, los lugareños quedaron aún más perplejos. «Parecía sorprenderles que treinta individuos, el número de personas todavía con vida, pudieran haber viajado en una embarcación tan pequeña –escribió Bulkeley–. Pero que ese barco hubiera podido transportar a tantos como embarcaron en origen les resultó asombroso y no dieron crédito». El gobernador de la población fue a saludarlos, y tras conocer sus desgarradoras experiencias, se persignó y dijo que su llegada era un milagro. Acto seguido les prometió todo cuanto su país podía ofrecer. Los enfermos fueron llevados en carreta a un hospital, donde el ayudante de carpintero William Oram —que en su momento había ayudado a construir el Speedwell y había completado ileso la odisea— tardó poco en morir. El grupo que había partido de isla Wager con ochenta y un hombres se había reducido a solo veintinueve.

Para Bulkeley, el hecho de que uno solo de ellos hubiera logrado sobrevivir era ya una prueba de la existencia de Dios, y él pensaba que cualquier persona que dudara aún de ello «es justo merecedor de la ira de una divinidad furibunda». En su diario, dejó escrito que la ocasión de su arribada al Brasil debía ser conocida como «el día de nuestra salvación, y ser recordada como corresponde».

A él y otros hombres se les proporcionó una cálida y confortable vivienda en la que recuperarse, y les dieron de comer pan recién hecho y filetes de buey a la parrilla. «Pensamos que nos están cuidando muy bien», escribió Bulkeley.

Gente de diversas partes de Brasil empezó a acudir para rendir tributo a aquel hatajo de marinos, comandados por un artillero, que habían culminado con éxito una de las más largas travesías llevadas a cabo por náufragos. El Speedwell fue subido a tierra y pronto se convirtió en objeto de peregrinaje; «esta maravilla», en palabras de Bulkeley, que «la gente acude a ver en manada».

Bulkeley se enteró de que la guerra de la Oreja de Jenkins se había eternizado y decidió enviar una carta a un funcionario naval británico en Río de Janeiro, informándole de la llegada de su grupo. Y también mencionaba otra cosa: que el capitán Cheap, «a petición suya», se había «quedado atrás».

QUINTA PARTE

EL JUICIO

21

UNA REBELIÓN LITERARIA

Una tarde, John Bulkeley fue a dar un paseo por la campiña con uno de sus compañeros, disfrutando de la libertad que había reencontrado en Brasil. Al volver a la casa donde se hospedaban, advirtieron que alguien había forzado las cerraduras. Bulkeley y su amigo entraron con cautela. El dormitorio del artillero estaba todo revuelto, como si alguien hubiera estado hurgando entre sus cosas.

Bulkeley oyó un ruido y, nada más volverse, dos intrusos se lanzaron sobre ellos. Uno golpeó a Bulkeley, quien a su vez le golpeó también. Tras un violento forcejeo, los asaltantes huyeron hacia la oscuridad. Bulkeley había reconocido a uno de ellos. Era otro náufrago, conocido por ser un hombre de paja de John King, el contramaestre que, durante el motín en isla Wager, le había dado un puñetazo en la cara al capitán Cheap. Los intrusos habían registrado la alcoba a conciencia; pero ¿qué podían querer de un artillero que en esos momentos estaba en la indigencia?

Bulkeley se sentía tan inquieto que decidió marcharse con sus compañeros más cercanos a otra posada en una aldea de pescadores. «Aquí nos sentimos a salvo y seguros», comentó.

Unas noches más tarde, un grupo de hombres aporreó la puerta. Bulkeley se negó a abrir, quejándose de que aquellas «no eran horas». Pero los de fuera seguían golpeando la puerta, amenazando con entrar como fuera. Bulkeley y los suyos recorrieron la posada en busca de armas, pero no hallaron nada con lo que defenderse. Decidieron, pues, escabullirse por la parte de atrás. Treparon a un muro y se dieron a la fuga.

Uno de los desconocidos había dicho qué era lo que buscaban: el diario de Bulkeley. El artillero había sido el único en llevar un registro contemporáneo durante la estancia en isla Wager, y, por lo visto, King y algunos de sus aliados temían que se pudiera hablar del papel que habían desempeñado en la destitución del capitán Cheap. La vida de los antiguos náufragos volvía a estar en peligro, solo que ahora no era por el hambre y los elementos, sino por lo que pudieran contarle al Almirantazgo. Seguía sin haber noticias de Cheap y su grupo, y parecía improbable que pudieran presentarse para contar su propia versión. Pero ¿y si aparecían? Y aunque no regresaran nunca, alguien del grupo de Bulkeley podía ofrecer un relato conflictivo, implicando a sus compatriotas para salvar el pellejo.

La sensación de paranoia iba en aumento, y Bulkeley escribió que había oído decir que King había jurado «o bien obligarnos a hacer entrega del diario, o bien quitarnos la vida». Un funcionario brasileño señaló que le parecía muy extraño que «unos hombres que han pasado tantas penurias y dificultades no puedan ponerse de acuerdo como buenos amigos». Las fuerzas desatadas en isla Wager eran como los horrores de la caja de Pandora: una vez liberadas, no había quien las frenara.

El teniente Baynes, como oficial de mayor rango, estaba especialmente preocupado. Bulkeley se enteró de que Baynes había dicho a funcionarios brasileños que la culpa de lo que le había pasado al capitán Cheap era de Bulkeley y de Cummins. En respuesta a ello, Bulkeley hizo lo que hacía siempre: cogió su pluma y escribió una nota. En un mensaje entregado a Baynes, acusaba a este de propagar falsas y viles acusaciones, y añadía que, en cuanto hubieran regresado a Inglaterra, cada uno de ellos tendría que «dar cuenta de sus actos, y que la justicia decida».

En marzo de 1742, Baynes huyó en barco a Inglaterra. Quería llegar antes que los otros y ser el primero en contar la historia. Bulkeley y Cummins tardaron meses en conseguir pasaje en otro navío, y cuando hicieron escala en Portugal, varios comerciantes ingleses les informaron en el puerto de que Baynes había hecho ya graves acusaciones contra ellos. «Algunos de nuestros amigos nos aconsejaron incluso no volver a nuestro país, no fuera que nos condenasen a muerte por amotinamiento», escribió Bulkeley.

Les dijo a los comerciantes que Baynes no era una fuente fiable, y que, mira por dónde, en la isla no había llevado ningún diario. Y luego les mostró solemnemente, como si fuera un texto sagrado, su voluminoso diario. Cuando los comerciantes vieron aquello, aseguraba Bulkeley, «descubrieron que, si hubo algún motín, el cabecilla era precisamente la persona que nos acusaba de ello».

Bulkeley y Cummins siguieron camino hacia Inglaterra. Bulkeley seguía añadiendo compulsivamente entradas a su diario. «Confiábamos en nuestra inocencia y estábamos decididos a volver a nuestro país pasara lo que pasase», escribió.

El 1 de enero de 1743, el barco en el que viajaban ancló en Portsmouth. A lo lejos pudieron divisar sus casas. Hacía más de dos años que Bulkeley no veía a su mujer ni a sus cinco hijos. «No pensábamos en otra cosa que en bajar a tierra e ir inmediatamente a ver a nuestras familias», escribió Bulkeley. Pero la Marina Real les impidió desembarcar.

Baynes había entregado al Almirantazgo una declaración escrita en la que alegaba que Cheap había sido destituido por una banda de amotinados al mando de Bulkeley y Cummins, los cuales habían atado al capitán y lo habían abandonado en isla Wager. El Almirantazgo ordenó poner a los dos hombres bajo custodia en espera de un consejo de guerra. Se habían convertido en cautivos en su propio país.

Bulkeley calificó el escrito de Baynes de «narración imperfecta», argumentando que relatar los hechos recurriendo a la memoria, como Baynes había reconocido que era el caso, tenía menos valor probatorio que un relato escrito simultáneamente a los hechos. Y cuando le pidieron a Bulkeley que aportara su propia declaración, el artillero decidió ofrecer al Almirantazgo su diario íntegro, un diario que, recalcó Bulkeley, había protegido con su vida. Aunque estaba redactado en primera persona, Bulkeley puso a Cummins como coautor, probablemente a fin de dar mayor autoridad al relato y de proteger a su amigo.

El diario exponía, desde el punto de vista de ambos, los hechos que habían conducido a la sublevación, incluyendo la afirmación de que el capitán Cheap se habría trastocado mentalmente hasta matar a Cozens disparándole a la cabeza. «Puesto que las cosas no seguían el orden y la regularidad que son de estricta observancia en la Armada, la necesidad nos obligaba a tomar otro camino —escribió Bulkeley—. Era una situación peculiar: desde la pérdida del barco, nuestra principal preocupación era conservar la vida y la libertad». Al final, no les había quedado otra opción que actuar «según los dictados de la naturaleza».

Junto con el voluminoso diario, Bulkeley entregó asimismo los documentos legales que habían sido redactados en la isla, documentos que el propio Baynes había firmado. El Almirantazgo parecía abrumado con tanto material, y de hecho el diario del que dependía la suerte de aquellos hombres estuvo bastante tiempo en los despachos. Finalmente, escribió Bulkeley, el Almirantazgo le mandó de vuelta el diario con una orden: «hacer un resumen a modo de narración que no sea demasiado tedioso de leer para sus señorías».

Bulkeley y Cummins hicieron lo que se les pedía, y entregaron la historia resumida, acompañada de una nota que decía: «Hemos satisfecho debidamente el deseo del desventurado capitán Cheap, cuyo último mandato fue proporcionar a sus señorías un relato fiel».

Miembros del Almirantazgo se mostraron desconcertados ante las diferentes versiones de los hechos y decidieron posponer la investigación al menos hasta que el capitán Cheap pudiera ser declarado oficialmente muerto. Entretanto, y tras dos semanas de reclusión, Bulkeley y Cummins fueron puestos en libertad. «Nuestras familias nos daban por perdidos desde hacía tiempo», escribió Bulkeley, y por ello «nos consideraron hijos, esposos y padres recuperados de manera milagrosa».

Sin embargo, hasta que no se resolvió el caso judicial, Bulkeley y su grupo vivieron en una especie de purgatorio. Les negaron la paga que les correspondía por la expedición y se les impidió ser empleados de nuevo al servicio del rey. «Tras sobrevivir a la pérdida del barco, de batallar contra el hambre y de un sinfín de dificultades, unos cuantos conseguimos volver a nuestro país natal —escribió Bulkeley—. Pero aquí continúan nuestras desventuras, privados de empleo y casi sin apoyo».

Bulkeley recibió una oferta para conducir un buque mercante desde Plymouth hasta Londres. Necesitado de dinero como estaba, envió una carta al Almirantazgo suplicando que se le permitiera viajar por motivos laborales. Aunque pensaba que su deber era aceptar el empleo, escribió, no quería hacerlo sin autorización, «no fuera que sus señorías imaginasen que había huido de la justicia». Y añadía: «Estoy deseoso de enfrentarme al más estricto proceso sobre mi conducta en lo concerniente al capitán Cheap, y espero vivir lo suficiente para verlo de nuevo cara a cara, pero mientras tanto quisiera pensar que Dios no me permitió sobrevivir solo para perecer ahora». El Almirantazgo le concedió el permiso, pero Bulkeley siguió sumido en la pobreza. Y vivía con el miedo constante a que en cualquier momento él y los otros náufragos supervivientes pudieran ser llamados a juicio y condenados a la horca.

En sus días de náufrago, Bulkeley había dejado de esperar que quienes ostentaban el poder mostraran su capacidad de liderazgo. Y ahora, meses después de regresar a su patria, decidió embarcarse en una rebelión pero de otra clase: una rebelión literaria. Inició contactos para publicar su diario con la idea de influir en la opinión pública, y, tal como había hecho en la isla, poner al pueblo de su lado.

Previendo que algunos considerarían un escándalo la publicación del diario —era habitual que oficiales de alto rango hicieran público el relato de sus travesías, pero no un vulgar artillero—, escribió un prefacio con el fin de anticiparse a cualquier posible crítica relativa a su decisión. Entre otras cosas, argumentaba que sería injusto suponer que Cummins y él, dado su estatus, fueran incapaces de haber elaborado una obra tan rigurosa. «Esto no va destinado a naturalistas y hombres de grandes conocimientos», escribió Bulkeley. Pero señaló: «Personas con una capacidad normal de comprensión son capaces de poner por escrito a diario comentarios y observaciones sobre asuntos que merecen su atención, en especial sobre hechos en los que dichas personas han tenido parte tan activa. Solamente contamos aquello de lo que podemos hablar con propiedad, y cosas que sabemos a ciencia cierta que son verdad». Bulkeley descartaba asimismo las quejas potenciales acerca de que Cummins y él no tuvieran derecho a divulgar los secretos de cuanto les había acaecido a ellos y su tripulación: «Hemos recibido insinuaciones en ese sentido, como si publicar este diario pudiera ser una ofensa para gente distinguida. No nos cabe en la cabeza que cualquier negociación relativa al Wager, aun hecha pública, pueda causar la menor ofensa a ningún gran hombre de nuestro país. ¿Acaso puede ser una ofensa contar que naufragamos a bordo del Wager, cuando eso lo sabe ya todo el mundo? […] ¿Y acaso no es sabido también que zarpamos de Inglaterra con la esperanza de conseguir grandes riquezas, pero que hemos regresado tan pobres como cualquier mendigo?». Y continuaba: «Cuando una persona ha superado grandes dificultades, contar su historia le procura placer; y si nosotros nos concedemos esta satisfacción, ¿quién tiene el menor motivo para sentirse ofendido? ¿Acaso nosotros, que hemos visto la muerte de cerca en sus diferentes rostros, deberíamos sentirnos acobardados, no sea que podamos ofender sabe Dios a quién?». Con parecido tono populista abordaba Bulkeley la defensa de su conducta y la de Cummins en la isla. Escribió que muchos los habían censurado por ser «demasiado activos y laboriosos para personas de nuestro rango», pero fue justamente gracias a sus actos por lo que algunos lograron volver a Inglaterra. Después de leer el diario, argumentaba, la gente podría juzgar por sí misma si Cummins y él merecían castigo alguno: «Recluir al capitán se considera un paso audaz y sin precedentes, y no traerlo con nosotros a Inglaterra se considera algo aún peor; pero a buen seguro el lector encontrará que la necesidad nos obligó a actuar tal como lo hicimos».

Bulkeley reconocía que los autores de narraciones sobre el mar gustaban de acrecentar su fama inventando historias prodigiosas. Sin embargo, insistía en que Cummins y él habían «procurado evitarlas mediante una rigurosa mirada a la verdad».

El diario de Bulkeley y Cummins era algo sorprendente en las letras inglesas. Si bien no podía decirse que fuera una obra literaria, tenía muchísima más narrativa y detalles personales que un típico cuaderno de bitácora, y la historia estaba contada por una voz nueva y estimulante: la de un curtido hombre de mar. En contraste con la florida y enrevesada prosa predominante en la época, el diario estaba escrito en un estilo fresco y conciso que reflejaba bien la personalidad de Bulkeley y que era, en muchos sentidos, inequívocamente moderno. El artillero declaró que el diario tenía «un sencillo estilo marítimo».

Para cuando Bulkeley y Cummins estuvieron en condiciones de vender el manuscrito, casi todos los miembros de su grupo habían regresado ya a Inglaterra y la opinión pública exigía nuevos detalles sobre el naufragio y el presunto motín. Los dos autores recibieron por parte de un librero londinense lo que se calificó de una suma considerable a cambio de publicar el diario. La cantidad, que no fue revelada, no iba a poner fin a sus problemas económicos, pero era un precio formidable para hombres en su penosa situación. «El dinero es una gran tentación para gente en nuestras circunstancias», reconoció Bulkeley.

Publicado seis meses después del regreso a Inglaterra de Bulkeley y Cummins, el libro se tituló sencillamente *Viaje a los mares del Sur en los años 1740-1*. Pero, a fin de atraer lectores, llevaba un largo y seductor subtítulo:

> Fiel narración de la pérdida del buque Wager de la Marina Real en una desolada isla en latitud 47 sur y longitud 81:40 oeste: con los actos y comportamiento de los oficiales y la tripulación y las penurias que soportaron en dicha isla por espacio de cinco meses; su osada apuesta por la libertad al rebasar la parte meridional de la vasta región de Patagonia; el inicio de la travesía con más de ochenta hombres; la pérdida del cúter; su paso por los estrechos de Magallanes; un relato de [...] los increíbles trances por los que pasaron debido a la falta de alimentos de ninguna clase [...]

El ejemplar costaba tres chelines y seis peniques y fue publicado por entregas en *The London Magazine*. Miembros del Almirantazgo y de la aristocracia pusieron el grito en el cielo por lo que consideraban un ataque en dos frentes por parte de un artillero y un carpintero al oficial bajo cuyo mando estaban: primero habían atado a Cheap, y ahora lo cuestionaban por escrito. Uno de los comisionados del Almirantazgo le dijo estas palabras a Bulkeley: «¿Cómo se atreve usted a tocar la personalidad de un caballero de manera tan pública?». Un oficial naval dijo al popular semanario *The Universal Spectator*: «Estamos tan dispuestos a culpar a la tripulación del Wager como a defender al capitán. [...] Nos inclinamos incluso a pensar que si el capitán Cheap vuelve a Inglaterra, acabará con las críticas sobre su supuesta contumacia y la atribuirá a la desobediencia de sus subalternos». Bulkeley reconoció que su desafío al publicar el diario solo había dado fuelle, en ciertos círculos, a quienes clamaban por su ejecución.

Pero el libro, que un historiador elogió posteriormente por transmitir «en cada página un auténtico viso del mar», tuvo una primera reimpresión y consiguió poner a buena parte de la opinión pública del lado de Bulkeley y los suyos. El historiador añadía que la «gallarda belicosidad» de la obra parecía haberse ganado incluso «cierta renuente admiración entre el aristocrático alto mando naval».

Bulkeley se temía algún tipo de réplica escrita —una contrahistoria—, pero no hubo tal. No solo había publicado el primer borrador de la historia, sino que, aparentemente, también había cambiado el futuro. Cabía la posibilidad de que a él y sus seguidores los expulsaran de la Marina Real, y que siguieran siendo pobres, sí, pero estaban vivos y eran libres.

Como Bulkeley había aprendido durante la aciaga travesía, todo alivio temporal no es más que eso: temporal. Siempre ocurre algo imprevisto que lo hace añicos inevitablemente. En la prensa empezaron a aparecer emocionadas crónicas asegurando que el comodoro George Anson, el hombre que había comandado la expedición, estaba abriendo nuevas rutas en el Pacífico.

22

EL PRECIADO BOTÍN

Anson se hallaba en el alcázar del Centurion contemplando la enorme extensión de agua frente a la costa sudoriental de la China. Era abril de 1743, y habían pasado dos años desde que perdiera de vista al Wager. Él ignoraba todavía los hechos, solo sabía que el barco había desaparecido. En cuanto al Pearl y al Severn, sabía que sus oficiales habían hecho virar a sus maltrechas naves y sus escorbúticas tripulaciones hacia el cabo de Hornos, decisión que había provocado que el capitán del Pearl se viera a sí mismo «bajo la única luz de la deshonra». El maestro a bordo del Centurion y varios miembros más de la tripulación murmuraron en el sentido de que aquellos oficiales habían abandonado a Anson, pero el propio comodoro nunca los había censurado: él sabía lo que era el «odio ciego de Hornos» y parecía seguro de que los oficiales se habían batido en retirada para evitar ser aniquilados por completo.

Si bien otros tres barcos de la escuadra –el Gloucester, el Trial y el Anna, un carguero de pequeñas dimensiones– habían logrado doblar el cabo de Hornos y reunirse con Anson como estaba convenido en las míticas islas Juan Fernández, también ellos habían desaparecido: el Anna, devorado por los elementos y hundido a propósito a fin de aprovechar ciertas partes de la nave; el Trial, falto de hombres y en mal estado para navegar, fue finalmente abandonado; y, por último, el Gloucester empezó a acumular tantas vías de agua que Anson no tuvo más remedio que hundir el único barco que le quedaba aparte del suyo.

De los cerca de cuatrocientos hombres a bordo del Gloucester, tres cuartas partes habían perecido ya, y después de que el resto fuera trasladado al buque insignia –la mayoría tan enfermos que hubo que izarlos en andas de madera–, Anson hizo prender fuego al casco del Gloucester para impedir que cayera en manos del enemigo. El comodoro contempló cómo aquel mundo de madera empezaba a arder, un espectáculo que a uno de sus tenientes, Philip Saumarez, le produjo «una melancolía como jamás he experimentado en todos los años que llevo en la Armada». El antiguo sobrecargo del Trial, Lawrence Millechamp, ahora a bordo del Centurion, escribió hablando del Gloucester: «Ardió toda la noche, un majestuoso y horrendo espectáculo. Sus cañones, que estaban cargados, hicieron fuego con tal regularidad […] que sonaban como cañonazos en un funeral». Al día siguiente, cuando las llamas alcanzaron la santabárbara, el casco explotó: «Ese fue el fin del Gloucester, un barco justamente apreciado como el más bello de la Armada inglesa».

Pese a estas calamidades, Anson estaba decidido a mantener a flote al menos una parte de la expedición y a cumplir las órdenes de circunnavegar el globo terráqueo en el único navío que le quedaba. Antes de cruzar el Pacífico, había tratado de debilitar a los españoles capturando varios de sus buques mercantes y asaltando una aldea colonial en el Perú. Pero eran victorias de escaso peso militar, y, de camino hacia Asia, el grupo había sufrido un nuevo brote de escorbuto, un brote que causó aún más sufrimiento que el anterior porque los hombres sabían lo que les esperaba (el dolor, la hinchazón, los dientes caídos, la locura), y porque murieron en grandes cantidades. Un oficial escribió que los cadáveres olían «como ovejas putrefactas» y recordaba «arrojar por la borda a seis, ocho, diez o doce en un solo día». Anson estaba angustiado por la muerte y el fracaso de su misión, y confesaba: «Debería serme muy doloroso regresar a mi país, después de tantas fatigas y tantos riesgos como he vivido en mi empeño por servir a la patria, si pensara que he perdido [...] el aprecio de la opinión pública». Su dotación había pasado de aproximadamente dos mil hombres a solo 227, de los cuales muchos eran simples muchachos. Contaba solamente con un tercio del personal necesario para operar debidamente un buque de guerra del tamaño del Centurion.

Pese a los muchos apuros, la tripulación había permanecido notablemente leal a su comandante en jefe. Si de vez en cuando rezongaban, él les leía en voz alta las normas y el reglamento, asegurándose de que entendieran el castigo por desobediencia, pero había conseguido evitar el látigo. «Teníamos como ejemplo a un jefe valiente, humanitario, ecuánime y prudente –decía de Anson un oficial del Centurion, y añadía–: Era un hombre tan templado y sereno que todo el mundo, desde oficiales a tripulación, lo miraba con una mezcla de deleite y asombro, y él era incapaz de dejar entrever el más mínimo abatimiento en situaciones de peligro inminente».

En cierta ocasión, después de fondear junto a una isla deshabitada del Pacífico, Anson fue a tierra con muchos de los hombres. Se desató una tormenta y el Centurion desapareció de la vista. Anson y los suyos, como los huérfanos del Wager, se sintieron náufragos en una isla desierta. «Es casi imposible describir la tristeza y la angustia que se apoderaron de nosotros –escribió Millechamp–. La pena, el descontento, el pánico y la desesperación asomaban al semblante de cada uno de nosotros». Pasaron unos días, y Anson, temiendo haber perdido el Centurion para siempre, planeó modificar el pequeño bote de transporte que tenían en la isla y convertirlo en una embarcación lo bastante grande como para llevarlos hasta el puerto seguro más cercano, que estaba en la costa de China, a unos dos mil quinientos kilómetros. «A menos que queramos terminar nuestros días en este lugar salvaje –dijo Anson a los hombres–, debemos arrimar todos el hombro y que cada cual trabaje tanto por uno mismo como por sus compañeros».

El comodoro se puso a trabajar como uno más, y uno de

los hombres recordaba que con su actitud estaba poniéndose al mismo nivel que «el más indigno marinero de la tripulación». Millechamp dejó escrito que ver a Anson —y al resto de los oficiales de mayor graduación— compartir las tareas más duras hizo que todos «se esforzaran por hacerlo lo mejor posible, y, ciertamente, no tardamos en comprobar que nuestra obra avanzaba con gran vigor y empuje».

Tres semanas después de su misteriosa desaparición, el Centurion apareció de nuevo. El barco había quedado dañado al ser arrastrado mar adentro; en todo ese tiempo, la tripulación había luchado por volver. Y, tras una alborozada reunión, el comodoro retomó su travesía alrededor del mundo.

Mientras surcaban el mar de la China Meridional, Anson convocó a sus hombres en cubierta y subió al tejado de su camarote para dirigirles la palabra. El grupo había hecho recientemente una escala en Cantón para reparar el barco y reaprovisionarse, y Anson había aprovechado para hacerles saber que tenía intención de regresar por fin a Inglaterra, poniendo así punto final a su malhadado empeño. El gobernador de Manila, en las Filipinas, había hecho llegar un informe al rey de España diciendo que «los ingleses están cansados de su aventura tras no haber conseguido nada».

Desde su improvisado púlpito, Anson gritó: «Caballeros, y todos vosotros, mis valientes, adelante, os he hecho llamar, ahora que estamos lejos de la costa una vez más […] para haceros saber adónde nos dirigimos». Anson hizo una pausa, y luego exclamó: «¡No a Inglaterra!». Anson, aquel inescrutable jugador de cartas, reveló a su tripulación que lo de volver a casa había sido un ardid. No solo había estudiado los movimientos y las pautas que el galeón español seguía históricamente en su ruta, sino que había podido recabar nueva información privilegiada en China. Basándose en todo ello, sospechaba que muy pronto el galeón iba a estar frente a la costa de las Filipinas. Y su plan era intentar interceptarlo. Después de tanta sangre desperdiciada, ahora tenían la oportunidad de dar un golpe al enemigo y hacerse con el valioso tesoro que se suponía llevaba a bordo el galeón. Él hacía oídos sordos a las temibles historias que se contaban de que los galeones españoles tenían el casco tan grueso que ningún cañonazo podía traspasarlo. Sin embargo, reconocía que los españoles serían un adversario formidable. Sin dejar de mirar a su tripulación, declaró que el espíritu gracias al cual habían llegado tan lejos y que les había ayudado a capear los vendavales del cabo de Hornos y los estragos del Pacífico —«ese espíritu que anida en vosotros, mis muchachos»— bastaría para derrotar al enemigo. Más adelante, un historiador naval describía el gambito de Anson como «un acto desesperado por parte de un comandante que se enfrentaba a la ruina profesional, el último envite de un jugador que lo había perdido todo». La tripulación lanzó las gorras al aire y tres vigorosos hurras, prometiendo compartir con él la victoria o la muerte.

El Centurion puso rumbo a Sámar, la tercera isla más grande de las Filipinas, unos mil quinientos kilómetros al sudeste. Anson puso a sus hombres a hacer instrucción sin descanso: disparar los mosquetes desde los penoles contra objetos colgados a guisa de cabezas sin cuerpo; poner las piezas de artillería en son de combate; practicar con alfanjes y espadas para el caso de que hubieran de abordar el barco enemigo. Y cuando terminaban de hacer todo esto, Anson se lo hacía repetir de nuevo… pero más rápido. Su decreto era muy simple: prepararse o perecer.

El 20 de mayo, un vigía divisó el cabo del Espíritu Santo, el punto más septentrional de la isla de Sámar. De inmediato, Anson ordenó aferrar los sobrejuanetes para que el barco fuera menos visible desde la distancia. Buscaba el factor sorpresa.

Bajo un sol abrasador, navegaron durante semanas de un lado para otro con la esperanza de divisar el galeón español. Uno de los oficiales escribió en su diario de a bordo: «Haciendo practicar a los hombres en sus aposentos; las expectativas son grandes». Más adelante añadía: «Nos mantenemos en nuestros puestos, atentos». Pero al cabo de un mes de agotadora instrucción y de búsqueda en medio de un calor sofocante, los hombres iban perdiendo la esperanza de dar con su presa. «Todo el mundo empezaba a tener un aire melancólico», anotó el teniente Saumarez en su diario de a bordo.

El día 20 de junio amaneció a las 5.40. Mientras el sol asomaba sobre el mar, un vigía gritó que había visto algo a lo lejos, hacia el sudeste. Anson, en el alcázar, cogió su telescopio y escudriñó el horizonte. Y allí, en el mellado borde del mar, pudo ver varias manchas blancas: sobrejuanetes. La nave, a una gran distancia, no portaba pabellón español, pero cuando la tuvo mejor enfocada, no le cupo duda de que se trataba del galeón. E iba solo.

Anson procedió a darle caza tras ordenar que despejaran los puentes para el combate. «Nuestro barco fue presa de una gran conmoción —escribía Millechamp—. Todos los hombres arrimaban el hombro, cada uno de ellos convencido de que sin su intervención las cosas no se harían bien. Yo, por mi parte, hubiera dicho que se habían vuelto todos locos de alegría». Echaron abajo mamparas a fin de dejar más espacio a los artilleros; tiraron por la borda todos los animales de corral que encontraban al paso; y arrojaron también toda la madera innecesaria que pudiera partirse bajo fuego enemigo y lanzar una mortífera lluvia de astillas. Esparcieron arena por los puentes para que el suelo fuera menos resbaladizo. A los sirvientes de los cañones se les proporcionaron espeques, lampazos, atacadores, lanadas, cuernos de pólvora y tacos de estopa, así como baldes de agua para caso de incendio. Abajo en la santabárbara, el artillero jefe y sus ayudantes distribuyeron pólvora entre los pajes, que luego corrieron escalerillas arriba y por todo el barco procurando no tropezar y causar una explosión antes de que se iniciara el combate. Apagaron los faroles, así como el fogón de la cocina. En las tripas del sollado, George Allen, que había iniciado la travesía como ayudante de veinticinco años del cirujano de a bordo y que por desgaste se convirtió en el cirujano en jefe, se preparó con sus chicos de las gachas para recibir a las posibles bajas: montaron una mesa de operaciones juntando varios cofres de marinero, organizaron vendas y sierras de amputar, y tendieron en el suelo una larga lona para velas a fin de que la sangre no los hiciera resbalar.

Los españoles habían bautizado el galeón como Nuestra Señora de Covadonga. Los de a bordo probablemente eran conscientes de que los perseguían. Sin embargo, no intentaron escapar, quién sabe si por bravura, o porque no esperaban que el Centurion estuviese ni mucho menos en condiciones de pelear. Al mando iba un oficial con experiencia, Gerónimo Montero, que llevaba catorce años sirviendo en el Covadonga. Sus órdenes eran defender con la vida aquel barco cargado de riquezas, y, en caso necesario, volarlo antes de que cayera en manos enemigas.

Montero hizo virar el Covadonga y puso proa audazmente en dirección al Centurion. Ahora iban el uno hacia el otro en una derrota de colisión. Valiéndose del telescopio, Anson trató de evaluar las fuerzas enemigas. La cubierta de entrepuentes del galeón medía 37 metros, seis menos que la del Centurion. Y comparado con los sesenta cañones del buque inglés, muchos de los cuales disparaban balas de diez kilos, el galeón solo disponía de treinta y dos cañones, y los más grandes admitían proyectiles de solo cinco kilos y medio. En cuanto a potencia de fuego, el Centurion era claramente superior.

Pero Montero tenía una ventaja crucial. En su barco iban quinientas treinta personas —trescientas más que en el Centurion— y la gran mayoría de la dotación del Covadonga estaba bien de salud. Pese a su potencia de fuego, a Anson le faltaban hombres para manejar todo su arsenal y al mismo tiempo ocuparse de jarcias, velas y mástiles. Tomó, pues, la decisión de desplegar solo la mitad de sus cañones —los del lado de estribor—, una medida sensata ahora que sabía con certeza que no había un segundo barco enemigo que pudiera atacarlo por el otro flanco.

Aun así, ni siquiera tenía hombres suficientes para manejar todos los cañones de estribor, de modo que, en vez de asignar al menos ocho personas a cada cañón, como era de rigor, decidió hacerlo con solo dos. Cada pareja sería estrictamente responsable de cargar y limpiar la boca del cañón. Mientras tanto, brigadas de una docena de hombres cada uno se ocuparían de correr de cañón en cañón y prender la chispa. Con este sistema, Anson confiaba en mantener una ráfaga de fuego más o menos constante. El comodoro tomó asimismo otra decisión táctica. Habiendo advertido que las amuras del galeón eran sorprendentemente bajas —cosa que dejaba a oficiales y tripulación expuestos en cubierta—, Anson situó a una docena de sus mejores tiradores en los masteleros. Desde tan arriba, tendrían una posición privilegiada para abatir enemigos.

Los barcos se aproximaban el uno al otro, y ambos comandantes parecían estar copiando sus decisiones. Después de que los hombres de Anson despejaran los puentes, la tripulación de Montero hizo otro tanto, arrojando por la borda animales que chillaban de pánico; y, al igual que Anson, Montero situó a varios de sus hombres con armas cortas en los masteleros. Entonces Montero izó la bandera real española, de color escarlata y engalanada con castillos y leones, a lo que Anson respondió enarbolando los colores británicos.

Ambos comandantes ordenaron abrir portas, y las negras cañas de los cañones asomaron al exterior. Montero disparó una vez; Anson hizo lo propio. Se trataba simplemente de poner nervioso al adversario: dada la escasa precisión de los cañones, estaban aún demasiado lejos el uno del otro para entablar un verdadero combate.

Poco después del mediodía, cuando los barcos estaban a una distancia de menos de cinco kilómetros, se desató una tormenta. Empezó a llover a cántaros, los vientos rugían, el mar despedía bruma: el campo de batalla de Dios. A veces Anson y sus hombres perdían de vista el galeón, aunque sabían que estaba allí, moviéndose con todo su metal. Temiendo una andanada por sorpresa, escudriñaron el mar. Entonces sonó un grito –¡por allá iba!–, y los hombres pudieron verlo apenas un instante antes de que se desvaneciera de nuevo. Cada vez que reaparecía, el galeón estaba más cerca: a tres kilómetros, luego a kilómetro y medio, al final a apenas ochocientos metros. Anson, que no quería entablar batalla hasta tener al enemigo a tiro de pistola, ordenó a sus hombres que no disparasen aún: cada bala contaba.

Tras el frenesí de la persecución, se produjo una quietud enervante. La tripulación sabía que en cuestión de minutos algunos de ellos perderían tal vez un brazo o una pierna, cuando no algo peor. Saumarez, el teniente, dejó escrito que confiaba «enfrentarme a la muerte con alegría», cuando el deber así lo exigiera. Algunos hombres tenían calambres en el estómago, de puros nervios.

Dejó de llover, y los hombres del Centurion pudieron ver claramente las negras bocas de los cañones del galeón. El enemigo estaba a menos de un centenar de metros. El viento cesó, y Anson procuró mantener suficiente trapo como para maniobrar, pero no tanto como para que el barco fuera ingobernable o para dar al enemigo blancos demasiado grandes que, en caso de ser alcanzados, podían dejar el Centurion en situación precaria.

Anson cruzó la estela del galeón y luego, rápidamente, se colocó en paralelo al Covadonga por el lado de sotavento, de forma que a Montero le fuera más difícil huir con el viento.

Cincuenta metros… veinticinco…

Los hombres del Centurion a proa y a popa estaban callados, expectantes, pendientes de la orden del comodoro. A la una en punto, los barcos estaban tan pegados el uno al otro que sus penoles casi se tocaban, y Anson dio por fin la señal: ¡Fuego!

Los que estaban en los masteleros empezaron a disparar. Sus mosquetes crepitaron y destellaron; el humo escocía los ojos. Aguantando el retroceso de las armas y el propio balanceo del barco, los hombres se sujetaban con cabos para no precipitarse a una muerte ignominiosa. Después de hacer fuego, el tirador cogía otro cartucho, arrancaba con los dientes el taquito de papel de la parte superior y vertía una pequeña cantidad de pólvora en la cazoleta de cebado. Luego introducía el cartucho nuevo –que contenía más pólvora y una bola de plomo del tamaño de una canica– en el cañón, utilizando una baqueta, y volvía a disparar. Al principio, estos tiradores expertos buscaban como blanco a sus homólogos en el aparejo del galeón, que a su vez intentaban hacer diana en los hombres del Centurion. Ambos bandos libraban la batalla desde las alturas; las balas surcaban el aire, desgarraban velas y cabos y, de vez en cuando, un pedazo de carne.

Anson y Montero habían desplegado también sus cañones. Mientras que los hombres de Montero sabían disparar andanadas (hacer fuego simultáneamente con toda una batería), la tripulación de Anson practicaba un sistema poco convencional: disparar los cañones uno tras otro en rápida sucesión. Instantes después de hacer fuego, los artilleros del Centurion retiraban el cañón de la porta, cerrándola para protegerse del fuego enemigo. Luego, los dos cargadores remojaban con lampazos el extremo del cañón y preparaban el siguiente proyectil mientras la brigada corría hasta otro cañón ya cargado: había que cebarlo, apuntar al blanco, prender el fósforo, y luego quitarse de en medio para no convertirse en víctimas del retroceso de aquella bestia de dos toneladas. Los cañones rugían, los bragueros se tensaban violentamente, las cubiertas temblaban. El fragor era tal que a los hombres les zumbaban dolorosamente los oídos; tenían el rostro ennegrecido por la pólvora. «No veías más que fuego y humo y no oías otra cosa que el estruendo del cañón; los disparos se sucedían tan deprisa que producían un sonido continuo», comentó en su momento Millechamp.

Anson, espada en mano, observaba desde el alcázar el desarrollo de la batalla. En medio de aquel humo acre, le pareció ver una luz intermitente en la popa del galeón: un trecho de malla había prendido y el fuego se propagaba rápidamente, enroscándose las llamas al palo de mesana. Eso provocó un estado de confusión entre los hombres del Covadonga. No obstante, los dos barcos estaban tan juntos que el fuego amenazaba con alcanzar también al Centurion. Valiéndose de hachas, los hombres de Montero cortaron la malla y la madera en llamas hasta hacerlas caer al mar.

El combate continuó. El ruido era tan ensordecedor que Anson había de transmitir sus órdenes haciendo señales con las manos. Los cañones del galeón estaban sembrando el Centurion de una malévola mezcla de clavos, piedras y bolas de plomo, así como trozos de hierro unidos por fragmentos de cadena, todo un surtido «muy bien ideado para la muerte y el asesinato», según lo expresó el maestro de a bordo, Pascoe Thomas.

Velas y obenques del Centurion empezaban a desgarrarse, y varias balas de cañón se habían incrustado en el casco del barco. Cada vez que una impactaba por debajo de la línea de flotación, el carpintero y su grupo corrían a rellenar el boquete con pernos de madera para impedir que entrara agua. Una bala de hierro colado de cuatro kilos alcanzó en la cabeza a Thomas Richmond, decapitándolo sin más. Otro hombre fue herido en la pierna y la arteria empezó a escupir sangre; sus compañeros lo bajaron al sollado, donde el herido fue colocado sobre la mesa de operaciones. Mientras el barco daba sacudidas debido a las explosiones, el médico, Allen, cogió sus utensilios y, sin anestesia, procedió a cortarle la pierna al tripulante. Un cirujano naval explicaba el reto que suponía operar en tales condiciones: «En el preciso instante en que yo estaba amputando la extremidad de uno de nuestros heridos, me vi casi continuamente interrumpido por el resto de los compañeros que estaban en similares circunstancias; unos soltaban gritos escalofriantes exigiendo que los atendieran; otros me agarraban del brazo en su ansia de hallar alivio a su dolor, incluso en el momento en que yo estaba pasando la aguja para hacer una ligadura en unos vasos sanguíneos». Mientras Allen operaba, el barco no dejaba de temblar a causa del retroceso de los grandes cañones. El médico consiguió serrar la pierna justo por encima de la rodilla y cauterizar luego la herida con brea hirviendo, pero el paciente no tardó en morir.

La batalla se sucedía. Anson reparó en que las troneras del barco enemigo eran muy estrechas y limitaban el movimiento de la boca del cañón. Así pues, maniobró para que el barco quedara casi perpendicular al galeón, privando de un blanco fácil al fuego enemigo. Las andanadas del Covadonga empezaron a caer al mar, provocando inofensivos chorros de agua. Las troneras del Centurion eran más anchas, y las brigadas de Anson emplearon pies de cabra y palancas para apuntar directamente al galeón. El comodoro dio orden de disparar las balas más pesadas —las de diez kilos— contra el casco del buque enemigo. Al mismo tiempo, otros miembros de la tripulación acribillaron las velas y el aparejo del Covadonga, dejando al galeón sin capacidad de maniobra. El Covadonga se estremeció en medio de una implacable tormenta de granizo metálico. Los tiradores expertos situados en los masteleros del Centurion habían abatido a sus contrapartidas en el aparejo del galeón, y ahora estaban cazando a un español tras otro en las cubiertas.

Montero exhortó a sus hombres a pelear por su rey y su país, gritando que la vida sin honor no significaba nada. Una bola de mosquete le rozó el pecho. Montero quedó aturdido, pero se mantuvo en el alcázar hasta que una astilla volante le alanceó un pie. Hubieron de llevarlo abajo, donde estaban ya los numerosos heridos españoles. Montero dejó al mando al sargento mayor, quien poco después recibió un balazo en el muslo. El jefe de los soldados que iban a bordo intentó estimular a la tripulación, pero una de sus piernas fue arrancada de cuajo. Como observó Thomas, el maestro, los españoles «asustados ante el número cada vez más creciente de muertos [...] empezaron a huir de sus posiciones, lanzándose escotillas abajo en gran número».

Tras una hora y media de fuego sin tregua, el galeón quedó inmóvil, los mástiles partidos, las velas hechas jirones, el casco lleno de boquetes. Aquel mítico navío era efectivamente mortal. En su cubierta, entre los cadáveres esparcidos y remolinos de humo, pudo verse a un hombre tambalearse hacia el palo mayor, donde el estandarte real español colgaba hecho trizas. Anson hizo señas a su tripulación para que cesara el fuego. Durante unos instantes se hizo el silencio, y entonces los hombres del Centurion vieron entre agotados y aliviados cómo el hombre del galeón empezaba a arriar la bandera en señal de rendición.

Montero, que seguía abajo y ajeno a lo que sucedía en cubierta, le dijo a un oficial que detonara rápidamente la santabárbara y hundiera el barco. Pero el oficial respondió: «Demasiado tarde».

Anson envió al teniente Saumarez y un pequeño grupo de hombres a tomar posesión del Covadonga. Cuando Saumarez puso el pie en el galeón, quedó espantado ante la visión de sus cubiertas «profusamente repletas de cadáveres, entrañas y extremidades desmembradas». Uno de los hombres de Anson confesó después que la guerra era algo espantoso para cualquiera con «un poco de humanidad». Los británicos solo habían perdido tres hombres; los españoles contaban casi setenta muertos y más de ochenta heridos, Montero entre ellos. Anson envió a su cirujano para echar allí una mano.

Saumarez y su grupo se ocuparon de los prisioneros –garantizándoles que serían bien tratados, pues habían peleado con honor–, y a continuación bajaron con faroles a la humeante sentina del galeón. Bolsas, cofres y otros contenedores estaban apilados unos encima de los otros en pleno desorden; el agua se había colado por diferentes brechas en el casco de la nave.

Los hombres abrieron una de las bolsas pero solo hallaron queso. Sin embargo, cuando uno de ellos hundió la mano en aquella blanda y grasienta sustancia, notó algo duro: un tesoro. El grupo examinó un gran jarrón de porcelana: estaba lleno de polvo de oro. En otras bolsas había monedas de plata, decenas de millares de ellas; no, ¡cientos de miles! Y en los cofres de madera había más objetos de plata, entre ellos cuencos y campanas forjados a mano, y al menos una tonelada de plata virgen. Por todas partes fueron encontrando más riquezas. Bajo la tablazón había joyas y dinero en metálico, así como en los dobles fondos de las maletas de marinero. El botín colonial español era ahora de los británicos, el mayor tesoro jamás incautado por un comandante de la Marina Real: el equivalente a casi ochenta millones de dólares actuales. Anson y su grupo habían capturado el mayor botín de todos los mares.

Un año después, el 15 de junio de 1744, tras haberse hecho con el tesoro y dado la vuelta al mundo en el Centurion, Anson y sus hombres volvieron por fin a Inglaterra. Las otras ofensivas militares británicas durante la guerra de la Oreja de Jenkins habían sido en su mayor parte fracasos espeluznantes, y el conflicto bélico estaba en tablas. La captura del galeón no iba a cambiar el resultado. Pero, al menos, por fin había noticias de una gran victoria: TRIUNFO DE GRAN BRETAÑA, como titulaba un periódico. Anson y sus hombres fueron agasajados por una gran multitud a su llegada a Londres. Oficiales y tripulación encabezaron una procesión con los fardos de plata y oro transportados en treinta y dos carretas fuertemente custodiadas. Una parte del dinero obtenido se repartió entre los marineros: fueron unas tres mil libras esterlinas, lo que venía a ser veinte años de sueldos. Anson, que fue pronto ascendido a contraalmirante, recibió como premio unas noventa mil libras, el equivalente a veinte millones de dólares actuales.

Al son de una banda de trompas, trompetas y bombos, el grupo cruzó el Fulham Bridge y recorrió las calles de la ciudad, dejando atrás Piccadilly y St. James's. En Pall Mall, flanqueado por el príncipe y la princesa de Gales, Anson contempló la muchedumbre enfebrecida; la escena hizo pensar a un observador en los juegos romanos. Como ha dejado escrito el historiador N. A. M. Rodger: «Fue el tesoro del galeón, triunfalmente exhibido por las calles de Londres, lo que consiguió restaurar la maltrecha autoestima nacional». Más adelante alguien compuso una balada marinera con los versos: «Riquezas llegaron en treinta y dos carros, / y todo ello gracias a Anson el bravo».

Tanto bombo y platillo sirvió para que el turbio asunto del Wager quedara relegado a un segundo o tercer plano. Pero casi dos años más tarde, un día de marzo de 1746, llegó a Dover una embarcación a bordo de la cual iba un hombre flaco y adusto con unos ojos que miraban como bayonetas, y a quien se había dado por perdido: el capitán David Cheap. Con él iban el teniente de infantes de marina Thomas Hamilton y el guardiamarina John Byron.

23

PLUMÍFEROS Y GACETILLEROS

Cinco años y medio. Ese era el tiempo que los tres hombres habían estado fuera de Inglaterra. Dados por muertos, se los había llorado, pero aquí estaban otra vez, como tres Lázaros.

Empezaron a desgranar pormenores de lo ocurrido. Días después de regresar a isla Wager a raíz de su frustrado intento de escapar de allí, y tras haber enterrado a su camarada asesinado, había aparecido una pequeña partida de nativos en dos canoas. En aquel momento, Cheap, Byron y Hamilton estaban aislados junto con otros diez náufragos, entre ellos el guardiamarina Campbell y Elliot el cirujano. Uno de los nativos patagónicos se les acercó y les habló en español. Elliot lo entendía un poco. El hombre dijo llamarse Martín y ser miembro de un pueblo marinero conocido como los chonos. Vivían más al norte que los kawésqar que los habían visitado antes. Martín les informó de que él había estado en la isla de Chiloé, lugar del asentamiento español más cercano, y los náufragos le imploraron que los ayudara a ir hasta allí en el queche, el último bote que les quedaba. A cambio, ellos le regalarían el queche en cuanto llegaran a la isla.

Martín estuvo de acuerdo, y el 6 de marzo de 1742 zarparon en compañía de los otros chonos y remaron en dirección norte, ceñidos a la costa. No mucho después, mientras buena parte del grupo estaba buscando comida en tierra, seis de los náufragos huyeron con el queche... y nunca más se supo de ellos. «Qué pudo provocar tan infame comportamiento por parte de esos canallas es algo que ignoro, salvo que fuera simple cobardía», recordaba después Cheap. No obstante, el guardiamarina Campbell había oído casualmente a los desertores hablar en voz baja sobre verse libres de su monomaníaco capitán.

Con los chonos dirigiendo la travesía, acabaron de cruzar el golfo de Penas en dirección a Chiloé. A falta de queche, iban todos en las canoas, bajando periódicamente a tierra para proveerse de comida. Un náufrago murió durante el viaje, con lo que ya solo quedaban «cinco pobres diablos», como lo expresó uno de ellos: Cheap, Byron, Campbell, Hamilton y Elliot.

Byron siempre había pensado que quien más probabilidades tenía de sobrevivir era Elliot, pero este hombre antaño tan indómito estaba cada vez más debilitado, hasta que un día se tumbó en un trecho de playa. Estaba en los huesos y su voz no era más que un hilo. Sacó como pudo la única cosa de valor que poseía —su reloj de bolsillo— y se lo ofreció a Campbell. Y luego, diría después Campbell, «abandonó esta miserable vida». Byron, lamentándose del hecho de tener que «hacer un hoyo en la arena con las manos», parecía apesadumbrado por el carácter arbitrario de sus destinos. ¿Por qué habían muerto tantos de sus compañeros, y por qué no él?

Los cuatro náufragos continuaron viaje siguiendo el consejo de los guías chonos sobre cuándo remar y cuándo descansar, y cómo encontrar refugio y lapas para comer. Aun así, el relato de los náufragos deja entrever su racismo innato. Byron aludía siempre a los nativos como «salvajes», mientras que Campbell se lamentaba con estas palabras: «No osaríamos hallar el menor defecto en su conducta, cuidan de nosotros como nuestros jefes, y nos vemos obligados a someternos a ellos absolutamente en todo». Pero estos sentimientos de superioridad eran trastocados día tras día. Cuando Byron cogió unas bayas e hizo ademán de llevárselas a la boca, uno de los chonos se las arrebató, indicándole que eran venenosas. «Así

es como, sin duda alguna, esta gente me ha salvado la vida»,
escribió Byron.

Después de recorrer unos cien kilómetros, los náufragos
vieron hacia el noroeste el cabo del golfo que previamente no
habían conseguido doblar. Para su sorpresa, los guías no los
llevaron en aquella dirección sino que subieron las canoas a
tierra y procedieron a desmontarlas, cada canoa convertida en
cinco partes, de manera que fueran más fáciles de transportar.
Les dieron a todos una pieza que cargar, menos a Cheap. Sin
sueños que le levantaran el ánimo, ahora parecía estar desin-
tegrándose no solo física sino mentalmente también. Mur-
muraba para sí, y tan pronto iniciaron la caminata, hubo que
ayudarle a andar pese a que no llevaba encima más que unos
pedazos de comida.

Los náufragos siguieron a Martín y su grupo por una vereda secreta: un camino de porteo de doce kilómetros a través
de la jungla, que les permitió evitar las peligrosas aguas que
rodeaban el cabo. Atravesaron un pantano, con las rodillas y a
veces la cintura sumergidas. Byron vio que el robo del queche
les había facilitado las cosas: ellos no habrían podido cargar
con el bote. A pesar de ello, se sentía cada vez más agotado, y
recorridos unos kilómetros se derrumbó al pie de un árbol,
donde, según lo expresó él, «me entregué a reflexiones me-
lancólicas». Había visto cómo otros compañeros cedían a la
tentadora perspectiva de irse al otro mundo. Al menos no le
costaría mucho esfuerzo llegar a él. Pero Byron se obligó a
levantarse: «Esas reflexiones eran un círculo vicioso».

Al final de la vereda, los chonos ensamblaron las canoas
para luego botarlas en un canal que discurría sinuoso entre
los islotes frente a las costas de Chile. Durante varias semanas,
el grupo fue avanzando hacia el norte, remando de canal en
canal, de fiordo en fiordo, hasta que un día de junio de 1742
los náufragos divisaron un promontorio en lontananza. Aquello era, les anunció Martín, la isla de Chiloé.

Para llegar hasta allí, aún tenían que cruzar un golfo que se
abría al Pacífico sin obstáculos de ninguna clase, tan peligro-

so que había servido de barrera natural contra incursiones españolas más al sur. «Aquellas aguas eran, en efecto, espantosas para cualquier embarcación abierta», comentaba Byron, pero «mil veces más» para sus diminutas canoas. Hamilton decidió esperar varios días con uno de los chonos antes de atreverse a intentarlo, pero los otros tres náufragos zarparon con Martín en una de las canoas. Martín había fabricado una pequeña vela con trozos de mantas. Entonces se puso a nevar, y el bote comenzó a hacer agua. Byron empezó a achicar como un loco mientras Cheap se limitaba a murmurarle al viento. Siguieron adelante toda la noche, bamboleándose sin parar. Pero una vez que hubo salido el sol, los náufragos lograron cruzar el paso y llegar a la punta meridional de Chiloé. Hacía tres meses que habían abandonado isla Wager y casi un año del naufragio. Como escribió Byron, él y los náufragos con quienes iba «apenas si parecíamos seres humanos». El que peor estaba era Cheap. «Su cuerpo no podía compararse a otra cosa que a un hormiguero, pues se contaban por millares las hormigas que lo recorrían –escribía Byron–. El capitán ni se molestaba en librarse de aquella tortura, pues estaba casi ido, no recordaba cómo nos llamábamos, y ni siquiera su propio nombre. Su barba era tan larga como la de un ermitaño. [...] Tenía las piernas gruesas como ejes de molino, aunque su torso no era más que piel y hueso». Los hombres anduvieron penosamente durante varios kilómetros bajo una copiosa nevada hasta llegar a una aldea indígena, cuyos habitantes les proporcionaron cobijo y alimento. «Al capitán le prepararon una cama de pieles de oveja al lado de la lumbre y lo transportaron hasta allí entre varios –escribió Byron–, y es indudable que de no ser por la bondad de aquellos hombres, Cheap no habría logrado sobrevivir».

Aunque tanto Byron como Campbell estaban cansados de aguantar a un jefe tan tempestuoso como Cheap, se aferraban a la idea de que el plan original del capitán podría haber salido bien si Bulkeley y los suyos no los hubieran abandonado. En Chiloé no había una armada española al acecho, y tal vez podrían haber fondeado sigilosamente en un puerto y haberse apoderado de un indefenso buque mercante, con lo que habrían prestado «un considerable servicio a nuestro país», en palabras de Campbell. O quizás eran simples fantasías que les hacían más fácil vivir con las decisiones que habían tomado.

Hamilton se sumó pronto al grupo. Una noche, cuando ya se habían recuperado un poco –incluso Cheap parecía haber revivido–, se dieron un banquete de carne fresca y licor hecho con cebada. «Lo festejamos a base de bien –escribió Campbell, y añadió–: Nos pareció que estábamos otra vez en el país de los vivos». Byron, que había pasado dos cumpleaños desde que dejara Inglaterra, tenía ahora dieciocho.

A los pocos días, partieron hacia otra aldea. Mientras iban de camino, una falange de soldados españoles cayó sobre ellos. Después de haber soportado tempestades, escorbuto, naufragio, abandono y hambruna, los náufragos eran ahora cautivos.

«Me vi reducido a la infame necesidad de rendirme», escribió después Cheap, comentando que le parecía «la mayor desventura que pueda acaecerle a un hombre». Cuando al principio le entregaron un documento en el que reconocía su sumisión a la Corona española y le exigieron que lo firmara a cambio de comida, Cheap lo tiró al suelo, indignado, diciendo: «Los oficiales del rey de Inglaterra podrán morir de hambre, pero desdeñan mendigar».

Que no lo firmara, sin embargo, carecía de importancia. No había manera de escapar, y finalmente Cheap y los otros fueron trasladados en barco a Valparaíso, una ciudad del Chile continental. Fueron arrojados a lo que se conocía como el «agujero de los condenados», donde la oscuridad era tal que no podían ver la cara del que tenían enfrente. «No había más que cuatro paredes desnudas», escribió Byron. Y un enjambre de pulgas. Gente de la zona acudía para ver a los famosos prisioneros, y los guardianes los sacaban del agujero y los exhibían como si fueran animales de circo. «Los soldados se sacaban un sobresueldo, pues exigían unas monedas a cambio del espectáculo», observó Byron.

Siete meses después de que los prendieran, los cuatro cautivos fueron trasladados de nuevo, ahora a Santiago, donde se entrevistaron con el gobernador. Este los consideraba prisioneros de guerra, pero también caballeros, y el trato fue mucho más amable. Les concedió la libertad vigilada y permitió que vivieran fuera de la prisión, siempre y cuando no intentaran comunicarse con nadie de Inglaterra.

Una noche fueron invitados a cenar con don José Pizarro, el almirante español que había perseguido durante meses a la escuadra de Anson. Supieron así que la armada de Pizarro había intentado doblar el cabo de Hornos antes que los barcos británicos, con la esperanza de interceptarlos en el Pacífico; pero las tormentas dieron también buena cuenta de ella. Un buque de guerra con quinientos hombres a bordo había desaparecido. Otro, con setecientos, se había ido a pique. Las demoras impuestas por el mal tiempo hicieron que los tres buques de guerra restantes se quedaran sin víveres; los marineros habían empezado a cazar ratas y a venderlas a cuatro dólares la pieza. La mayoría de los hombres había acabado muriendo de hambre. Y Pizarro, tras sofocar un motín y ejecutar a tres de los conspiradores, había ordenado dar media vuelta a los pocos tripulantes que sobrevivían. Era difícil decir cuál de las dos flotas —la de Anson o la de Pizarro— había sufrido pérdidas más devastadoras.

Aunque Cheap y los otros tres ya no estaban presos, no podían abandonar Chile y sentían que sus vidas estaban estancadas. «Cada día me parece durar un siglo», se lamentaba Cheap. Por fin, dos años y medio después de ser capturados, les dijeron que podían volver a Inglaterra: aunque oficialmente la guerra de la Oreja de Jenkins no tuvo un final, las grandes ofensivas entre Gran Bretaña y España habían cesado y ambos países habían acordado un intercambio de prisioneros. Cheap embarcó en compañía de Byron y Hamilton, a quienes aludía como «mis dos fieles compañeros y colegas de sufrimiento». Campbell, sin embargo, permaneció en Chile. Después de tantos años cautivo, había hecho buenas migas con sus captores españoles, y Cheap le acusó de haberse convertido al catolicismo y haber cambiado de bando. De ser eso cierto, los miembros de la dotación del Wager habrían perpetrado prácticamente todos los pecados graves contemplados en los Artículos de Guerra, entre ellos la traición.

De camino a Inglaterra, Cheap, Byron y Hamilton pasaron cerca de isla Wager y doblaron el cabo de Hornos, como si estuvieran siguiendo la ruta de su triste pasado reciente. Pero, cosas del eterno misterio de la mar, esta vez la travesía fue relativamente tranquila. Una vez que arribaron a Dover, Byron partió de inmediato hacia Londres en un caballo prestado. Tenía veintidós años, iba vestido como un pordiosero, y como no tenía monedas cruzaba las barreras de peaje a toda velocidad. Más tarde recordaría que se había visto «obligado a engañar, cruzando a galope tendido y sin prestar la menor atención a los hombres que gritaban para que me detuviera». Trotando a la carrera por las enfangadas calles de adoquines, atravesó sembrados y villorrios, suburbios que se extendían desde la gran ciudad, la más grande de Europa con una población cercana a las setecientas mil personas. La ciudad —esa «cosa grande y monstruosa», la llamó Defoe— había ido creciendo en los años que Byron había estado ausente, las casas e iglesias y tiendas de antaño se hallaban apretujadas ahora entre nuevos edificios de ladrillo visto, viviendas y comercios; las calles estaban atestadas de carruajes diversos, de nobles y comerciantes y tenderos. Londres era el palpitante corazón de un imperio insular cimentado sobre la cuota de hombres de mar, la esclavitud y el colonialismo.

Byron llegó a Great Marlborough Street, una zona elegante del centro de Londres. Fue a una dirección en la que habían vivido varios de sus mejores amigos. El lugar estaba tapiado. «Habiendo estado fuera tantos años, y sin haber tenido noticias de casa en todo ese tiempo, ignoraba quién había muerto y quién vivía aún, o adónde dirigirme», escribió

Byron. Paró en una sedería que su familia solía frecuentar y preguntó por sus hermanos. Le informaron de que su hermana Isabella se había casado con un lord y vivía cerca de Soho Square, un barrio aristocrático con grandes casas de piedra construidas en torno a un jardín bucólico. Byron fue andando hasta allí lo más aprisa que pudo y llamó a la puerta de la casa de su hermana, pero el portero le puso mala cara al ver su aspecto. Byron insistió en que le dejara pasar, y allí estaba Isabella Byron: aquella mujer delgada y elegante que con el tiempo escribiría un libro sobre etiqueta, miró desconcertada al inesperado visitante, y momentos después comprendió que no era otro que el hermano a quien habían dado por muerto. «¡Con qué sorpresa y alegría me recibió mi hermana!», escribió él. El muchacho de dieciséis años que ella había visto partir era ahora todo un hombre de mar.

David Cheap fue también hasta Londres. Tenía casi cincuenta años, y durante el largo tiempo pasado en cautividad parecía haber revisado una y otra vez hasta el último desastroso incidente, hasta el último desaire. Entonces se enteró de que John Bulkeley le había acusado —en un libro, nada menos— de ser un comandante cruel e incompetente, cosa que no solo podía acabar con su carrera militar sino también con su vida. En una carta a un funcionario del Almirantazgo, Cheap tildó de embusteros a Bulkeley y sus socios. «Pues qué puede esperarse de esos cobardes […] que nos abandonaron de la manera más inhumana, destruyendo en su partida cuanto pensaron que podía sernos de alguna utilidad».

Cheap ardía en deseos de contar su versión. Pero no quiso seguirle el juego a Bulkeley publicando también un libro. No, él pensaba guardar su testimonio —y su furia— para un foro más determinante: el tribunal de un consejo de guerra, compuesto por jueces que, como él, eran oficiales al mando. Elaboró una declaración jurada exponiendo con detalle sus acusaciones, y en una carta a la secretaría del Almirantazgo insistió en que una vez que se hubiera llevado a cabo una audiencia judicial, «me ufano en pensar [...] que mi conducta será vista como intachable, tanto antes como después del naufragio». En uno de sus escasos comentarios de carácter público, dijo que no tenía «nada que decir contra esos canallas hasta el día en que se celebre el juicio», cuando, añadió, nada impediría que esos hombres fueran condenados a la horca.

La historia –o historias– de la expedición seguía cautivando la imaginación popular. La prensa había crecido exponencialmente, alimentada por la lasitud de la censura gubernamental y por una mayor alfabetización. Y para satisfacer la insaciable sed de noticias de la gente, había surgido un estamento profesional de gacetilleros que se ganaban la vida gracias a las ventas en vez de al mecenazgo aristocrático, y a los que el viejo establishment literario colgó el sambenito de «plumíferos de Grub Street». (En aquella época, Grub Street formaba parte de una zona empobrecida de Londres donde proliferaban tugurios, burdeles y aventuras editoriales de corto aliento). Y Grub Street, oliendo que había allí una buena historia, se aprovechó de lo que ya se conocía como el «affaire Wager».

El *Caledonian Mercury* publicó que Bulkeley y los amotinados habían agredido no solo a Cheap y a Hamilton sino a todo el grupo, «atándolos de pies y manos», antes de abandonarlos a «disposición de unos bárbaros más piadosos». Otro artículo trasladaba la opinión de Hamilton de que el comportamiento de Cheap fue «a menudo enigmático y siempre arrogante y altivo», si bien, vistas las cosas a toro pasado, para Hamilton era evidente que el capitán había «actuado en todo momento guiado por una visión sagaz y premonitoria».

Después de que los tabloides y otras publicaciones periódicas se hubieran llenado de apasionantes crónicas, las editoriales compitieron por publicar narraciones de primera mano escritas por los náufragos. Poco tiempo después de llegar Cheap a Inglaterra, Campbell lo hizo en otro barco procedente de Chile. El guardiamarina publicó su propia versión, un relato de más de cien páginas bajo el título *Secuela de la travesía de Bulkeley y Cummins a los mares del Sur,* donde se defendía de las acusaciones de traición. Pero poco tiempo después huyó del país para unirse a la milicia española.

John Byron creía que Bulkeley había tratado de justificar lo que «no podía verse de otra manera que como un motín en toda regla». Y aunque Byron podría haber hecho pública su propia versión, no parecía dispuesto a hablar mal de sus superiores ni a caer en lo que calificó de «egocentrismo». Paralelamente, proliferaban otras historias de lo sucedido. Un folleto escrito por un gacetillero de Grub Street bajo el título *Un conmovedor relato de la malhadada travesía y subsiguiente catástrofe del HMS Wager,* apuntaba que había sido «elaborado a partir de diarios auténticos y transmitido, por carta, a un comerciante londinense por parte de una persona que fue testigo presencial». Sin embargo, como ha señalado el estudioso Philip Edwards, dicho relato no es más que un refrito −a veces copiado palabra por palabra− del diario de Bulkeley, en el que todos los pormenores son tergiversados para apoyar la versión de Cheap y defender la sempiterna cadena de mando. En una guerra de palabras, el diario redactado por el artillero había sido transformado en un arma para acabar con él.

Debido a la ingente cantidad de versiones (entre ellas las de muy dudosa procedencia), la opinión sobre el affaire Wager difería mucho de un lector a otro. Bulkeley, cuyo diario seguían profanando escritorzuelos diversos, se puso furioso al comprender que cada vez eran más los que recelaban de su escrito, como si también el diario pudiera ser una falacia.

Pocos días después del regreso de Cheap a Inglaterra, el Almirantazgo convocó −también a través de la prensa− a todos los oficiales, suboficiales y marineros supervivientes para que se personaran en un consejo de guerra a celebrarse en Portsmouth. El juicio, que debía comenzar en el plazo de unas semanas, tendría que horadar la densa niebla de narraciones —las contradictorias, las matizadas, las ficticias incluso— para aclarar lo que había sucedido en verdad y así impartir justicia. Como la escritora Janet Malcolm observó una vez: «La ley es el guardián del ideal de la verdad desnuda, es decir la verdad desprovista de los ornamentos del relato. [...] La historia que sepa resistir mejor el desgaste de las normas probatorias será la que prevalezca». Sin embargo, fuera cual fuese la historia que ganara, el proceso sin duda sacaría a la luz de qué modo oficiales y tripulación —parte de esa avanzadilla del Imperio británico— habían caído en la anarquía y el salvajismo. Un triste espectáculo que quizás iba a relegar a un segundo plano la gloriosa historia de la captura del galeón.

24

SUMARIO DE CAUSAS

Tras enterarse por la prensa sobre la convocatoria de un consejo de guerra, Bulkeley fue informado de que el Almirantazgo había emitido una orden de arresto contra él. A la sazón, Bulkeley se encontraba en Londres, y él mismo fue en busca del alguacil que intentaba localizarle. Cuando dio con él, Bulkeley fingió ser un pariente de uno de los náufragos que habían viajado en la lancha hasta el Brasil. Y le preguntó qué podía pasarles a esos hombres, ahora que el capitán Cheap había vuelto al país.

−Que los colgarán −respondió el alguacil.

−Cielo santo, ¿y por qué? −exclamó Bulkeley−. ¿Por no haberse ahogado? ¿Y ha tenido que volver un asesino para ser quien los acuse?

−Señor, esos hombres han sido culpables de tales cosas haciendo prisionero al capitán Cheap, que yo creo que al menos el artillero y el carpintero no se salvan de la horca.

Al final, Bulkeley confesó que él era «el desventurado artillero del Wager».

Estupefacto, el alguacil le dijo que no tenía más remedio que llevarlo al calabozo. Bulkeley estuvo recluido hasta que otros oficiales del Wager hubieron sido detenidos también, entre ellos el teniente Baynes; Cummins, el carpintero; y King, el contramaestre. Todos juntos fueron trasladados a Portsmouth, con la advertencia por parte del alguacil de «tener especial precaución de que el artillero y el carpintero no intenten huir». Ya en el puerto, un bote de remos los llevó hasta el HMS Prince George, un buque de guerra de noventa cañones fondeado más allá del puerto natural. Una vez a bordo fueron aislados, presos nuevamente del mar. Bulkeley se quejó de que no le permitieron recibir cartas de familiares ni amigos.

Byron fue citado también, al igual que otros miembros de la tripulación. Cheap subió al barco por voluntad propia, aunque probablemente hubo de entregar su espada. Desde la expedición venía sufriendo de gota y de problemas respiratorios, pero había recuperado parte de su formidable presencia, con su elegante casaca de oficial, la mirada severa y los labios tirantes.

Era la primera vez que estos hombres estaban juntos desde sus días en la isla. Ahora cada uno de ellos tendría que, como había dicho Bulkeley, «dar cuenta de sus actos» y dejar que «la justicia haga el resto». La legislación naval británica del siglo XVIII tiene fama de draconiana, pero a decir verdad era bastante flexible e indulgente. Según los Artículos de Guerra, muchas transgresiones —entre ellas quedarse dormido durante una guardia— eran merecedoras de la pena capital, pero solía haber una importante salvedad: el tribunal podía dictar una sentencia más leve si así lo creía conveniente. Y aunque deponer a un capitán era un delito grave, la palabra «motín» se aplicaba con frecuencia a insubordinaciones de corto aliento que no se consideraban merecedoras de un castigo severo.

Sin embargo, el caso contra los hombres del Wager parecía abrumador. No se los acusaba de negligencia, sino de una total subversión del orden naval, desde los más altos niveles de mando hasta el último de los marineros. Y si bien cada uno de ellos había intentado moldear su historia individual a fin de justificar sus actos, el sistema legal estaba pensado para despojar estos relatos de todo lo que no fueran los hechos puros y descarnados. En *Lord Jim*, Joseph Conrad escribe sobre una investigación naval: «Ellos querían hechos. ¡Hechos! Exigían hechos».

Y el relato de cada uno de los antiguos náufragos contenía en el fondo ciertos hechos incontrovertibles. Nadie discutía que Bulkeley, Baynes y su grupo habían atado al capitán antes de abandonarlo en la isla, ni que Cheap había disparado en la cara a un hombre desarmado sin previo aviso y sin el menor procedimiento legal. ¡Esos eran los hechos!

Aparentemente, Bulkeley y los suyos habían violado los más estatutarios de entre los Artículos de Guerra: el artículo 19, que prohibía «bajo pena de muerte todo tipo de reunión de carácter amotinado, sea cual sea el pretexto»; el artículo 20, que decía que nadie «ocultará la más mínima práctica, intención o palabra que apunte a una insurrección o traición»; el artículo 21, que prohibía pelear con o golpear a un oficial superior; y el artículo 17, según el cual todo marinero que huya «será castigado con la muerte». Un fiscal quisquilloso podría añadir varios cargos a la lista, entre ellos cobardía, por desafiar las órdenes de Cheap de perseguir a los enemigos españoles e ir en ayuda de Anson; robo, por apoderarse de los botes de transporte y otros suministros; e incluso «actos escandalosos en menoscabo del respeto a Dios, así como la corrupción de los buenos modales». Es más, Cheap había acusado a Bulkeley y los suyos no solo de un motín en toda regla, sino también de intento de asesinato, por abandonarlos a él y a sus seguidores en la isla.

Pero era el propio Cheap quien con toda probabilidad afrontaría la más irrecusable acusación de todas: homicidio en primer grado. Era uno de los pocos estatutos cuya violación no contemplaba el menor atenuante. El artículo 28 lo decía bien claro: «Todo asesinato u homicidio doloso contra cualquier persona a bordo será castigado con la muerte».

Ni siquiera Byron podía dormir tranquilo, puesto que se había amotinado, siquiera brevemente, al abandonar a Cheap en la isla y partir con el grupo de Bulkeley. Después había vuelto, pero ¿bastaba con eso?

Aunque muchos de los acusados habían escrito su propio relato en un intento de limpiar su nombre, había en ellos omisiones que clamaban al cielo. El informe de Cheap, por ejemplo, no admitía explícitamente en ningún momento el disparo a bocajarro contra Cozens; simplemente decía que el altercado entre ambos había conducido a «medidas extremas». En su diario, Bulkeley explicaba el abandono de Cheap en la isla como si el artillero no hubiera hecho otra cosa que cumplir diligentemente con los deseos del capitán.

Peor todavía, muchos de los documentos que los acusados redactaron durante la expedición eran indicativos de que se sabían culpables. Aquellos hombres conocían las normas y el reglamento, sabían exactamente lo que estaban haciendo, y tras cada violación habían intentado crear un rastro de pruebas documentales que los ayudara a hurtarse a las consecuencias de sus actos.

Un consejo de guerra naval no solo pretendía establecer la inocencia o culpabilidad de los procesados, sino también mantener y reafirmar la disciplina. En palabras de un experto, el sistema estaba «ideado para transmitir la majestad y la fortaleza del Estado» y para garantizar que los pocos que fueran culpables de delitos graves sirvieran de ejemplo: «La teoría subyacente era que el simple marinero, tras presenciar semejante espectáculo, se quedaría temblando de miedo ante la perspectiva de que una fuerza tan tremenda —el poder de decidir sobre la vida o la muerte— pudiera ser utilizada en su contra en el caso de que dicho marinero violara la ley».

A raíz del famoso motín a bordo del HMS Bounty en 1789, el Almirantazgo envió un barco hasta el Pacífico para dar caza a los sospechosos y llevarlos a Inglaterra a fin de ser juzgados. Tras el consejo de guerra, tres de ellos fueron condenados a muerte. En un barco atracado en Portsmouth, fueron conducidos hasta el alcázar, donde tres nudos colgaban de una percha a la altura del cuello. La tripulación del barco permanecía en posición de firmes, observando con gesto solemne. Se izó una bandera amarilla —la señal de la muerte— y otras embarcaciones que estaban en el puerto se aproximaron hasta rodear al barco en cuestión; también sus dotaciones fueron obligadas a mirar. Desde tierra, una gran muchedumbre, niños incluidos, observaba el espectáculo.

Los reos dijeron unas oraciones y luego se les preguntó si tenían últimas palabras que pronunciar. Según un testigo presencial, uno de los condenados dijo: «Hermanos marineros, tenéis ante vosotros a tres lozanos jóvenes a punto de sufrir una muerte vergonzosa por el terrible crimen de haberse amotinado y desertado. Que nuestro ejemplo os sirva de advertencia para no abandonar jamás a vuestros oficiales; y si ellos os trataran mal, no olvidéis que no es su causa, sino la de vuestro país, la que estáis obligados a apoyar».

Cubrieron a cada uno la cabeza con una bolsa. A continuación se les colocó al cuello un nudo corredizo trenzado. Poco después de las doce del mediodía, al son de un cañonazo, varios tripulantes empezaron a tirar de los cabos, levantando así a los amotinados a gran altura sobre el agua. Los nudos fueron cerrándose. Los reos intentaron tragar aire, entre convulsiones de piernas y brazos, hasta morir asfixiados. Sus cuerpos fueron dejados allí, balanceándose, durante dos horas.

Un domingo, mientras esperaban en el Prince George a que diera comienzo el juicio, los hombres del Wager asistieron a un servicio religioso celebrado en cubierta. El capellán dijo que un hombre que se hace a la mar desciende a menudo a los turbulentos abismos donde su «alma se funde». Y exhortó a los conturbados feligreses a no aferrarse «a vanas ideas o expectativas de un indulto o una medida de gracia». Los supervivientes del Wager tenían motivos de sobra para esperar que los ahorcaran, o, como lo expresó Bulkeley, «ser abatidos por la violencia del poder».

25

EL CONSEJO DE GUERRA

El 15 de abril de 1746, la bandera de la Unión fue izada en lo alto de uno de los mástiles del Prince George y un cañón hizo fuego. Empezaba el consejo de guerra. El novelista Frederick Marryat, que entró en la Marina Real en 1806 a los catorce años de edad y llegó a capitán, escribió una vez que la pompa de esa clase de juicios estaba pensada para «infundir un temor reverencial en la mente, incluso de un capitán de navío». Y añadía: «El barco está dispuesto hasta el último detalle: sus cubiertas, blancas como la nieve; sus hamacas, cuidadosamente recogidas; sus cabos, bien tensos; sus vergas, perpendiculares a la quilla; sus cañones, en batería; y una guardia de infantes de marina a las órdenes de un teniente, lista para recibir a los miembros de la corte marcial con el honor correspondiente a su rango. [...] El camarote principal está preparado, con su larga mesa cubierta por un paño verde. Plumas, tinta, papel, devocionarios y los Artículos de Guerra son distribuidos entre todos los miembros».

Los trece jueces asignados al proceso aparecieron en cubierta con su atuendo formal. Eran, todos ellos, oficiales de alto rango: capitanes y comodoros, y el juez principal —llamado «presidente» para la ocasión— era sir James Steuart, un vicealmirante de casi setenta años que era el comandante en jefe de toda la flota británica en Portsmouth. Todos parecían estar más a la altura de Cheap que de Bulkeley y sus seguidores. No obstante, se sabía de jueces que habían condenado a otro oficial. En 1757, el almirante John Byng fue ejecutado tras ser hallado culpable de no haber «hecho todo lo humanamente posible» durante la batalla, cosa que indujo a Voltaire a señalar en *Cándido* que a los ingleses les parecía buena idea «matar de vez en cuando a un almirante con el fin de estimular a los otros».

Steuart ocupó la cabecera de la mesa mientras los demás jueces se situaban a los lados, por orden descendente de antigüedad. Todos juraron cumplir con su deber de administrar recta e imparcial justicia. Estaba presente un abogado de la acusación, así como un auditor de guerra que proporcionaba asesoría en materia de leyes a los miembros del tribunal.

George Anson no se hallaba allí, pero un año antes, durante su constante ascenso en el escalafón, había sido nombrado miembro de la poderosa Junta del Almirantazgo, que supervisaba todo lo relativo a la disciplina naval. E, indudablemente, Anson estaba muy interesado en el proceso contra sus antiguos hombres, en especial su protegido Cheap. Con los años, había demostrado ser un astuto enjuiciador de la personalidad humana, y muchos de los hombres de su escuadra a los que ascendió llegarían a ser ilustres comandantes de la Marina Real, por ejemplo el teniente del Centurion Charles Saunders, el guardiamarina Augustus Keppel, y el guardiamarina del Severn Richard Howe. Pero el hombre a quien Anson había elegido para mandar el Wager corría ahora peligro de ser condenado por asesinato.

Cheap le había enviado una carta felicitándolo por su victoria sobre el Covadonga y por los ascensos «que tan justamente merece en opinión de todo el género humano». Y escribía: «Me tomo la libertad de asegurarle que no hay hombre en la tierra que le desee prosperidad con más afecto que yo», y más adelante añadía: «Debo implorar su favor y su protección, que quiero pensar que tendré mientras me comporte como es debido, y no espero ni el uno ni la otra cuando no sea así». Anson le dijo a un familiar de Cheap que él seguía apoyando al que fuera su teniente.

Cheap y los otros acusados fueron conducidos a presencia del tribunal. Como era entonces de rigor, no estaban representados por abogados defensores: tenían que defenderse solos. No obstante, podían ser asesorados legalmente por la corte o por un colega. Lo más importante: podían llamar e interrogar a testigos.

Previamente a la vista, cada acusado había tenido que hacer una declaración de hechos, que luego fue presentada como prueba. Cuando se le requirió a Bulkeley que lo hiciera, el artillero protestó alegando que aún no sabía qué cargos se le imputaban. Siempre consciente de sus derechos, dijo: «Que yo sepa, o al menos así lo dicen las leyes de mi país, para que un hombre esté preso, debe ser acusado de algo». Bulkeley se quejó de que no tenía manera de preparar debidamente una defensa, pero le respondieron que de momento solo tenía que aportar una declaración sobre la causa del naufragio. Siempre que se perdía un navío de la flota real, se procedía a una investigación para determinar si alguno de los oficiales o miembros de la tripulación eran responsables.

Cheap fue el primero en responder a preguntas al iniciarse el juicio. Sobre la estricta cuestión de por qué el Wager había encallado, Cheap solo lanzó una acusación: que el teniente Baynes había desatendido sus obligaciones al, entre otras cosas, no comunicarle que el carpintero, Cummins, había informado del avistamiento de tierra el día antes de que el barco chocara contra las rocas.

Un juez le preguntó a Cheap:

—¿Acusa usted a algún oficial, además del teniente, de complicidad en la pérdida del Wager?

—No, señor, de *eso* en concreto los exculpo a todos —respondió Cheap.

No se le presionó respecto a otras acusaciones. Poco después le tocó el turno a Bulkeley. También él fue interrogado únicamente en relación con la pérdida del Wager. Un juez le preguntó por qué motivo, antes de que el barco encallara, no había intentado soltar el ancla con ayuda de otros.

—El cable estaba en mal estado —dijo Bulkeley.

—¿Tiene usted algo que objetar a la conducta del capitán o de otros oficiales, o a la manera en que el primero se condujo en lo tocante al bienestar y conservación del barco y sus tripulantes?

Bulkeley ya había respondido a esta pregunta al publicar el diario; en sus páginas culpaba directamente a Cheap del naufragio, alegando que el capitán se había negado, por testarudez y una obediencia ciega a las órdenes, a variar el rumbo. Estas deficiencias de temperamento, creía Bulkeley, no habían hecho sino empeorar durante el tempestuoso interludio en la isla, alimentando el caos y culminando con el acto homicida contra Cozens que daría pie a su destitución como capitán. Ahora, sin embargo, con los trece jueces delante de él, Bulkeley pareció presentir que algo fallaba en el procedimiento judicial. No le habían acusado de amotinamiento; de hecho, no había cargo alguno en su contra. Era como si le estuviesen ofreciendo un acuerdo tácito. Y así Bulkeley, que había jurado decir toda la verdad y que no era de los que se mordían la lengua, decidió entonces guardarse ciertas cosas. «No puedo inculpar de nada a ninguno de los oficiales», dijo.

La cosa quedó así. A Cummins, considerado uno de los cabecillas del motín, se le preguntó: «¿Tiene algo de lo que inculpar al capitán o a alguno de los oficiales en cuanto a negligencia en la preservación del barco?».

Cummins respondió que no, pasando por alto el hecho de que había acusado a Cheap a la cara de ser el causante del naufragio, por no hablar de haberle llamado asesino en letras de molde.

A continuación llamaron a King, el contramaestre. King había sido uno de los más indisciplinados de entre los náufragos: había robado licor y prendas de los oficiales, y durante la rebelión había agredido a Cheap. Pero el tribunal no presentó ningún cargo contra él, limitándose a preguntar:

—¿Tiene usted algo que decir en contra de su capitán […] por la pérdida del barco?

—No, el capitán se comportó muy bien. No tengo nada que decir en su contra ni en la de ningún otro oficial.

Cuando le tocó el turno a John Byron, no le preguntaron por ninguno de los horrores de los que había sido testigo, aquellos actos siniestros de los que ciertos hombres, y presuntos caballeros, habían sido capaces. Tras algunas preguntas técnicas sobre las operaciones del barco, le hicieron volver a su puesto.

El teniente Baynes fue el único que hubo de hacer frente a algo parecido a una acusación. Baynes insistió en que no había comunicado a Cheap el avistamiento de tierra porque pensó que no se trataba más que de unas nubes en el horizonte. «De lo contrario, por supuesto que se lo habría dicho al capitán», declaró.

Tras un breve aplazamiento, el tribunal regresó. Habían llegado a un veredicto unánime. Se le entregó un papel al auditor, y este leyó en voz alta la decisión: «que el capitán David Cheap había cumplido con su deber y utilizado todos los medios a su alcance para preservar el HMS Wager bajo su mando». A este respecto, oficiales y tripulantes fueron absueltos también… con la salvedad del teniente Baynes, que se ganó una simple reprimenda.

Bulkeley no cabía en sí de contento. Se vanaglorió de haber sido «absuelto con honor» y declaró: «En lo ocurrido hoy vemos el glorioso poder del Altísimo al abogar por nuestra causa y defendernos de ser objeto de la violencia del hombre». Seguramente, Cheap había sido puesto sobre aviso acerca del limitado foco de atención del tribunal, pues no insistió en sus alegaciones contra Bulkeley y su grupo. Aunque vio cómo se le negaba el desquite tanto tiempo anhelado, él mismo había salido indemne del consejo de guerra. Ni siquiera le habían despojado de su muy querido título de capitán.

Eso fue todo. No hubo fallo sobre si Cheap era o no culpable de asesinato o sobre si Bulkeley y los suyos se habían amotinado e intentado matar a su capitán. Ni siquiera hubo caso sobre si alguno de los hombres era culpable de deserción o de pelearse con un oficial superior. Por lo visto, las autoridades británicas no querían que prevaleciera *ninguna* de las dos versiones de lo sucedido. Y, para justificar este resultado, se apoyaron en una oscura faceta del reglamento: puesto que las normas navales establecían que, después de un naufragio, los hombres de a bordo ya no tenían derecho a cobrar un salario, los náufragos debieron de suponer que, una vez en la isla, no estaban sometidos a las leyes y normas de la Armada. Sin embargo, este burocrático razonamiento, que el profesor de historia Glyndwr Williams calificó de «cláusula de excepción», ignoraba claramente una adenda a dicha norma: si los hombres eran capaces de procurarse víveres o provisiones de un pecio, entonces seguían estando a sueldo de la Marina Real. C. H. Layman, contraalmirante británico y una autoridad en el caso Wager, concluyó posteriormente que hubo «un incómodo tufillo a justificación» en la decisión del Almirantazgo de no aplicar el peso de la ley a lo que fue un motín en toda regla.

Es imposible saber qué es lo que pasó entre bastidores, pero sin duda había motivos para que el Almirantazgo quisiera correr un velo muy tupido sobre el caso. Sacar a la luz y documentar los hechos incontrovertibles de lo acaecido en la isla —saqueos, robos, latigazos, asesinatos— habría socavado la base sobre la que el Imperio británico trataba de justificar su dominio sobre otros pueblos, a saber, que sus fuerzas imperiales, su civilización, eran inherentemente superiores. Y que sus oficiales eran caballeros, no unos salvajes.

Es más, un juicio serio habría servido de recordatorio para algo que todo el mundo quería olvidar: que la guerra de la Oreja de Jenkins había sido una calamidad, otro innoble capítulo en la larga y siniestra historia de naciones que envían tropas a aventuras militares mal concebidas y peor financiadas. Cinco años antes del consejo de guerra, el almirante Vernon había dirigido, según estaba previsto, la gran ofensiva británica (eran casi doscientos barcos) sobre la ciudad sudamericana de Cartagena. Pero emponzoñado por la mala gestión, luchas intestinas entre jefes militares y la amenaza constante de la fiebre amarilla, el asedio había supuesto la muerte de más de diez mil hombres. Sesenta y siete días después de poner sitio a la ciudad e incapaz de tomarla, Vernon dijo a los hombres que le quedaban: «Estamos rodeados por los cepos de la muerte». Y acto seguido ordenó una humillante retirada.

La propia expedición de Anson, con su cacareado trofeo de tesoros, había sido en términos generales una catástrofe. De los casi dos mil hombres que habían partido de Portsmouth, más de mil trescientos habían perecido, una impresionante tasa de mortalidad, aun tratándose de una travesía tan larga. Y a pesar de que Anson había vuelto con un botín valorado en unas cuatrocientas mil libras, la guerra había costado a los contribuyentes cuarenta y tres millones. Un diario británico disentía del bombo y platillo por la victoria de Anson con este poema:

> *¿A qué vanagloriarse, británicos ilusos,*
> *de un tesoro a tan alto precio logrado?*
> *Estando en privadas manos, ¿servirá este botín*
> *para restaurar la riqueza de vuestro mísero país?*
> *Pensad en cuánto tesoro se ha perdido;*
> *pensad en el inconmensurable daño hecho*
> *a los hijos de Albión, muertos sin provecho,*
> *y veréis vuestro engreimiento en pena convertido.*

No es solo que hombres y muchachos hubieran sido enviados a la muerte, sino que la guerra misma se había basado, en parte al menos, en un engaño. El capitán mercante Robert Jenkins había sido atacado por los españoles, cierto, pero ello había ocurrido en 1731, ocho años antes de que estallara la contienda. En un principio, el incidente había causado escaso interés, y de hecho quedó en el olvido hasta que intereses políticos y empresarios británicos hambrientos de guerra lo sacaron del baúl. En 1738, después de que Jenkins compareciera para testificar ante la Cámara de los Comunes, se divulgó ampliamente la noticia de que había mostrado su oreja dentro de un tarro de salmuera y de que hizo encendidos comentarios sobre sacrificarse por su país. Pero si bien es cierto que fue llamado a declarar, no existe transcripción de la vista, y más de un historiador ha llegado a insinuar que Jenkins se encontraba fuera del país en esas fechas.

Los intereses políticos y económicos de Gran Bretaña tenían sus propias motivaciones para la guerra. Aunque se había procurado evitar que comerciantes ingleses comerciaran en puertos sudamericanos controlados por España, habían encontrado un método siniestro para introducirse. En 1713, la South Sea Company británica había recibido de España lo que se conocía como *asiento*, una licencia para vender cerca de cinco mil africanos al año como esclavos en las colonias latinoamericanas de España. Gracias a este nuevo y aberrante convenio, los comerciantes ingleses podían utilizar sus barcos para pasar de contrabando mercancías como azúcar y lana. Puesto que los españoles se desquitaban cada vez más apresando navíos que vendían mercancías prohibidas, los británicos y sus aliados políticos empezaron a buscar una excusa para prender la mecha de la guerra entre la opinión pública y, de este modo, ampliar los monopolios coloniales británicos. Y «la fábula de la oreja de Jenkins», como la bautizaría después Edmund Burke, proporcionaba a su plan una pátina de justificación moral. (El historiador David Olusoga apuntaba que los inverosímiles aspectos del origen de esa guerra han sido en su mayor parte «suprimidos del relato oficial de la historia británica»).

En los días del juicio sobre el Wager, la guerra de la Oreja de Jenkins –que continuaba en punto muerto– había sido ya absorbida por otro conflicto de mayor envergadura: la conocida como guerra de la Pragmática Sanción, en la que todas las potencias europeas pugnaban por imponerse. Durante tres o cuatro décadas, las victorias navales británicas convertirían la pequeña nación insular en un imperio con supremacía marítima, lo que el poeta James Thomson llamó un «imperio de las profundidades». Recién estrenado el nuevo siglo, Gran Bretaña se había convertido en el mayor imperio de la historia, una superpotencia con cuatrocientos millones de súbditos que dominaba una cuarta parte de la masa continental de la tierra. Pero, en 1746, lo que preocupaba al gobierno era sobre todo mantener el apoyo popular después de tantas y tan espantosas pérdidas.

Un motín, especialmente en tiempos de guerra, puede ser tan peligroso para el orden establecido que ni siquiera se lo reconoce oficialmente como tal motín. Durante la Primera Guerra Mundial, tropas francesas de diversas unidades destinadas en el frente occidental se negaron a luchar, en uno de los motines más numerosos de la historia. Pero la versión oficial del gobierno calificó el incidente de «altercados y un ataque a la moral». Los archivos militares estuvieron sellados durante cincuenta años, y no fue hasta 1967 cuando se publicó en Francia un relato autorizado de los hechos.

Las pesquisas oficiales sobre el affaire Wager nunca se hicieron públicas. La declaración de Cheap detallando sus alegaciones acabaría desapareciendo de los expedientes del consejo de guerra. Y la sublevación en isla Wager pasó a convertirse, en palabras de Glyndwr Williams, en «el motín que nunca ocurrió».

26

LA VERSIÓN GANADORA

Perdida entre la controversia acerca del affaire Wager estaba la historia de otro motín, del que fueron testigos presenciales los últimos náufragos en volver a Inglaterra. Tres meses después del consejo de guerra, tres miembros del grupo de Bulkeley a los que se daba por perdidos, entre ellos el guardiamarina Isaac Morris, causaron sensación al llegar inesperadamente a Portsmouth a bordo de un barco.

Hacía más de cuatro años que aquellos hombres alcanzaron a nado la costa de Patagonia con una pequeña partida del Speedwell para conseguir víveres... y los dejaron tirados en la playa. Bulkeley y otros supervivientes a bordo de la lancha habían contado su versión de lo sucedido: que el estado de la mar y un timón roto habían hecho imposible acercarse lo suficiente a la costa para rescatar a los hombres. Después de que la tripulación de Bulkeley hubiera enviado una barrica repleta de munición y con una nota explicativa, Morris y sus compañeros, viendo alejarse el Speedwell, cayeron de hinojos, desesperados. Más adelante, Morris diría que aquel abandono fue «un acto de la mayor crueldad». A la sazón, el grupo estaba formado por siete hombres, además de Morris. Hacía ocho meses que el Wager había embarrancado; ahora, como escribió Morris, se hallaban en «una parte salvaje y desolada del mundo, agotados, medio enfermos y faltos de provisiones».

Cuatro de ellos perecieron, pero Morris y otros tres se

aferraron a la vida cazando y forrajeando. Su intento de llegar a Buenos Aires, a centenares de kilómetros más al norte, se frustró por el agotamiento. Un día, tras ocho meses perdidos en tierra ignota, Morris divisó a unos hombres a caballo que galopaban en su dirección: «Pensé que había llegado mi hora y me dispuse a afrontar la muerte con toda la determinación de que fui capaz». Pero resultó que los jinetes, un grupo de nativos patagónicos, los saludaron calurosamente. «Nos trataron con gran humanidad: mataron un caballo para nosotros, encendieron lumbre y asaron una parte –recordaba Morris–. También nos dieron un trozo de manta vieja a cada uno para que cubriéramos nuestra desnudez».

Los llevaron de una aldea a otra; con frecuencia pasaban meses en un solo lugar. Y luego, en mayo de 1744, dos años y medio después de ser abandonados en la playa, tres de ellos lograron llegar sanos y salvos a la capital… donde fueron hechos prisioneros por las autoridades españolas. Estuvieron recluidos durante más de un año, hasta que, por fin, les autorizaron a volver a su país. Fueron transportados a España en calidad de prisioneros a bordo del buque de guerra que mandaba don José Pizarro, el oficial que una vez persiguiera a la escuadra de Anson. Además de una tripulación de casi quinientos hombres, había a bordo once indígenas, entre ellos un jefe de nombre Orellana, que había sido hecho esclavo a la fuerza y obligado a trabajar en el barco.

Hay pocos documentos sobre la vida de los esclavos, y los que han perdurado son vistos desde la perspectiva de los europeos. Según el informe más detallado, que ahonda en los testimonios de Morris y sus compañeros de odisea, los indígenas procedían de una tribu cercana a Buenos Aires que se resistía desde hacía tiempo a ser colonizada. Unos tres meses antes del viaje de regreso de Pizarro, habían sido capturados por soldados españoles, y ahora, en el barco, se los trataba «con gran insolencia y barbarie», según dicho informe.

Un día le ordenaron a Orellana que trepara al palo mayor. Al negarse él, un oficial le golpeó hasta dejarlo aturdido y cubierto de sangre. Según el informe, los oficiales habían flagelado reiteradamente a los indígenas «de la manera más cruel, bajo el menor pretexto, y muchas veces solo para ejercer su superioridad».

La tercera noche de travesía, Morris estaba en la sentina cuando oyó un gran alboroto procedente de cubierta. Uno de sus camaradas sugirió que tal vez había caído un mástil, y corrió escalerilla arriba para ver qué estaba pasando. Al salir a cubierta, alguien le golpeó en la nuca y el hombre se desplomó. Un instante después, un cuerpo se derrumbaba a su lado; era un soldado español, muerto. Se oyeron gritos por todo el barco: «¡Un motín! ¡Un motín!».

Morris subió también a cubierta, y cuál no sería su sorpresa al ver a Orellana y sus diez hombres atacando el alcázar. Los otros les superaban en número y además tenían pistolas y mosquetes; los indígenas solo habían podido reunir unos cuantos cuchillos, además de algunas hondas que habían fabricado con madera y cordel. Sin embargo, fueron abatiendo un hombre tras otro, hasta que Pizarro y varios de sus oficiales se parapetaron en uno de los camarotes, apagando los faroles para ampararse en la oscuridad. Algunos de los españoles se ocultaron entre las reses que iban a bordo, mientras que otros treparon rápidamente por las vergas para refugiarse en los masteleros. «En un visto y no visto, aquellos once indios, con una determinación que tal vez no tenga igual, se hicieron fuertes en el alcázar de un barco de sesenta y seis cañones y con una tripulación de casi quinientos hombres», señalaba el informe.

Se cuentan por centenares las rebeliones de esclavos y las insurrecciones indígenas que tuvieron lugar en las Américas: verdaderos motines. La historiadora Jill Lepore ha señalado que los pueblos ocupados «se sublevaban una y otra vez», haciendo siempre la «misma e insistente pregunta: "¿Con qué derecho nos gobiernan?"».

Volviendo al barco español, Orellana y su puñado de hombres mantuvieron el centro de mando, bloqueando las pasarelas y rechazando incursiones. Pero no tenían forma de maniobrar el barco y tampoco adónde ir, y al cabo de más de una hora Pizarro y los suyos empezaron a reagruparse. En el camarote, alguien encontró un balde y lo ató a un cabo largo que luego hicieron descender por una escotilla hasta la santabárbara, donde el artillero lo cargó de municiones. Desde arriba, empezaron a subirlo lentamente. Una vez armados, los oficiales abrieron ligeramente la puerta del camarote y vieron a Orellana. Se había quitado las prendas occidentales que le habían obligado a ponerse y estaba allí casi desnudo en compañía de sus hombres, aspirando el aire de la noche. Los oficiales asomaron sus pistolas e hicieron fuego. Una bala alcanzó a Orellana. El jefe se tambaleó antes de desplomarse, regando con su sangre la cubierta. «Así fue sofocada la insurrección –afirmaba el informe– y reconquistado el alcázar, tras haber estado dos horas en poder de este gran y osado líder, y sus bravos y descontentos compatriotas». Orellana resultó muerto. El resto del grupo, por no volver a su condición de esclavos, se subieron a la borda y, lanzando gritos desafiantes, saltaron al mar en busca de una muerte segura.

De vuelta en Inglaterra, Morris publicó una narración de cuarenta y ocho páginas, que venía a sumarse a la ya larga lista de escritos sobre el affaire Wager. Los autores casi nunca se pintaban a sí mismos como agentes de un sistema imperialista. Bastante tenían con sus luchas y ambiciones cotidianas: hacer funcionar el barco, conseguir un ascenso, asegurar el futuro económico de la familia y, en definitiva, sobrevivir. Pero es justamente esa complicidad no consciente lo que permite que un imperio perdure. De hecho, es un requisito de estas estructuras imperiales: que millares y millares de personas corrientes, inocentes o no, sirvan a –e incluso se sacrifiquen por– un sistema que la mayoría raramente pone en tela de juicio.

Sorprendentemente, hubo un superviviente del naufragio que nunca tuvo ocasión de dejar constancia de su testimonio:

ni en un libro ni en una declaración jurada. Ni siquiera por carta. Y ese fue John Duck, el negro liberto que había ido a tierra con el grupo de Morris.

Duck había sobrevivido a los años de hambre y privaciones y logrado llegar a pie junto con Morris y otros dos hasta las afueras de Buenos Aires. Pero una vez allí su entereza no le sirvió de nada, y acabó sufriendo lo que más temía todo negro liberto: fue raptado y vendido después como esclavo. Morris no sabía adónde habían llevado a su compañero, si a las minas o a los campos; el destino de Duck era un misterio, como es el caso de tantas personas cuya historia no se ha podido contar. «Doy por hecho que acabará sus días» en esclavitud, escribió Morris, «pues no existe la menor perspectiva de que pueda volver a Inglaterra». Los imperios preservan su poder mediante las historias que cuentan, pero igual de importantes, si no más, son las que no cuentan, esos oscuros silencios impuestos, esas páginas arrancadas.

Mientras tanto, había ya en Inglaterra una competición en marcha para publicar la narración definitiva del viaje de Anson alrededor del globo. Richard Walter, el capellán del Centurion, hizo saber que él estaba escribiendo esa crónica de la expedición, y el maestro del barco, Pascoe Thomas, se lamentó de que Walter estuviera tratando de disuadir a otros de publicar sus propias versiones, para así poder «monopolizar esta travesía». En 1745, Thomas se adelantó a Walter publicando *Diario auténtico e imparcial de una travesía a los mares del Sur, y alrededor del mundo, en el HMS Centurion al mando del comodoro George Anson.* Otra crónica, que probablemente debió de pulir algún plumífero de Grub Street, ensalzaba la travesía de Anson afirmando que era «sin ninguna duda una gesta de gran valía e importancia».

En 1748, pasados dos años del consejo de guerra, el reverendo Walter publicó finalmente su relato: *El viaje de George Anson alrededor del mundo (1740-1744).* Con sus casi cuatrocientas páginas, era el texto más largo y más detallado de las diversas crónicas del viaje, e incluía hermosos bocetos hechos por un teniente de navío del Centurion durante la expedición. Como muchos libros de viajes de la época, adolece de una prosa afectada y de la acumulación de tediosas minucias propias de un diario de a bordo, pero sí logra transmitir el drama que supuso para Anson y sus hombres enfrentarse a un desastre tras otro. Hablando brevemente del affaire Wager, el texto empatiza con Cheap argumentando que había hecho «todo lo que pudo» por salvar a la tripulación, y que si disparó contra Cozens fue solo porque este era el «cabecilla» de una banda de agitadores violentos. Walter daba crédito asimismo a la razón de que ninguno de los náufragos fuera procesado, afirmando que los «hombres entendieron que, con la pérdida del barco, la autoridad de los oficiales ya no estaba en vigor». En definitiva, a tenor de lo que escribe Walter, el hundimiento del Wager pasa a convertirse simplemente en un impedimento más en el objetivo del Centurion de capturar el galeón español. El libro concluye con estas estimulantes palabras: «Si bien la prudencia, la intrepidez y la perseverancia juntas no están exentas de los golpes de una suerte adversa», al final «suelen dar casi siempre buenos resultados».

Pero hay algo un poco extraño en el libro. Para ser obra de un clérigo, apenas si se menciona a Dios. Y aunque el narrador escribe en primera persona al narrar el encuentro del Centurion con el galeón, Walter no estuvo presente en la batalla, pues poco antes de esa fecha había zarpado de China rumbo a Inglaterra. Más adelante, historiadores de alma detectivesca descubrieron que Walter no era el único autor del libro; gran parte del mismo era obra de un «negro», un tal Benjamin Robins, matemático y panfletista.

Pero aún había otra fuerza oculta: nada menos que el mismísimo almirante Anson. Él reconocía tener «aversión a escribir», y, en un despacho tras la captura del galeón, se había limitado a poner: «Avisté el barco y le di caza». No obstante, Anson había sido el motor del libro de Walter: proporcionó todo el material, eligió al capellán para que lo recopilara, pagó —se dice— mil libras a Robins para que insuflara vida al texto, y se aseguró de que su punto de vista personal quedase reflejado en todas sus páginas.

La expedición fue pregonada como «una empresa de carácter muy singular», y Anson aparecía a lo largo de todo el libro como un jefe que «en todo momento ponía su máximo empeño» y que «siempre mantenía su habitual compostura»; un hombre que «destacaba por su moderación y su humanidad» y también por «su determinación y su coraje». No queda aquí la cosa, pues el libro es una de las pocas crónicas que parecen estar muy al tanto de los intereses imperiales británicos: en la primera página hay un elogio al país por haber demostrado una vez más su «manifiesta superioridad» contra sus enemigos, «tanto en el comercio como en la gloria». Lo que transpira es, pues, la versión ansoniana de los acontecimientos, y todo el texto parece pensado para dar lustre no solo a la reputación del comodoro sino también a la del Imperio británico. Incluso la ilustración que acompaña el episodio de la batalla entre el Centurion y el Covadonga, que se convertiría en una imagen icónica, alteraba las dimensiones de las naves a fin de dar la impresión de que el galeón era el más grande y formidable de los dos, y no al contrario.

El libro fue reimpreso una y otra vez y traducido a gran número de lenguas: un exitazo, por usar la jerga de ahora. Un funcionario del Almirantazgo señalaba: «Todo el mundo ha oído hablar de *El viaje de Anson alrededor del mundo*, y sus lectores son multitud». El libro influyó en Rousseau, quien, en una de sus novelas, describía a Anson como «un capitaine, un soldat, un pilote, un sage, un grand homme!». Montesquieu compuso un resumen anotado del libro de más de cuarenta páginas. El capitán James Cook, que hablaba del reverendo Walter como del «ingenioso autor de la travesía de lord Anson», llevaba un ejemplar del libro a bordo del Endeavour durante su primera expedición alrededor del globo, y otro tanto hizo Darwin en su viaje a bordo del Beagle. Críticos e historiadores elogiaron el libro calificándolo de «una historia clásica de aventuras», «uno de los libritos más agradables de toda la biblioteca mundial» y «el libro de viajes más popular de su época».

Igual que las personas modifican los hechos para servir a sus propios intereses −corrigiendo, borrando, embelleciendo−, también las naciones lo hacen. Después de tanto relato conflictivo y deprimente sobre la pérdida del Wager, y después de tanta muerte y tanta destrucción, el imperio había hallado por fin su mítico cuento del mar.

EPÍLOGO

En Inglaterra, los hombres del Wager retomaron sus vidas como si aquel sórdido episodio no hubiera tenido lugar. Gracias al respaldo del almirante Anson, David Cheap fue nombrado capitán de un buque de guerra de cuarenta y cuatro cañones. El día de Navidad de 1746, ocho meses después del consejo de guerra, se hallaba navegando frente a la costa de Madeira con otro barco británico cuando divisó un navío español de treinta y dos cañones. Cheap y el otro barco británico le dieron caza y, por un momento, volvió a ser el líder que siempre había soñado ser: plantado en el alcázar, cañones a punto, gritando órdenes a sus hombres. Posteriormente informó al Almirantazgo de que tenía el «honor» de comunicar que su grupo había derrotado al enemigo «en cosa de media hora». Por añadidura, informaba de que a bordo del buque enemigo había más de cien arcones de plata. Cheap había capturado por fin lo que él llamó «un botín muy valioso». Tras cobrar una parte sustancial del dinero incautado, se retiró de la Armada, compró una finca de gran tamaño en Escocia y se casó. No obstante, ni siquiera tras su victoria pudo purgar del todo la mancha del Wager. A su muerte en 1752, a los cincuenta y nueve años de edad, un obituario sostenía que, después de que su barco naufragara, Cheap había disparado a un hombre, «matándolo en el acto».

John Bulkeley huyó a una tierra donde el inmigrante podía deshacerse de su oneroso pasado y reinventarse como persona: América. Se trasladó a la colonia de Pennsylvania, aquel futuro semillero de rebelión, y en 1757 publicó una edición norteamericana de su libro. En él incluyó un extracto de un texto escrito por Isaac Morris, aunque eliminando la parte en que Morris le acusaba de crueldad por abandonarlos a él y su grupo. Tras la publicación del libro, Bulkeley se esfumó del mapa tan súbitamente como había aparecido. La última vez que se deja oír es en la nueva dedicatoria de su libro, en la que menciona su esperanza de hallar en América «el Jardín del Señor».

John Byron, que se casó y tuvo seis hijos, permaneció en la Armada. Sirvió durante más de dos décadas y fue ascendiendo hasta llegar a vicealmirante. En 1764 se le pidió guiar una expedición alrededor del globo; una de sus órdenes era tener los ojos bien abiertos por si algún náufrago del Wager había logrado sobrevivir en la costa de Patagonia. Byron completó el periplo sin perder un solo barco, pero cada vez que se hacía a la mar se veía perseguido por terribles tempestades, lo que le valió el apodo de Jack el del Mal Tiempo. Un biógrafo naval del siglo XVIII escribió que Byron tenía «la universal y justamente adquirida fama de excelente y valeroso oficial, pero también de hombre con muy mala fortuna». No obstante, en aquel cerrado mundo de madera pareció encontrar lo que tanto había ansiado: un sentido de la camaradería. Y fue ampliamente elogiado por lo que otro oficial llamó su ternura y esmero para con sus hombres.

Obligado por la tradición naval, Byron jamás hablaba del Wager, limitándose a llevar consigo unos angustiosos recuerdos: el de su amigo Cozens cogiéndole la mano tras recibir el disparo en la cara; el del perro que encontró y que fue sacrificado y comido; y el hecho de que varios de sus camaradas hubieran recurrido, como medida extrema, al canibalismo. En 1768, veinte años después del consejo de guerra –y mucho después de la muerte de Cheap–, Byron publicó por fin su versión de lo ocurrido. Se tituló *Narración del honorable John Byron [...] incluyendo un relato de las tribulaciones sufridas por él y sus compañeros en la costa de la Patagonia, desde el año de 1740 hasta su llegada a Inglaterra en 1746.* Estando Cheap muerto, Byron pudo mostrarse más franco sobre la peligrosa conducta «impulsiva y precipitada» de su antiguo capitán. El teniente de infantes de marina Hamilton, que continuó defendiendo a Cheap a capa y espada, acusó a Byron de cometer una «gran injusticia» con la memoria del capitán.

El libro recibió muy buenas reseñas. Un crítico dijo de él que era «sencillo, interesante, conmovedor y romántico». Y aunque no tardó mucho en quedar relegado al olvido, cautivó al nieto de Byron, al que no llegaría a conocer. En el *Don Juan*, el poeta escribió que las adversidades del protagonista «eran comparables / a las relatadas en la *Narración* de mi abuelo». Y también escribió esto en otra ocasión:

Como si a la inversa quisiera el hado de mi abuelo atribuirme,
él no halló paz en la mar, ni yo en tierra firme.

El almirante George Anson siguió cosechando victorias navales. Durante la guerra de la Pragmática Sanción, capturó a toda una flota francesa. Pero su máxima celebridad no le llegó como comandante, sino como administrador. Durante sus dos décadas en la Junta del Almirantazgo, contribuyó a reformar la Armada abordando muchos de los problemas que tantas desgracias habían provocado durante la guerra de la Oreja de Jenkins. Los cambios incluyeron profesionalizar el servicio y establecer un cuerpo permanente de infantería de marina bajo control del Almirantazgo, lo que evitaría embarcar a hombres no válidos y daría al traste con la difusa estructura de mando que había contribuido a los desórdenes en isla Wager. Anson fue celebrado como el «padre de la Marina Real británica». Calles y poblaciones fueron nombradas en su honor, como por ejemplo Ansonborough en Carolina del Sur. A su segundo hijo varón, John Byron le puso por nombre George Anson Byron.

Con todo, también la fama del viejo comodoro empezó a menguar, empequeñecida por subsiguientes generaciones de comandantes tales como James Cook y Horatio Nelson, con sus propias historias marítimas de categoría mítica. Después de que el Centurion fuera desguazado en 1769, su mascarón de proa de casi cinco metros con forma de cabeza de león fue regalado al duque de Richmond, quien lo hizo colocar sobre un pedestal en una posada con una placa que rezaba así:

> *Quédate, viajero, aquí unos días,*
> *y verás a uno que vivió mil correrías:*
> *rodeando el mundo entero, grado a grado,*
> *Anson y yo la mar hemos surcado.*

Más adelante, a solicitud del rey, la testa de león fue trasladada al hospital de Greenwich, en Londres, y colocada delante de un pabellón para hombres de mar que recibió el nombre de Anson. Pero a lo largo de los siguientes cien años la importancia de aquel artefacto acabó por desvanecerse, y el otrora famoso mascarón terminó sus días descomponiéndose en un cobertizo.

De cuando en cuando, un gran narrador de historias del mar se sentía atraído por la saga del Wager. En su novela de 1850 *Chaqueta Blanca*, Herman Melville señala que las «notables y muy interesantes narraciones» del sufrimiento de los náufragos son una buena lectura para una «tempestuosa noche de marzo, con los batientes de las ventanas repicando sin cesar, y el humo de las chimeneas descendiendo sobre las aceras, que hierven de gotas de agua». En 1959 Patrick O'Brian publicó *La costa desconocida*, una novela inspirada en el naufragio del Wager. Aunque se trata de una obra primeriza y poco pulida, le sirvió de plantilla para su magnífica serie ambientada en las guerras napoleónicas.

Pero el público en general, pese a estos ocasionales recordatorios, ha olvidado prácticamente el affaire Wager. Mapas del golfo de Penas contienen referencias de las que no tienen ni remota idea la mayor parte de los marineros de hoy en día. Cerca de los promontorios del lado norte, aquellos que Cheap y su grupo intentaron rebasar a remo, hay cuatro islotes llamados Smith, Hertford, Crosslet y Hobbs, los nombres de los cuatro infantes de marina abandonados porque no había sitio para todos en el último bote que quedaba. Aquellos jóvenes exclamaron «Dios salve al rey» antes de desaparecer para siempre. Hay también un canal Cheap y una isla Byron, el lugar donde este último tomó la fatídica decisión de abandonar al grupo de Bulkeley y volver con su capitán.

Ya no pululan nómadas del mar por aguas costeras. Hacia finales del siglo XIX, los chonos habían sido borrados del mapa debido a su contacto con europeos, y entrado el siglo siguiente no quedaban más que unas docenas de kawésqar, en un villorrio situado ciento cincuenta kilómetros al sur del golfo de Penas.

Isla Wager continúa siendo un lugar salvaje y desolado. Impone tanto ahora como antaño, sus playas azotadas todavía por vientos y olas implacables. Los árboles se ven nudosos, retorcidos, doblados, y muchos muestran la herida negra del rayo. Lluvia y granizo mantienen la tierra saturada de agua. Una niebla casi perpetua envuelve la cumbre del monte Anson y el resto de los picos, y en ocasiones la bruma desciende laderas abajo hasta las rocas que bordean la isla, como si toda ella estuviera siendo consumida por el humo. Pocos animales parecen moverse en esa neblina, como no sea una pardela gorjiblanca o alguna otra ave acuática sobrevolando las rompientes.

Cerca del monte Desdicha, donde los náufragos levantaron su puesto de avanzada, brotan todavía algunos tallos de apio y se pueden coger lapas como aquellas que les ayudaron a sobrevivir. Un corto trecho tierra adentro, medio sepultados en un arroyo de agua helada, hay varios tablones de madera podrida que, cientos de años atrás, las olas empujaron hasta la isla. De unos cinco metros de largo y claveteados con cabillas, estas planchas provienen del casco de un barco del siglo XVIII: el HMS Wager. No queda otro rastro de la lucha feroz que en una ocasión tuvo lugar allí, como tampoco de los devastadores sueños imperiales.

LA RUTA DEL HMS WAGER

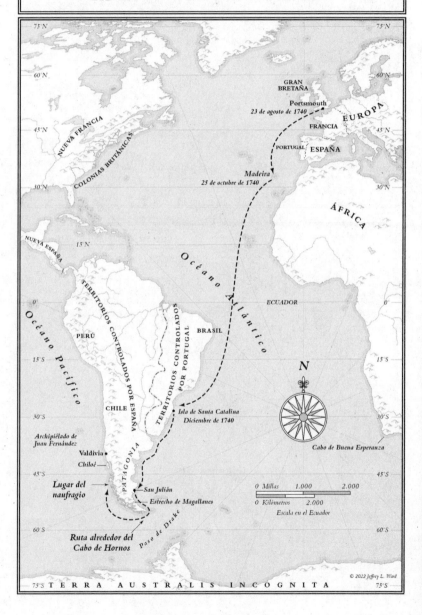

75°N · 75°N

60°N · 60°N

GRAN
BRETAÑA

Portsmouth
23 de agosto de 1740

45°N · FRANCIA · EUROPA · 45°N

PORTUGAL · ESPAÑA

NUEVA FRANCIA

COLONIAS BRITÁNICAS

Madeira
25 de octubre de 1740

ÁFRICA

30°N · 30°N

NUEVA ESPAÑA · 15°N

Océano Atlántico

ECUADOR · 0°

0°

TERRITORIOS CONTROLADOS

PERÚ · BRASIL

Océano Pacífico

15°S · 15°S

TERRITORIOS CONTROLADOS POR ESPAÑA

TERRITORIOS CONTROLADOS POR PORTUGAL

N

CHILE

Isla de Santa Catalina
Diciembre de 1740

30°S · 30°S

Archipiélado de
Juan Fernández

Valdivia ·

Chiloé —

PATAGONIA

Cabo de Buena Esperanza

45°S · 45°S

Lugar del
naufragio

San Julián

— Estrecho de Magallanes

0 Millas · 1.000 · 2.000

0 Kilómetros · 2.000

Escala en el Ecuador

60°S · 60°S

Ruta alrededor del
Cabo de Hornos

Paso de Drake

© 2022 Jeffrey L. Ward

75°S · TERRA AUSTRALIS INCOGNITA · 75°S

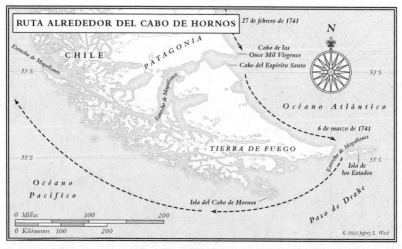

RUTA ALREDEDOR DEL CABO DE HORNOS

27 de febrero de 1741

CHILE

PATAGONIA

Estrecho de Magallanes

53°S

Cabo de las
Once Mil Vírgenes

Cabo del Espíritu Santo

53°S

N

Océano Atlántico

6 de marzo de 1741

Estrecho de Magallanes

TIERRA DE FUEGO

55°S

Estrecho de Magallanes

Isla de
los Estados

55°S

Océano
Pacífico

Isla del Cabo de Hornos

Paso de Drake

0 Millas   100   200

0 Kilómetros 100   200

© 2022 Jeffrey L. Ward

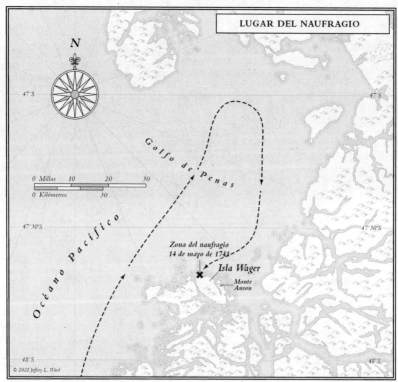

LUGAR DEL NAUFRAGIO

N

47°S

Golfo de Penas

47°S

0 Millas   10   20   30

0 Kilómetros   30

Océano Pacífico

47°30'S

47°30'S

Zona del naufragio
14 de mayo de 1741

Isla Wager

Monte
Anson

48°S

© 2022 Jeffrey L. Ward

48°S

ITINERARIO DEL PRIMER GRUPO DE NÁUFRAGOS

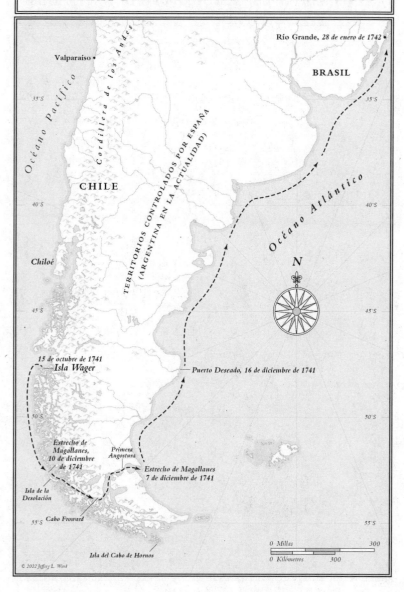

Río Grande, *28 de enero de 1742* •

BRASIL

Valparaíso •

Océano Pacífico

Cordillera de los Andes

35°S

35°S

CHILE

TERRITORIOS CONTROLADOS POR ESPAÑA
(ARGENTINA EN LA ACTUALIDAD)

Océano Atlántico

40°S

40°S

Chiloé

N

45°S

45°S

15 de octubre de 1741
—Isla Wager

— Puerto Deseado, 16 de diciembre de 1741

50°S

50°S

Estrecho de
Magallanes,
10 de diciembre
de 1741

Primera
Angostura

— Estrecho de Magallanes
7 de diciembre de 1741

Isla de la
Desolación

55°S

55°S

Cabo Froward

Isla del Cabo de Hornos

0 Millas 300

0 Kilómetros 300

© 2022 Jeffrey L. Ward

ITINERARIO DEL SEGUNDO GRUPO DE NÁUFRAGOS

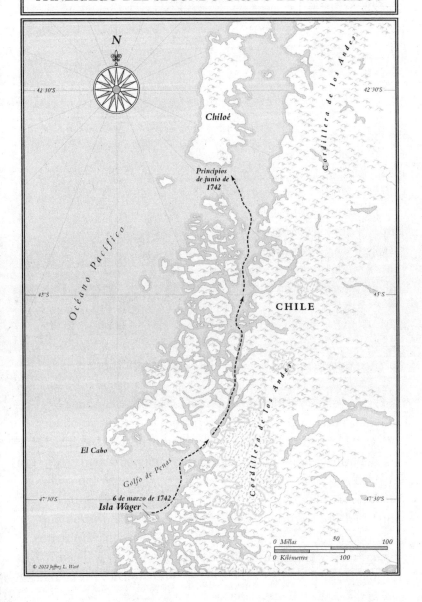

AGRADECIMIENTOS

A veces, escribir un libro puede ser como capitanear un barco en una larga y tempestuosa travesía. Y debo gratitud a muchas personas que me mantuvieron a flote.

El distinguido historiador naval británico Brian Lavery tuvo la paciencia de instruirme sobre cosas como la construcción naval y la marinería en el siglo XVIII, así como la generosidad de revisar el manuscrito antes de su publicación y darme sabios consejos. Daniel A. Baugh, historiador naval de referencia, me asesoró durante la fase de investigación. Y muchos otros historiadores y expertos tuvieron la bondad de contestar a mis fastidiosas llamadas, entre ellos Denver Brunsman y Douglas Peers. El contraalmirante C. H. Layman, que ha investigado también a fondo el asunto *Wager*, contestó a mis preguntas y me permitió reimprimir varias ilustraciones de su colección.

En 2006, el coronel John Blashford-Snell, que dirige la Scientific Exploration Society, organizó una expedición conjunta británico-chilena para descubrir el pecio del *Wager*. Compartió conmigo información crucial, y otro tanto Chris Holt, uno de los jefes de la partida, que también me permitió reimprimir varias de sus fotografías.

Yolima Cipagauta Rodríguez, exploradora de vitalidad arrolladora que había intervenido en la organización de la expedición conjunta, me asistió a la hora de montar mi propio viaje de tres semanas a la isla. Partimos de Chiloé en una pequeña embarcación calentada por una estufa de leña.

Manejaban el bote un experto y habilidoso capitán, Noel Vidal Landeros, y sus dos infalibles tripulantes, Hernán Videla y Soledad Nahuel Arratia. Gracias a su extraordinaria solvencia marinera y a la ayuda de Rodríguez, pude llegar a la isla Wager y, una vez allí, localizar fragmentos del pecio y comprender mejor lo que habían vivido los náufragos.

Estoy igualmente en deuda con los numerosos archiveros que hicieron posible este libro, entre ellos los de la British Library, los Archivos Nacionales Británicos, la National Library de Escocia, la Oregon Historical Society, las Colecciones Especiales de la Biblioteca de la Universidad de St. Andrews y el Museo Marítimo Nacional de Greenwich.

Varios particulares fueron de especial relevancia para el proyecto. Len Barnett me ayudó sin descanso a encontrar y copiar archivos navales. Carol McKinven fue un auténtico prodigio en cuanto a investigación genealógica se refiere. Cecilia Mackay rastreó numerosas fotos e ilustraciones. Aaron Tomlinson mejoró la resolución y nitidez de varias de las fotos que tomé en la isla Wager. Stella Herbert tuvo a bien compartir conmigo información sobre su antepasado Robert Baynes. Y Jacob Stern, Jerad W. Alexander y Madeleine Baverstam —todos ellos jóvenes reporteros de talento— me ayudaron a localizar numerosos libros y artículos.

Mi gratitud para con David Kortava no tiene límite. Extraordinario periodista, no solo verificó denodadamente cuantos hechos se citan en el libro, sino que fue también una fuente inagotable de ideas y apoyo. Pedí demasiado, como de costumbre, a mis amigos y colegas escritores Burkhard Bilger, Jonathan Cohn, Tad Friend, Elon Green, David Greenberg, Patrick Radden Keefe, Rafi Khatchadourian, Stephen Metcalf y Nick Paumgarten.

Hasta la última de las páginas se ha beneficiado del saber de John Bennet, editor y amigo, que por desgracia murió en 2022. Jamás olvidaré las lecciones que me impartió como escritor, y espero que este libro constituya al menos una pequeña parte de su inmenso legado.

Desde que entré en *The New Yorker* en 2003, he tenido la gran suerte de trabajar con Daniel Zalewski, redactor jefe muy estimado por el gremio de escritores. Sin sus consejos y su amistad, yo me sentiría abandonado. Este libro le debe sus toques mágicos a la hora de pulir frases, quitar pifias y sacar punta a mis pensamientos.

En una industria a veces turbulenta, he contado con la firmeza de mis agentes Kathy Robbins y David Halpern, en Robbins Office, y de Matthew Snyder, en CAA. Han estado a mi lado desde hace décadas, guiándome y respaldándome. Asimismo, tengo la suerte de haber contado con el apoyo de Nancy Aaronson y Nicole Klett-Angel en el Leigh Bureau.

No ha habido líder tan digno de seguir como Bill Thomas, mi editor de años y años en Doubleday. Él hizo posible este libro, y todos mis libros. Enigmáticamente listo e inquebrantable en su apoyo, no solamente me ha ayudado a encontrar las historias más acertadas sino también a explicarlas de la mejor manera. Él y Maya Mavjee, la presidenta del grupo Knopf Doubleday, y Todd Doughty, mi publicista extraordinario, son un regalo para cualquier escritor, como lo es todo el equipo de Doubleday. Quiero dar las gracias especialmente a John Fontana, que diseñó la cubierta; a Maria Carella, que se ocupó del diseño interior; al corrector de pruebas Patrick Dillon; a los directores editoriales Vimi Santokhi y Kathy Hourigan; al editor de producción Kevin Bourke; a la ayudante de edición Khari Dawkins; a Jeffrey L. Ward, que hizo los mapas; y a la increíble fuerza mercadotécnica de Kristin Fassler, Milena Brown, Anne Jaconette y Judy Jacoby.

Nina y John Darnton siguen siendo los suegros más encantadores. Leyeron el borrador de cada capítulo, me indicaron maneras de mejorarlo y me animaron siempre a seguir adelante. El hermano de John, Robert Darnton, que es uno de los más grandes historiadores, se tomó el tiempo de leer el manuscrito y hacer estupendas sugerencias. Mi hermana Alison y mi hermano Edward son mis grandes pilares de apoyo, como lo es también Phyllis, mi madre, que fue quien más estimuló mi pasión por leer y escribir. Victor, mi padre, ya no está con nosotros, pero este libro nació de nuestras maravillosas aventuras navegando juntos a vela. Él siempre fue un capitán justo y bondadoso.

Para terminar, hay tres personas que lo son todo para mí: Kyra, Zachary y Ella. No hay palabras para expresar mi gratitud hacia ellos, y por una vez, como escritor, pondré fin en reverente silencio.

NOTAS

Un día, hace varios años, visité los Archivos Nacionales Británicos, en Kew, donde hice una petición. Al cabo de unas horas recibí una caja; dentro había un manuscrito mohoso y polvoriento. Para evitar deteriorarlo aún más, abrí suavemente la cubierta utilizando un rotulador. Las páginas estaban organizadas en columnas, con encabezados como «mes y año», «rumbo» del barco y «Observaciones e incidentes reseñables». Las entradas, escritas a pluma y tinta, estaban manchadas, y la letra era tan pequeña y enrevesada que me costó descifrarla.

El 6 de abril de 1741, con el barco intentando doblar el cabo de Hornos, un oficial escribió, al pie de Observaciones: «Velas y aparejo en malas condiciones, y los hombres muy enfermos». Varios días después, anotaba: «Perdemos de vista al comodoro y toda la escuadra». Las entradas eran cada vez más pesimistas: el barco se hacía pedazos, los hombres se estaban quedando sin agua potable. El 21 de abril se leía esto: «Timothy Picaz, marinero, pasó a mejor vida [...] Thomas Smith, inválido, pasó a mejor vida [...] John Paterson, inválido, y John Fiddies, marinero, pasaron a mejor vida».

El libro era solo uno de entre los muchos cuadernos de bitácora que habían sobrevivido a la expedición dirigida por George Anson. Incluso más de dos siglos y medio después, hay un sorprendente tesoro de documentos de primera mano, incluidos aquellos que hablan con detalle del calamitoso naufragio del *Wager*, embarrancado frente a una desolada isla de la costa patagónica. Hablamos no solo de diarios de a bordo, sino también de correspondencia, diarios personales, registros de tripulantes, testimonios del consejo de guerra, informes del Almirantazgo y otros documentos del gobierno. A todo ello hay que añadir numerosas crónicas aparecidas en la prensa de la época, así como baladas marineras y bosquejos hechos durante la travesía. Y, cómo no, las vívidas narraciones que muchos de los propios protagonistas consiguieron publicar.

El libro que el lector tiene en sus manos bebe sobre todo de este rico material. Mis descripciones de la isla Wager y la zona circundante se beneficiaron además de mi propio viaje de tres semanas a la zona, que me proporcionó al menos un atisbo del asombro y el horror que experimentaron los náufragos.

Para describir la vida dentro del mundo de madera en el siglo XVIII, recurrí también a diarios, tanto publicados como inéditos, de otros marinos. Y me serví de la obra de varios magníficos historiadores. El libro de Glyn Williams *The Prize of All the Oceans* sigue siendo invaluable, lo mismo que su colección de registros primarios titulada *Documents Relating to Anson's Voyage Round the World*. Otras fuentes cruciales fueron el revolucionario *British Naval Administration in the Age of Walpole*, de Daniel Baugh; la iluminadora historia del reclutamiento forzoso, obra de Denver Brunsman, *The Evil Necessity*; los brillantes estudios de Brian Lavery sobre construcción naval y vida marinera, entre ellos *The Arming and Fitting of English Ships of War, 1600–1815* y su colección revisada de registros primarios *Shipboard Life and Organisation, 1731–1815*; y la monumental *The Wooden World*, de N. A. M. Rodger. El contralmirante C. H. Layman también ha reimpreso varios registros clave en su colección revisada de documentos primarios *The Wager Disaster*. Por lo demás, me basé en muchas y extensas entrevistas con estos y otros expertos.

En la bibliografía he subrayado todas las fuentes de importancia. Si creía estar en deuda de manera especial con un libro o artículo, intenté citarlo también en las notas. Todo cuanto aparece entrecomillado en el texto procede directamente de un diario, cuaderno de bitácora, carta u otra fuente. Para mayor claridad, he modernizado algunas palabras así como signos de puntuación. Todas las citas están reflejadas en las notas.

FUENTES INÉDITAS Y DE ARCHIVO

BL   British Library

ADD MSS   Additional Manuscripts [Manuscritos Adicionales]

ERALS   East Riding Archives and Local Studies [Archivos y Estudios Locales de Yorkshire Oriental]

HALS   Hertfordshire Archives and Local Studies [Archivos y Estudios Locales de Hertfordshire]

JS   Papeles de Joseph Spence en la Colección James Marshall y Marie-Louise Osborn, Beinecke Rare Book and Manuscript Library, Universidad de Yale

LOC   Library of Congress, Washington, DC [Biblioteca del Congreso, Washington, DC]

NMM   National Maritime Museum, Greenwich, London [Museo Marítimo Nacional, Greenwich, Londres]

ADM B   Letters from the Navy Board to the Admiralty [Cartas de la Junta Naval al Almirantazgo]

ADM L   Admiralty: Lieutenant's Logs [Almirantazgo: Diarios de a bordo de tenientes]

HER   Colección Heron-Allen, que incluye cartas y retratos de oficiales navales

HSR   Manuscript ducuments [Documentos manuscritos]

JOD   Journals and diaries [Cuadernos de viaje y diarios personales]

LBK   Letter books of naval officers [Epistolarios de oficiales navales]

PAR/162/1   Colección personal de sir William Parker, almirante de la flota, 1781–1866

POR   Cartas e informes de los Astilleros de Portsmouth

NLS   National Library of Scotland, Edinburgh [Biblioteca Nacional de Escocia, Edimburgo]

NRS   National Records of Scotland, Edinburgh [Archivos Nacionales de Escocia, Edimburgo]

CC8   Testamentos y últimas voluntades

JC26/135   Archivos judiciales

SIG1   Archivos territoriales

OHS   Oregon Historical Society, Portland [Sociedad Histórica de Oregón, Portland]

TNA   The National Archives, Kew, Surrey [Los Archivos Nacionales, Kew, Surrey]

ADM 1   Correspondencia y papeles oficiales del Almirantazgo

ADM 1/5288   Archivos sobre consejo de guerra del Almirantazgo

ADM 3   Actas de la junta del Almirantazgo

ADM 6   Hojas de servicios, registros, remuneraciones y certificados del Almirantazgo

ADM 8   Registros de listas del Almirantazgo

ADM 30   Junta Naval: Oficina de Pagos

ADM 33   Libretas de pago para barcos

ADM 36   Registros de personal para barcos

ADM 51   Cuadernos de bitácora de capitanes

ADM 52   Cuadernos de bitácora de maestres

ADM 55   Cuadernos y diarios suplementarios de barcos en exploración

ADM 106   Junta Naval: en cartas

HCA   High Court of Admiralty records [archivos del Alto Tribunal del Almirantazgo]

PROB 11   Copias de testamentos del Tribunal de Prerrogativas de Canterbury

SP   Archivos reunidos por la State Paper Office [Oficina de Papeles del Estado], incluidos documentos de las Secretarías de Estado

RLSA   Rochdale Local Studies and Archive, Rochdale,

England [Archivo y Estudios Locales de Rochdale, Rochdale, Inglaterra]

SL State Library of New South Wales, Australia [Biblioteca Estatal de Nueva Gales del Sur, Australia]

USASC University of St. Andrews Special Collections, Scotland [Colecciones Especiales de la Universidad de St. Andrews, Escocia]

WSRO West Sussex Record Office, England [Archivos Públicos de Sussex Occidental, Inglaterra]

Prólogo

15 aquel extraño objeto: Mi descripción de la llegada de las embarcaciones se basa en diarios, despachos, narraciones publicadas y correspondencia privada de los supervivientes. Para más información, véase *A Voyage to the South Seas,* de John Bulkeley y John Cummins; *The Narrative of the Honourable John Byron,* de John Byron; *The Sequel to Bulkeley and Cummins's «Voyage to the South Seas»,* de Alexander Campbell; *The Wager Disaster,* de C. H. Layman; y archivos en TNA-ADM 1 y JS.

16 «la naturaleza humana»: *A Voyage to the South Seas,* Bulkeley y Cummins, p. xxxi. John Cummins, el carpintero del Wager, consta como coautor del diario, pero fue Bulkeley quien lo escribió.

16-17 «había perdido la cabeza»: *The Narrative of the Honourable John Byron,* Byron, p. 170.

17 «turbio e intrincado»: *A Voyage to the South Seas,* Bulkeley y Cummins, p. xxiv.

17 «narración veraz»: *The Sequel to Bulkeley and Cummins's «Voyage to the South Seas»,* cubierta del libro.

17 «he tenido»: Ibíd., pp. vii-viii.

18 «narración imperfecta»: *A Voyage to the South Seas,* Bulkeley y Cummins, p. 72.

18 «mancillado»: Ibíd.

18 «Nuestro éxito»: Ibíd., p. xxiv.

Capítulo 1

21 David Cheap: Poca cosa se ha publicado sobre los antecedentes de Cheap, y el retrato que hago de él bebe en su mayoría de fuentes inéditas. Entre ellas los papeles de su familia, su correspondencia privada, sus diarios de a bordo y despachos. He echado mano asimismo de los diarios y relatos redactados por amigos y enemigos suyos. Para más información, ver archivos en JS, TNA, NMM, USASC, NLS y NRS. Véase también *A Voyage to the South Seas*, de Bulkeley y Cummins; *The Narrative of the Honourable John Byron*, de Byron; *The Sequel to Bulkeley and Cummins's «Voyage to the South Seas»*, de Campbell; y *Anecdotes and Characters of the Times*, de Alexander Carlyle.

21 Cheap: Tradicionalmente, el apellido se escribía Cheape. Sin embargo, en relatos del viaje, tanto de la época como modernos, suele aparecer como Cheap; para evitar confusiones, he recurrido a esta última grafía.

22 George Anson: Mi retrato de Anson bebe de los archivos escritos inéditos que dejó, incluida su correspondencia con el Almirantazgo y los diarios de a bordo de sus viajes. He recurrido asimismo a descripciones de su persona en cartas, diarios personales y otros escritos a cargo de parientes, colegas de profesión y contemporáneos suyos. Por lo demás, he sacado provecho de varios relatos publicados. Entre estos destacaré *The Life of Admiral Lord Anson: The Father of the British Nav, 1697–1762*, de Walter Vernon Anson; *The Life of Lord George Anson*, de John Barrow; la entrada sobre Anson de N. A. M. Rodger en el *Oxford Dictionary of National Biography*, así como en *Precursors of Nelson*, editado por Peter Le Fevre y Richard Harding; *Admirals: The Naval Commanders Who Made Britain Great*, de Andrew D. Lambert; *Anson's Navy: Building a Fleet for Empire 1744–1763*, de Brian Lavery; *A Voyage Round the World*, de Richard Walter; *Admiral Lord Anson: The Story of Anson's Voyage and Naval Events of His Day*, de S. W. C. Pack; y *The Prize of All the Oceans*, de Glyn Williams.

Por último, debo dar las gracias al historiador Lavery por compartir conmigo un escrito no publicado sobre Anson.

22 no ostentaba: Aunque Anson no podía aportar el tipo de relaciones de familia que propiciaban el ascenso de muchos oficiales, tampoco estaba totalmente desprovista de ellas. Su tía estaba casada con el conde de Macclesfield. Más tarde, gracias a su meritorio historial, Anson consiguió el respaldo de gente influyente, entre ellos Philip Yorke, primer conde de Hardwicke.

22 subían en el escalafón: Una carta que un capitán envió a un colega suyo capta a la perfección de qué manera este mecenazgo, o «interés», funcionaba en la Marina Real. «Debo rogarle que utilice ahora todo su interés con sus amigos nobles e importantes a fin de que ahora puedan ascenderme a oficial superior», escribió dicho capitán.

23 «Para variar, Anson»: Citado en *The Life of Lord George Anson*, Barrow, p. 241.

23 «Le gustaba muy poco leer»: Citado en «George, Lord Anson», Rodger, en la obra *Precursors of Nelson*, ed. Le Fevre y Harding, p. 198.

23 «dado la vuelta»: Ibíd., p. 181.

23 «Tenía un elevado sentido»: Ibíd., p. 198.

23 «estar a la altura»: *The Life of Augustus, Viscount Keppel, Admiral of the White, and First Lord of the Admiralty in 1782-3*, Thomas Keppel, vol. 1, p. 172.

23 «Ningún hombre será»: Citado en *The Life of Samuel Johnson*, James Boswell, p. 338.

24 «Cuanto antes se marche»: Autobiografía inédita de Andrew Massie, que hice traducir del latín al inglés, NLS.

24 «desdichado destino»: Informe de Cheap a Richard Lindsey, 26 de febrero, 1744, JS.

24 unos cuantos piratas: Un capitán bajo cuyo mando había estado Cheap dejó escrita una descripción del abordaje de su barco en el Caribe por una horda de piratas. «El enemigo atacó ferozmente blandiendo lanzas y machetes e hiriéndonos a mí y a mi gente de la manera más bárbara –informa-

ba el oficial, y añadía—: Además de dos balas de mosquete que recibí en el muslo derecho en plena acción, me hicieron tres tajos en la cabeza».

25 «asunto de vapores»: *Anecdotes and Characters of the Times*, Carlyle, p. 100.

25 «un hombre juicioso»: Ibíd., p. 99.

25 «Este conflicto»: Para más información acerca de la guerra, ver *Disaster on the Spanish Main*, de Craig S. Chapman, y *The War of Jenkins' Ear: The Forgotten War for North and South America*, de Robert Gaudi.

26 dentro de un frasco: El poeta Alexander Pope entronizó aún más la historia al escribir que «los españoles hicieron algo muy ocurrente» al «podarnos las orejas y enviárselas al Rey».

26 «causa al servicio»: Citado en *History of England: From the Peace of Utrecht to the Peace of Versailles*, Philip Stanhope Mahon, vol. 2, p. 268.

26 doblar el cabo de Hornos: En las instrucciones se mencionaba asimismo la alternativa de atravesar el estrecho de Magallanes, un traicionero pasadizo entre el extremo meridional del continente sudamericano y Tierra del Fuego. Pero el comodoro Anson tenía previsto ir por el cabo de Hornos.

26 «tomando, hundiendo»: Instrucciones para el comodoro Anson, 1740, en *Documents Relating to Anson's Voyage Round the World*, Glyndwr Williams, ed., p. 35.

27 una crónica de la singladura: Para simplificar las cosas, en adelante aludo a este escrito como el relato del reverendo Walter.

27 «el botín más deseable»: *A Voyage Round the World*, Walter, p. 246. En una de las ediciones, la cita aparece con ligeras diferencias; he recurrido a la que aparece normalmente.

27 «si Dios tiene a bien»: Ibíd., p. 37.

27 «en el mayor»: Extracto de «A Journal of My Proceedings», sir John Norris, 1739-40, incluido en *Documents Relating to Anson's Voyage Round the World*, Williams, ed., p. 12.

27 «máxima vital»: *A Voyage Round the World*, Walter, pp. 95-96.

28 «Aquel que domina»: Citado en *Sea Power*, Luc Cuyvers, p. xiv.

29 «nada que hacer»: *The Life of Augustus, Viscount Keppel, Admiral of the White, and First Lord of the Admiralty in 1782-3*, Keppel, vol. 1, p. 155.

29 Los astilleros reales: No hay estudio más importante sobre la administración de la Marina Real durante este periodo que el libro de Daniel Baugh *British Naval Administration in the Age of Walpole*. Además de a esta obra, recurrí también a su colección de documentos de primera mano *Naval Administration, 1715-1750*, así como a extensas entrevistas con Baugh.

29 hechos básicamente de: Para más información sobre la construcción y equipamiento de los buques de guerra, consultar las muy valiosas obras de Brian Lavery, en especial su *Building the Wooden Walls: The Design and Construction of the 74-Gun Ship Valiant* y *The arming and Fitting of English Ships of War, 1600-1815*. Lavery fue además muy generoso conmigo en innumerables charlas y a la hora de verificar lo escrito en estas secciones del libro.

29 talar cuarenta hectáreas: El tipo de roble grueso necesario para el casco —sobre todo la codiciada variedad con curvatura natural empleada para las cuadernas— tardaba alrededor de cien años en alcanzar la madurez. Los constructores buscaban buena madera por todo el globo. Muchos de los mástiles —los «palos», que se hacían con un tipo de madera más flexible, como la de pino— se importaban de las colonias americanas. En 1727, el contratista de la Marina Real en Nueva Inglaterra informaba de que en un solo invierno «se cortaron no menos de treinta mil pinos», y que en siete años, si la cosa seguía así, «en todas esas provincias no quedará ni un millar de árboles para mástiles». Es un primer atisbo de la deforestación.

29 roía los cascos: Hasta varias décadas más tarde la Marina Real no empezó a revestir el fondo de sus navíos con cobre en lugar de madera.

29 «corrían peligro»: *Pepys' Memoires of the Royal Navy, 1679-1688*, Samuel Pepys, ed. J. R. Tanner, p. 11.

30 «estado de podredumbre general»: *A Narrative of the Loss of the Royal George at Spithead*, Julian Slight, p. 79.

30 «tan carcomido»: Carta de Jacob Acworth al secretario del Almirantazgo Josiah Burchett, 15 de agosto, 1739, NMM-ADM B.

30 «muy roídas por las ratas»: Diario de a bordo de Anson en el Centurion, NMM-ADM L.

30 «no les gusta»: *Observations on Some Points of Seamanship*, Anselm John Griffiths, p. 158.

30 «extraña manera»: Carta de Cheap al Almirantazgo, 17 de junio, 1740, TNA-ADM 1/1439.

31 «acción y también»: Extracto de «A Journal of My Proceedings», John Norris, 1739-40, en *Documents Relating to Anson's Voyage Round the World*, Williams, ed., p. 12.

31 «Pasé tres semanas»: Citado en *Disciplining the Empire Politics, Governance, and the Rise of the British Navy*, Sarah Kinkel, pp. 98-99.

32 «vuelta de campana»: Diario del capitán Dandy Kidd a bordo del Wager, TNA-ADM 51/1082.

32 corriente abajo: Para más información sobre cómo era pilotar un barco por el río Támesis, ver el excelente libro de G. J. Marcus *Heart of Oak*.

33 patéticos defectos: El guardiamarina del Centurion Augustus Keppel, que con el tiempo llegaría a almirante, comentó sobre un barco que pasaba: «Sigue teniendo el culo gordo».

33 agotado las existencias: Para más información sobre la extraordinaria crisis de personal y la administración naval de la época, ver *British Naval Administration in the Age of Walpole*, de Baugh, y su colección editada de documentos, *Naval Administration, 1715-1750*.

33 El «primer» primer ministro: Aunque en aquel tiempo el término «primer ministro» no se utilizaba, los historiadores actuales consideran a Walpole el «primer» primer ministro del país.

33 «¡Oh, gente de mar!»: Citado en *British Naval Administration in the Age of Walpole*, Baugh, p. 186.

34 «cazar al vuelo»: *The Medical Pilot, or, New System,* Thomas Gibbons Hutchings, p. 73.

34 «estado muy abúlico»: Informe de Cheap a Lindsey, 26 de febrero, 1744, JS.

34 devastadora epidemia: Para más información sobre el impacto de la epidemia de tifus en la Armada, ver *British Naval Administration in the Age of Walpole,* de Baugh. Ver también *An Essay on the Most Effectual Means of Preserving the Health of Seamen in the Royal Navy,* de James Lind.

34 falta de higiene: James Lind, el cirujano naval que revolucionó los métodos de higiene en el servicio, escribió que un solo enfermo podía infectar a un barco entero, que a su vez se convertía en un «seminario de contagio a toda la flota».

34 «En estas miserables»: Citado en *British Naval Administration in the Age of Walpole,* Baugh, p. 181.

34 «más agresiva»: Ibíd., p. 148.

35 «apresar a todo»: Memorial del Almirantazgo al rey en consejo privado, 23 de enero, 1740, en *Naval Administration, 1715-1750,* Baugh, ed., p. 118.

35 «¿En qué barco estás?»: *Landsman Hay: The Memoirs of Robert Hay,* Robert Hay, ed. Vincent McInerney, p. 195.

35 También había patrullas: Un oficial del Centurion escribió en su diario de a bordo: «El alférez de navío y 27 hombres zarparon de aquí para reclutar marineros».

35 «Prefiero un joven»: Citado en *Heart of Oak,* de Marcus, p. 80.

35 cuanto estuvo en su mano: A veces había derramamiento de sangre. Cierto capitán informó de que los renuentes abrieron fuego contra su patrulla de reclutamiento cuando intentaron abordar su embarcación. «Ordené entonces a mis hombres que entraran armados con alfanjes», escribió. Cinco de ellos murieron.

36 «con una capa»: Citado en *The Evil Necessity: British Naval Impressment in the Eighteenth-Century Atlantic World,* Denver Brunsman, p. 184.

36 «Pasamos allí apretujados»: *Jack Nastyface: Memoirs of an English Seaman*, William Robinson, pp. 25-26.

36 «En mi vida»: *Everybody's Pepys: The Diary of Samuel Pepys*, Pepys, ed. O. F. Morshead, p. 345.

37 desertaban a la primera: Si un desertor era capturado, se enfrentaba a la perspectiva de morir en la horca, o, como un capitán solicitó en una ocasión al Almirantazgo, «algún otro castigo más terrible que la muerte». No obstante, muy pocos desertores fueron ejecutados. La Armada no podía permitirse matar a tantos hombres de mar cuando los necesitaba desesperadamente. Y los pocos que fueron detenidos eran devueltos normalmente a sus barcos. Pero en la escuadra de Anson, según informó un oficial, hubo un desertor que «sedujo a varios de los nuestros para fugarse, e hizo cuanto estuvo en su mano para impedir que otros regresaran», y tras ser apresado por este y otros delitos hubo que atarlo con cadenas a uno de los cáncamos… «un verdadero castigo para él».

37 «largarse en cuanto»: Citado en *British Naval Administration in the Age of Walpole*, Baugh, p. 184.

37 Entre una cosa y otra: La cifra está basada en mi análisis de los libros de registro de personal de los cuatro buques de guerra y la balandra Trial.

37 «Daría lo que fuese»: Citado en *The British Sailor: A Social History of the Lower Deck*, Peter Kemp, p. 186.

37 «honor, coraje»: Informe de Cheap a Lindsey, 26 de febrero, 1744, JS.

37 «vienen cojitrancos»: Citado en *British Naval Admnistration in the Age of Walpole,* Baugh, 165.

38 el gobierno envió: Para mi descripción de los infantes de marina he recurrido a las narraciones de primera mano de miembros de la expedición. Me sirvió también la soberbia obra histórica de Glyn Williams titulada *The Prize of All the Oceans*. Según informes médicos que Williams pudo rescatar, uno de los inválidos había sido previamente «herido en el muslo derecho», y la pierna izquierda y el estómago le «dolían

debido a un obús». Otro aparecía en la lista como «paralítico y muy achacoso».

38 eran «inservibles»: Citado en *The Prize of All the Oceans*, Williams, p. 22.

38 «viejos, lisiados»: *The Records of the War Office and Re lated Departments*, Michael Roper, p. 71.

38 «una colección»: *A Voyage Round the World*, Walter, pp. 7-8.

38 «Todos aquellos»: Ibíd.

38 «Con toda probabilidad»: Ibíd.

39 «todo a punto»: *A Voyage to the South-Seas, and to Many Other Parts of the World, Performed from the Month of September in the Year 1740, to June 1744, by Commodore Anson*, anónimo, p. 12.

39 el Trial: El nombre del barco aparece en algunos documentos como Tryal o Tryall, pero yo he optado por la grafía moderna: Trial.

39 «a la espera»: *Daily Post* de Londres, 5 de septiembre, 1740.

40 «A los hombres»: *A Voyage to the South Seas*, Bulkeley y Cummins, p. 1.

Capítulo 2

41 John Byron despertó: Mi estudio de Byron bebe principalmente de sus diarios; su correspondencia con familiares y amigos; sus informes al Almirantazgo a lo largo de los años; los diarios de a bordo en los diferentes barcos en los que navegó; relatos de primera mano publicados por sus colegas oficiales y marinos, y crónicas aparecidas en periódicos de la época. Además, recurrí a diversos libros sobre Byron y la historia de su familia, entre ellos *The Fall of the House of Byron: Scandal and Seduction in Georgian England*, de Emily Brand; *Byron: Life and Legend*, de Fiona MacCarthy; y *The Byrons and Trevanions*, de A. L. Rowse.

42 «platos, vasos», *Royal William: The Story of a Democrat*, Doris Leslie, p. 10.

42 «un talante tan irascible»: *A Voyage to the South Seas*, Bulkeley y Cummins, p. 135.

43 Newstead Abbey: Washington Irving describió la finca de los Byron como «uno de los mejores especímenes existentes de esas pintorescas y románticas construcciones, mitad castillo, mitad convento, que permanecen como monumentos de los viejos tiempos de Inglaterra».

43 «La mansión propiamente»: *The Poetical Works of Lord Byron*, George Gordon Byron, p. 732.

43 «La casa de»: Ibíd., p. 378.

44 «un honorable servicio»: *The Diary of Samuel Pepys*, Pepys, ed. Robert Latham y William Matthews, vol. 2, p. 114.

44 una «perversión»: Citado en *The Wooden World: An Anatomy of the Georgian Navy*, N. A. M. Rodger, p. 115.

45 «¡Dioses, qué diferencia!»: *The Life of a Sailor*, Frederick Chamier, p. 10.

45: «nada saludables malos olores»: Citado en *The Safeguard of the Sea*, N. A. M. Rodger, p. 408.

45 «el campeón de»: *Scottish Notes and Queries*, John Bulloch, p. 29.

46 Había hombres: Las mujeres no estaban autorizadas a servir en la Armada, aunque algunas intentaron disfrazarse de hombres; y, en ocasiones, los oficiales llevaban consigo a sus cónyuges.

46 enrolaba a negros: Para más información sobre marineros negros en este periodo, véase *Black Jacks: African-American Seamen in the Age of Sail*, de W. Jeffrey Bolster, y la colección editada de obras de Olaudah Equiano titulada *The Interesting Narrative and Other Writings*.

46 «se podría decir»: Citado en *From the Lower Deck*, Henry Baynham, p. 116.

47 «El capitán, para»: *Life in Nelson's Navy*, Dudley Pope, p. 62.

47 Robert Baynes: El teniente del Wager, Baynes, dejó

poca correspondencia y pocos testimonios, y gran parte de lo que se sabe sobre él proviene de comentarios de otros miembros de la tripulación. Sobre su familia sí hay mucha información. Entre otras fuentes, véase «The Fracturing of the Cromwellian Alliance: Leeds and Adam Baynes», de Derek Hirst; *Letters from Roundhead Officers Written from Scotland and Chiefly Addressed to Captain Adam Baynes, July MDCL-June MCDLX*, de John Yonge Akerman; y *The Army in Cromwellian England, 1649-1660*, de Henry Reece. También entrevisté a Derek Hirst acerca de la familia Baynes y hablé con una descendiente de Baynes, Stella Herbert, quien tuvo la amabilidad de compartir conmigo información que había reunido sobre Robert Baynes.

48 En el escalón inferior: Había también un tercer grupo que eran los marineros estacionados a popa. Aunque su puesto estaba en el castillo, no daban órdenes sino que las recibían. Hacían tareas rudimentarias como apuntalar las velas de mesana o frotar el puente con unas piedras con forma de ladrillo llamadas *holystones* sobre las cuales se arrodillaban como para rezar.

49 «un conjunto de maquinaria *humana*»: *Thirty Years from Home, or, A Voice from the Main Deck,* Samuel Leech, p. 40.

49 una civilización tan misteriosa: Mi retrato de la vida a bordo parte de numerosas fuentes, publicadas y no publicadas. Estoy en deuda de manera especial con la asombrosa obra histórica de Rodger *The Wooden World; Jack Tar*, de Adkins y Adkins; *Shipboard Life and Organisation, 1731-1815*, de Lavery, una increíble compilación de documentos primarios; y los diarios y cuadernos de bitácora de diversos hombres de mar, entre ellos los de quienes fueron en la larga travesía de Anson. Me serví asimismo de entrevistas con expertos en este campo, entre ellos Lavery, Rodger, Baugh y Brunsman.

49 «siempre dormido»: Citado en *The Wooden World*, Rodger, p. 37.

50 «Que cualquier tonto»: *Sailor's Letters*, Edward Thompson, vol. 1, pp. 155-156.

50 a maldecir como tal: En un ensayo publicado en 1702, el autor lamentaba que los oficiales insultaran a sus hombres llamándolos «hijos de eternas putas» y «sangre de zorras eternas», y añadía que también «maldecían en el nombre de Nuestro Señor Jesucristo... con otras muchas impías expresiones que no sería apropiado mencionar».

51 La comida: Sin refrigeración, ese milagroso invento del siglo XIX, la única forma de conservar los alimentos era secarlos, salarlos o encurtirlos.

51 «Nunca he conocido»: *The Narrative of the Honourable John Byron*, Byron, p. 39.

51: uno o dos violinistas: Byron recordaba que en una travesía cierto oficial se arrancó a «tocar el violín y nuestra gente bailó».

52 *They cut off*: *Naval Songs and Ballads*, de Charles Harding Firth, p. 172.

52 «de lo más sorprendente»: *Byron's Journal of His Circumnavigation, 1764-1766*, Robert E. Gallagher, ed., p. 35.

53 «Dieron de cabeza»: *Sailor's Letters*, Thompson, vol. 2, p. 166.

53 «Soy capaz de soportar»: *A Voyage to the South Seas*, Bulkeley y Cummins, p. 77.

55 «La primera vez»: *Redburn: His First Voyage: Being the Sailor-Boy Confession and Reminiscences of the Son-of-a-Gentleman, in the Merchant Service*, Herman Melville, pp. 132-133.

55 Situado ahora: Tras muchos intentos de trepar por el palo mayor, Byron escribiría con toda su flema que subió «de un tirón».

55 «pensados por la Providencia»: *A Voyage Round the World*, Walter, p. 17.

56 «Todos teníamos en mente»: Ibíd., p. 11.

56 «Gravemente enfermo»: Carta del capitán Norris a Anson, 2 de noviembre, 1740, TNA-ADM 1/1439.

56 «cobardía, negligencia»: *Articles of War: The Statutes Which Governed Our Fighting Navies, 1661, 1749, and 1886*, de N. A. M. Rodger, p. 24.

56 «un hombre más bien»: *Literay Anecdotes of the Eighteenth Century*, John Nichols, p. 782.

56 «¡Malhadado sea!»: «A Volume of Letters from Dr. Berkenhout to His Son, at the University of Cambridge», Berkenhout, p. 116.

56 «dejó» el mando: *A Voyage Round the World*, Walter, p. 18.

56 «exagerados indicios»: «An Appendix to the Minutes Taken at a Court-Martial, Appointed to Enquire into the Conduct of Captain Richard Norris», p. 24.

56 «borrar esa infamia»: Carta del capitán Norris al Almirantazgo, 18 de septiembre, 1744, TNA-ADM 1/2217.

57 «meritorio y compasivo»: *A Voyage to the South-Seas, and to Many Other Parts of the World, Performed from the Month of September in the Year 1740, to June 1744, by Commodore Anson... by an Officer of the Squadron*, anónimo, p. 18.

57 «cortejan el favor»: *Naval Yarns of Sea Fights and Wrecks, Pirates and Privateers from 1616-1831 as Told by Men of Wars' Men*, W. H. Long, ed., p. 86.

58 «información confidencial»: Andrew Stone a Anson, 7 de agosto, 1740, en *Documents Relating to Anson's Voyage Round the World*, Williams, ed., p. 53.

58 «estaba pensada para»: *A Voyage Round the World*, Walter, p. 19.

58 «En fuerza numérica»: Ibíd., p. 20.

CAPÍTULO 3

59 «nunca había visto»: Citado en *Jack Tar*, Adkins y Adkins, p. 270.

59 los enormes cañones: Para más información sobre cómo se preparaban para el combate los hombres de los buques de guerra británicos, véase *Jack Tar*, de Adkins y Adkins; *Men-of-War: Life in Nelson's Navy*, de Patrick O'Brian; *Tars: The Men Who Made Britain Rule the Waves*, de Tim Clayton;

Heart of Oak, de G. J. Marcus; *Shipboard Life and Organisation*, de Lavery; y *The Wooden World*, de Rodger. Véanse también los numerosos aportes de primera mano de hombres de mar como William Dillon y Samuel Leech.

61 estaban echando fuego: Durante las prácticas, muchos cañones disparaban proyectiles de fogueo a fin de ahorrar munición.

61 «reírse de la maldad»: *The Life of a Sailor*, Chamier, p. 93.

62 «El artillero naval»: *Sir William Monson's Naval Tracts: In Six Books*, William Monson, p. 342.

62 «el Jardín del Señor»: *A Voyage to the South Seas*, Bulkeley y Cummins, p. xxi.

62 «la oración a bordo»: Ibíd., p. 45.

62 «hacer que un hombre»: *The Christian's Pattern, or, A Treatise of the Imitation of Jesus Christ*, Thomas de Kempis, p. 19.

62 «¿acaso la vida...?»: Ibíd., p. 20.

62 «el terror de»: *A Voyage to the South Seas*, Bulkeley y Cummins, p. xxi.

62 «un hombre sobrio»: *The Practical Sea-Gunner's Companion, or, An Introduction to the Art of Gunnery*, William Mountaine, p. ii.

62 «los estratos inferiores»: Ibíd.

63 «Aunque yo era»: *A Voyage to the South Seas*, Bulkeley y Cummins, p. 5.

63 práctica que él juzgaba «degenerada»: Ibíd., p. xxiii.

63 «Al muy arraigado estilo»: *The Wooden World*, Rodger, p. 20.

63 «Me instó a»: *A Voyage to the South Seas*, Bulkeley y Cummins, p. 136.

64 Estos cuadernos: Mi comprensión de los diarios de a bordo y los relatos marítimos le debe mucho a dos excelentes fuentes de información: *The Story of the Voyage: Sea-Narratives in Eighteenth-Century England*, de Philip Edwards, y *To Swear Like a Sailor: Maritime Culture in America, 1750-1850*, de Paul A. Gilje.

64 «tediosas relaciones»: *The Novels and Miscellaneous Works of Daniel Defoe*, Daniel Defoe, p. 194.

64 *Osados eran*: *A Voyage to the South Seas*, Bulkeley y Cummins, portada.

65 «cuadernos de memoria»: *To Swear Like a Sailor*, Gilje, p. 66.

65 «llevarlos cuidadosamente»: *The Seaman's Friend: A Treatise on Practical Seamanship*, R. H. Dana, p. 200.

65 Estos cuadernos de bitácora: Para más información acerca del creciente interés en los relatos marítimos de ese periodo, véase *The Story of the Voyage*, de Edwards.

65 «en nuestros tiempos»: Citado en *The Story of the Voyage*, Edwards, p. 3.

65 «incompetente»: *A Narrative of Commodore Anson's Voyage into the Great South Sea and Round the World*, Lawrence Millechamp, NMM-JOD/36.

66 un frente de batalla: Para más información acerca de tácticas de batalla naval, véase el muy recomendable *Fighting at Sea in the Eighteenth Century: The Art of Sailing Warfare*, de Sam Willis.

66 Era el modo en que: El historiador Sam Willis escribe que este frente de batalla estaba considerado «el santo grial de la actuación de una flota».

66 «sorprender y confundir»: Citado en *Fighting at Sea in the Eighteenth Century*, Willis, p. 137.

66 ¡Ah del calcés!: *Thirty Years from Home*, Leech, p. 83.

67 asedio invisible: Para más información sobre la epidemia de tifus que diezmó la expedición, ver, entre otras fuentes, *Log of the Centurion*, de Heap; *The Life of Augustus, Viscount Keppel, Admiral of the White, and First Lord of the Admiralty in 1782-3*, de Keppel, vol. 1; *A True and Impartial Journal of a Voyage to the South-Seas*, de Pascoe Thomas; *Commodore Anson's Voyage into the South Seas and Around the World*, de Boyle Somerville; *A Voyage Round the World*, de Walter; y *The Prize of All the Oceans*, de Williams. Véanse también los diversos cuadernos de bitácora y listas de personal de cada uno de los barcos de la

escuadra, que brindan un vívido e inquietante registro del enorme peaje pagado.

67 «Nuestros hombres estaban»: *The Life of Augustus, Viscount Keppel, Admiral of the White, and First Lord of the Admiralty in 1782-3*, Keppel, vol. 1, p. 24.

68 «máquina para minimizar»: «The Description and Draught of a Machine for Reducing Fractures of the Thigh», Henry Ettrick, *Philosophical Transactions* 459, XLI (1741), p. 562.

68 «torrente de palabras»: *A True and Impartial Journal of a Voyage to the South-Seas*, Pascoe Thomas, p. 142.

69 «abrir la boca»: *A Narrative of Commodore Anson's Voyage into the Great South Sea and Round the World*, Millechamp, NMM-JOD/36.

69 «Se requerían varios»: *The Spectator*, 25 de agosto y 1 de septiembre, 1744.

69 «Me sorprendía»: *The Works of Tobias Smollett: The Adventures of Roderick Random*, Tobias Smollett, vol. 2, p. 54.

70 «derramaran sobre él»: Citado en *Five Naval Journals, 1789-1817*, H. G. Thursfield, ed., p. 35.

70 Siguiendo la tradición: Para más información acerca de los rituales del sepelio en el mar, véanse, entre otras fuentes, *Jack Tar*, de Adkins y Adkins; *From the Lower Deck*, de Baynham; *Rough Medicine: Surgeons at Sea in the Age of Sail*, de Joan Druett; *Life in Nelson's Navy*, de Pope; *18th Century Royal Navy*, de Rex Hickox; y *Five Naval Journals, 1789-1817*, de Thursfield.

70 «La muerte siempre»: *Two Years Before the Mast, and Twenty-Four Years After*, Dana, p. 37.

72 «a los pecadores»: *De Peste, or the Plague*, de John Woodall, prefacio.

72 «El carguero se ha separado»: *A Voyage to the South Seas*, Bulkeley y Cummins, p. 2.

72 más de sesenta y cinco: El recuento de víctimas mortales está basado en mi examen de los libros de registro de personal del Pearl, el Centurion, el Severn y el Gloucester. Comoquiera que numerosos archivos del Wager se perdieron

durante el naufragio, no es posible dar una cifra precisa de las muertes que la dotación sufrió a causa del tifus, aunque se sabe que fueron numerosas. Tampoco he incluido las muertes ocurridas a bordo del Trail ni de los dos cargueros, el Industry y el Anna. Así pues, la cifra que doy en el texto es tirando por lo bajo, pero aun así queda claro que el peaje pagado fue mucho mayor de lo que normalmente se creía.

72 «no solo terrible»: *A Voyage Round the World*, Walter, p. 42.

73 «parecía sangre»: *A Voyage to the South Seas*, Bulkeley y Cummins, p. 4.

73 «A mediodía vimos»: Ibíd., p. 3.

73 «huyendo de otras zonas»: *A True and Impartial Journal of a Voyage to the South-Seas*, Thomas, p. 12.

74: «pájaro muy peculiar»: Citado en *The Life of Augustus, Viscount Keppel, Admiral of the White, and First Lord of the Admiralty in 1782-3*, Keppel, vol. 1, p. 26.

74 «Era como estar»: Ibíd.

74 la enfermedad: El mal del tifus ya no era la única causa de padecimiento. Probablemente algunos hombres habían contraído malaria y fiebre amarilla. Aunque muchos se quejaban de los mosquitos, no eran conscientes de que estos insectos transmitían enfermedades potencialmente mortales como esas. En cambio, muchos oficiales atribuían las fiebres a las condiciones atmosféricas, lo que el maestro Thomas llamó el «violento calor de este clima, y el aire malsano». El propio término «malaria» refleja este malentendido, pues deriva de las palabras italianas *mala* y *aria*, esto es, «mal aire».

74 «absolutamente necesario»: *A True and Impartial Journal of a Voyage to the South-Seas*, Thomas, p. 10.

74 «cortes y magulladuras»: *A Narrative of Commodore Anson's Voyage into the Great South Sea and Round the World*, Millechamp, NMM-JOD/36.

75 «Lo perdimos de vista»: *A Voyage to the South Seas*, Bulkeley y Cummins, p. 3.

75 «El otro barco»: Informe del teniente Salt al Almirantazgo, 8 de julio, 1741, TNA-ADM 1/2099.

76 «Lamento comunicar»: *Commodore Anson's Voyage into the South Seas and Around the World*, Sommerville, p. 28.

76 «unos tipos valientes»: *A Voyage to the South-Seas, and to Many Other Parts of the World, Performed from the Month of September in the Year 1740, to June 1744, by Commodore Anson… by an Officer of the Squadron*, anónimo, p. 19.

76 «progreso en»: Testamento de Dandy Kidd, TNA-PROB II.

76 aquellos déspotas: Los capitanes tiránicos eran mucho menos comunes de lo que con los años se ha venido creyendo. Si un capitán se ganaba fama de ser cruel en exceso, rápidamente encontraba pocos hombres que quisieran hacerse a la mar con él. Además, el Almirantazgo intentaba arrinconar a estos personajes, si no por razones humanitarias, sí por motivos prácticos: un barco infeliz era un desastre. Un hombre del castillo de proa comentaba que las tripulaciones que recibían un buen trato siempre trabajaban mucho mejor que las que se sentían «tan humilladas en su hombría por recibir palos sin motivo, que no tenían ánimos para casi nada».

77 «¿Cómo lograrás…?», *The Christian's Pattern*, Kempis, p. 41.

77 «Que acabaría en»: *A Voyage to the South Seas*, Bulkeley y Cummins, p. 4.

CAPÍTULO 4

81 «templanza, entereza»: *Recollections of a Naval Life*, Scott, p. 41.

81 «fidelidad a ese ideal»: *Complete Short Stories*, Joseph Conrad, p. 688.

82 Artículos de Guerra: Para más información acerca de estas normas y reglamentos, véase *Articles of War: The Statutes*

Which Governed Our Fighting Navies, 1661, 1749, and 1886, de Rodger.

82 cabo de Hornos: Para describir las condiciones que rodean dicha región eché mano de diarios y cuadernos de bitácora, sobre todo los escritos por hombres de mar que participaron en el viaje de Anson. Recurrí asimismo a diversos relatos publicados, entre ellos *The Cape Horner's Club: Tales of Triumph and Disaster at the World's Most Feared Cape*, de Adrian Flanagan; *The Blind Horn's Hate*, de Richard Hough; *Cape Horn: A Maritime History*, de Robin Knox-Johnston; *Rounding the Horn: Being a Story of Williwaws and Windjammers, Drake, Darwin, Murdered Missionaries and Naked Natives—a Deck's Eye View of Cape Horn*, de Dallas Murphy; y *The Last Time Around Cape Horn: The Historic 1949 Voyage of the Windjammer Pamir*, de William F. Stark y Peter Stark.

83 una expedición británica: Francis Drake atravesó el estrecho de Magallanes en su expedición, pero en la costa occidental de la Patagonia su barco zozobró debido a una tempestad, yendo a parar cerca de Hornos. Aunque no puede decirse que doblara el cabo, encontró la ruta, que luego acabaría llamándose paso Drake.

83 «el mar más demencial»: Citado en *The English Circumnavigators: The Most Remarkable Voyages Round the World*, David Laing Purves, p. 59.

83 «En esos confines»: *Chaqueta Blanca*, Melville, pp. 151-153.

84 el «odio ciego de Hornos»: *The Writings in Prose and Verse of Rudyard Kipling*, Rudyard Kipling, p. 168.

84 Para fijar: Para más información acerca de navegación y longitud, véase el exhaustivo texto de Dava Sobel *Longitude: The True Story of a Lone Genius Who Solved the Greatest Scientific Problem of His Time*. Véanse también otras dos excelentes fuentes: *The Story of Maps*, de Lloyd A. Brown; y *The Quest for Longitude*, de William J. H. Andrewes.

84 el primero en circunnavegar: Magallanes no alcanzó a completar el viaje alrededor del mundo. En 1521 resultó muerto durante una pelea con habitantes de lo que es hoy las

Filipinas, que se habían opuesto a los intentos de Magallanes por convertirlos al cristianismo.

84 «no quieren hablar de»: Citado en *Longitude*, Sobel, prólogo, p. xiii.

85 «Debido al movimiento»: Ibíd., p. 52.

85 «gañidos de»: Ibíd., p. 7.

85 «hombre muy serio»: Citado en *The Story of Maps*, Lloyd A. Brown, p. 232.

86 «era una sentencia»: *Longitude*, Sobel, p. 14.

87 «Tuvimos un tiempo»: *A True and Impartial Journal of a Voyage to the South-Seas*, Thomas, p. 18.

87 «Las únicas criaturas»: *A Narrative of Commodore Anson's Voyage into the Great South Sea and Round the World*, Millechamp, NMM-JOD/36.

87 «abogado mañoso»: Citado en *The Secret Voyage of Sir Francis Drake, 1577-1580*, Samuel Bawlf, p. 104.

88 «¡Mirad!»: Ibíd., p. 106.

88 «asiento de espíritus»: Diario de Saumarez, en *Documents Relating to Anson's Voyage Round the World*, Williams, ed., p. 165.

88 «mitad pez»: *A Narrative of Commodore Anson's Voyage into the Great South Sea and Round the World*, Millechamp, NMM-JOD/36.

88 «Es increíble»: *Byron's Journal of His Circumnavigation, 1764-1766*, Gallagher, ed., p. 62.

88 «un animal bastante»: Ibíd., p. 59.

89 «un agradable efecto»: *A Narrative of Commodore Anson's Voyage into the Great South Sea and Round the World*, Millechamp, NMM-JOD/36.

89 «A veces la tierra»: Ibíd.

89 «ni una sola pizca»: *A True and Impartial Journal of a Voyage to the South-Seas*, Thomas, p. 19.

89 «tan alto que»: *Magellan's Voyage: A Narrative of the First Circumnavigation*, Antonio Pigafetta y R. A. Skelton, p. 46.

90 «de lo contrario»: Órdenes de Anson al capitán Edward Legge el 18 de enero, 1741, TNA-ADM 1/2040.

90 «islas de hielo»: Diario de Saumarez, en *Documents Relating to Anson's Voyage Round the World*, Williams, ed., p. 165.

91 «Aunque Tierra»: *A Voyage Round the World*, Walter, p. 79.

91 «sc alzaban»: *Chaqueta Blanca*, Melville, p. 183.

91 «un semillero»: *A Narrative of Commodore Anson's Voyage into the Great South Sea and Round the World*, Millechamp, NMM-JOD/36.

91 *En lugar de*: *La balada del viejo marinero*, Samuel Taylor Coleridge, p. 18.

91 «Recuerdo que pescamos»: *A Narrative of Commodore Anson's Voyage into the Great South Sea and Round the World*, Millechamp, NMM-JOD/36.

92 «La mañana de este día»: *A Voyage Round the World*, Walter, pp. 80-81.

92 «travesía prodigiosamente»: Diario de a bordo del capitán Matthew Mitchell del Gloucester, 8 de marzo, 1741, TNA-ADM 51/402.

92 «No pudimos»: *A Voyage Round the World*, Walter, p. 80.

93 «El viento era»: *The Last Time Around Cape Horn: The Historic 1949 Voyage of the Windjammer Pamir*, William F. Stark y Peter Stark, pp. 176-177.

93 «aplastar las vidas»: *Fourteen Years a Sailor*, John Kenlon, p. 216.

94 «estuvimos muy cerca de»: *The Narrative of the Honourable John Byron*, Byron, p. 4.

94 «un excelente hombre»: *A Voyage to the South Seas*, Bulkeley y Cummins, p. 73.

CAPÍTULO 5

96 «Por debajo de los»: *Los Angeles Times*, 5 de enero, 2007.

96 «con tal violencia»: *Byron's Journal of His Circumnavigation, 1764-1766*, Gallagher, ed., 32.

96 «una exuberancia»: *A Voyage Round the World*, Walter, p. 109.

96 «de dolores tan»: *A True and Impartial Journal of a Voyage to the South-Seas*, Thomas, p. 142.

96 «el dolor más»: *Byron's Journal of His Circumnavigation, 1764-1766*, Gallagher, ed., p. 116.

97 «Y todavía más»: *A Voyage Round the World*, Walter, p. 109.

97 «este extraño abatimiento»: Ibíd., p. 108.

97 «el derrumbe total»: Citado en *Scurvy*, Lamb, p. 56.

97 caída en la demencia: Durante el brote, el teniente Saumarez observó que varios de los enfermos tenían síntomas de «idiotismo y demencia, además de convulsiones».

97 «les entró en»: *A Voyage to the South-Seas, and to Many Other Parts of the World, Performed from the Month of September in the Year 1740, to June 1744, by Commodore Anson... by an Officer of the Squadron*, anónimo, p. 233.

97 Padecían lo que: Para más información acerca del escorbuto, véanse diversas fuentes, todas excelentes. Entre ellas *The History of Scurvy and Vitamin C*, de Kenneth J. Carpenter; *Limeys: The Conquest of Scurvy*, de David Harvie; *Scurvy: How a Surgeon, a Mariner, and a Gentleman Solved the Greatest Medical Mistery of the Age of Sail*, de Stephen R. Bown; *Scurvy: The Disease of Discovery*, de Jonathan Lamb, de especial interés por su visión de los efectos psíquicos de la enfermedad en los marinos; «The Medical Bequest of Disaster at Sea: Commodore Anson's Circumnavigation, 170-1744», de James Watt; y «Scurvy and Anson's Voyage Round the World, 1740-44: An Analysis of the Royal Navy's Worst Outbreak», de Eleanora C. Gordon. Para entender cómo se percibía (bien o mal) la enfermedad en la era de la navegación a vela, recurrí asimismo a textos médicos de la época, como *An Essay on the Most Effectual Means of Preserving the Health of Seamen in the Royal Navy*, de James Lind; *The Medical Works of Richard Mead*, de Richard Mead; y *Medical and Chemical Essays*, de Thomas Trotter. Sobre los devastadores efectos que la enfermedad

tuvo sobre la escuadra de Anson en concreto, véanse los diarios personales de tripulantes, así como su correspondencia y diarios de a bordo.

97 «la plaga»: Citado en *The History of Scurvy and Vitamin C*, Kenneth J. Carpenter, p. 17.

97 «Me veo incapaz»: Carta de Anson a James Naish, diciembre de 1742, en *Documents Relating to Anson's Voyage Round the World*, Williams, ed., p. 152.

98 «La mayor parte»: *The Narrative of the Honourable John Byron*, Byron, pp. 8-9.

98 «una vez raspada»: *A Voyage to the South-Seas, and to Many Other Parts of the World, Performed from the Month of September in the Year 1740, to June 1744, by Commodore Anson... by an Officer of the Squadron*, anónimo, p. 233.

98 «licor entre»: *The Medical Works of Richard Mead*, Richard Mead, p. 441.

98 la causa: Otros apuntaban a que el escorbuto era consecuencia de víveres que habían empezado a estropearse. Otra, y más cruel, hipótesis sostenida por algunos oficiales era que la culpa había que achacarla a los propios enfermos; que su letargia, antes que ser un síntoma, era la verdadera causa del mal. Estando al borde de la muerte, estos pobres desdichados eran tratados a patadas y golpes mientras se los tachaba de holgazanes, gandules y purria.

98 «absoluto misterio»: *A True and Impartial Journal of a Voyage to the South-Seas*, Thomas, p. 143.

98 «Fue una gran»: *A Voyage to the South Seas*, Bulkeley y Cummins, p. 6.

99 extrañísima visión: Otra supuesta cura para el escorbuto resultaba un espectáculo aún más desconcertante. Los pacientes eran sumergidos, siguiendo la recomendación de un texto para cirujanos navales, «en un buen baño de sangre de animales, sean estos vacas, caballos, asnos, cabras u ovejas».

99 «veinte cabezas humanas»: *The Journals of Captain Frederick Hoffman, R.N., 1793-1814*, A. Beckford Bevan y H. B. Wolryche-Whitmore, eds., p. 80.

99 «maravillosas y repentinas»: «Ward's 'Pill and Drop' and Men of Letters», Marjorie H. Nicolson, *Journal of the History of Ideas* 29, n.º 2 (1968), p. 178.

99 «vómitos y deposiciones»: *A True and Impartial Journal of a Voyage to the South-Seas*, Thomas, p. 143.

99 «Pude observar»: Diario de Saumarez, en *Documents Relating to Anson's Voyage Round the World*, Williams, ed., p. 166.

100 «murieron antes de»: *A Voyage Round the World*, Walter, p. 110.

100 «Nada era tan»: *A Narrative of Commodore Anson's Voyage into the Great South Sea and Round the World*, Millechamp, NMM-JOD/36.

100 «Tan triste era»: Diario de a bordo del capitán Matthew Mitchell del Gloucester, TNA-ADM 51/402.

101 «tan débiles»: Capitán Edward Legge a la Secretaría del Almirantazgo, 4 de julio, 1741, TNA-ADM 1/2040.

101 «Era tal»: *An Authentic Journal of the Late Expedition Under the Command of Commodore Anson*, John Philips, p. 46.

101 «gran diligencia»: Capitán Legge a la Secretaría del Almirantazgo, 4 de julio, 1741, TNA-ADM 1/2040.

101 «He omitido»: *The Life of Augustus, Viscount Keppel, Admiral of the White, and First Lord of the Admiralty in 1782-3*, Keppel, vol. 1, p. 31.

102 «Henry Cheap»: Registro de personal del Centurion, TNA-ADM 36/0556.

102 «la "Narración" de»: *The Complete Works of Lord Byron*, George Gordon Byron, p. 720.

102 «Privados de tumba»: Ibíd., p. 62.

102 «destrucción total»: *A Voyage Round the World*, Walter, p. 107.

102 «Llegar allí»: Ibíd., p. 113.

102 «Cuando se quedó sin ropa»: *A Cruising Voyage Round the World*, Woodes Rogers, p. 128.

103 «y decía que»: Ibíd., p. 126.

103 «el monarca absoluto»: Ibíd., p. 131.

103 La del marino: Todavía hoy encontramos ecos de las

historias de Selkirk y Crusoe. Véase, por ejemplo, la película de supervivencia de 2015 *The Martian* [en España se tituló *Marte*].

103 «isla tan anhelada»: *A Narrative of Commodore Anson's Voyage into the Great South Sea and Round the World*, Millechamp, NMM-JOD/36.

103 «como dos torres»: Diario de a bordo del capitán Mitchell del Gloucester, TNA-ADM 51/402.

104 «Nuestros hombres»: *A Narrative of Commodore Anson's Voyage into the Great South Sea and Round the World*, Millechamp, NMM-JOD/36.

Capítulo 6

105 «el huracán perfecto»: *The Narrative of the Honourable John Byron*, Byron, p. 9. En su relato, el reverendo Walter utiliza también la expresión «huracán perfecto».

105 «Tuvimos»: *A Voyage to the South Seas*, Bulkeley y Cummins, p. 5.

105 «la mar más gruesa»: Capitán Legge a la Secretaría del Almirantazgo, 4 de julio, 1741, TNA-ADM 1/2040.

105 para describirla: Un oficial de la escuadra dijo sencillamente sobre las condiciones climatológicas: «El cielo no había producido jamás tempestad más violenta».

106 «Un mar furibundo»: *A True and Impartial Journal of a Voyage to the South-Seas*, Thomas, p. 24.

106 «Di contra el suelo»: Ibíd., p. 25.

106 y allí permaneció: Incluso después de recuperarse de la mala caída, el maestro Thomas no dejó de sufrir. «Desde aquel día he venido padeciendo un fortísimo dolor en ese hombro, con frecuencia acompañado de la incapacidad de vestirme yo solo, de pasarme la mano por la espalda o incluso de levantar con ella una libra de peso», escribió en su diario personal.

106 «Me hizo saltar»: *A Voyage to the South Seas*, Bulkeley y Cummins, p. 6.

106 «No hagas nada»: Ibíd.

107 perdió pie: No fue este el único miembro de la expedición en caer por la borda y ahogarse. Fueron muchos. Sobre un caso en concreto, el guardiamarina Keppel, del Centurion, escribió en su diario: «Martin Enough, un marinero ágil, cayó al mar en su intento de trepar hasta los flechastes y se perdió de vista; todos lo lamentamos pues era un hombre muy querido».

107 «Probablemente fue»: *A Voyage Round the World*, Walter, p. 85.

108 *A las aguas de cabeza*: *The Poetical Works of William Cowper*, Eva Hope, ed., p. 254.

108 «tan comida por»: *A True and Impartial Journal of a Voyage to the South-Seas*, Thomas, p. 145.

108 «si a Dios»: Informe del capitán Murray al Almirantazgo, 10 de julio, 1741, TNA-ADM 1/2099.

109 «Un fuego raudo»: *The Life of Augustus Keppel, Viscount Keppel, Admiral of the White, and First Lord of the Admiralty in 1782-3*, Keppel, vol. 1, p. 32.

109 «barco loco»: *A Voyage Round the World*, Walter, p. 114.

110 «Me he quedado sin»: *A Voyage to the South Seas*, Bulkeley y Cummins, p. 6.

111 «La dotación de mi»: Informe de Cheap a Richard Lindsey, 26 de febrero, 1744, JS.

111 «con una determinación»: Informe del capitán Murray al Almirantazgo, 10 de julio, 1741, TNA-ADM 1/2099.

111 «Hemos perdido de vista»: *A Voyage to the South Seas*, Bulkeley y Cummins, p. 5.

111 «rezagarse intencionadamente»: *A True and Impartial Journal of a Voyage to the South-Seas*, Thomas, p. 24.

112 «en alguna costa»: *A Voyage Round the World*, Walter, p. 106.

112 «Esa fue la última»: *A Voyage to the South Seas*, Bulkeley y Cummins, p. 7.

Capítulo 7

113 «reumatismo» y «asma»: Informe de Cheap a Lindsey, 26 de febrero, 1744, JS.

114 «salir por picrnas» [«cut and run» en el original]: Término marinero derivado de cuando un capitán, para escapar lo antes posible del enemigo, ordenaba a sus hombres «cortar» el cable del ancla y «correr» velozmente a favor del viento.

114 «Mi apego al»: *The Sequel to Bulkeley and Cummins's «Voyage to the South Seas»*, Campbell, p. 20.

114 «Que el destino»: Informe de Cheap a Lindsey, 26 de febrero, 1744, JS.

115 «obstinado arrojo»: *The Narrative of the Honourable John Byron*, Byron, p. 7.

115 «Eso es que no estamos»: *A Voyage to the South Seas*, Bulkeley y Cummins, p. 9.

115 «estado en que»: Ibíd., p. 39.

115 «Yo que usted»: Esta y las siguientes citas de la escena, ibíd., pp. 9-10.

116 «una gran desgracia»: Ibíd., p. 8.

116 del todo «imposible»: Ibíd., p. 10.

117 «vi la tierra»: Ibíd., p. 11.

117 «¡Izad esa verga…!»: Ibíd.

118 «Yo estaba muy»: Informe de Cheap a Lindsey, 26 de febrero, 1744, JS.

118 «una cosa terrorífica»: *The Narrative of the Honourable John Byron*, Byron, p. 18.

119 «En esta horrible»: Ibíd., p. 10.

119 «¡Seis palmos de agua…!»: Testimonio de John Cummins en el consejo de guerra, 15 de abril, 1746, TNA-ADM 1/5288.

119 «lleno de agua»: Informe de Cheap a Lindsey, 26 de febrero, 1744, JS.

119 «quedaron privados de»: *The Narrative of Honourable John Byron*, Byron, p. 12.

120 «Amigos —les gritó—»: Ibíd, p. 13.

121 «fue una escena»: *The Complete Works of Lord Byron*, George Gordon Byron, p. 695.

121 «Providencialmente, quedamos»: *The Narrative of the Honourable John Byron*, Byron, p. 14.

CAPÍTULO 8

125 «empecinamiento, negligencia»: *Articles of War*, Rodger, p. 17.

125 «sin mi conocimiento»: Informe de Cheap a Lindsey, 26 de febrero, 1744, JS.

125 «Esperábamos que»: *A Voyage to the South Seas*, Bulkeley y Cummins, p. 13.

126 «señal de cultura»: *The Narrative of the Honourable John Byron*, Byron, p. 17.

126 «Ahora no pensábamos»: Ibíd., p. 14.

126 las cuatro embarcaciones: Para las dimensiones estimadas de estos botes de transporte, véase *The Wager Disaster*, de Layman. Para descripciones más detalladas de la construcción y diseño de los mismos, véase *The Arming and Fitting of English Ships of War, 1600-1815*, de Lavery.

126 «Pongan a salvo»: *The Sequel to Bulkeley and Cummins's «Voyage to the South Seas»*, Campbell, p. 13.

126 «No se preocupen»: Ibíd.

126 «si podían salvarles»: Testimonio de John Jones en consejo de guerra, 15 de abril, 1746, TNA-ADM 1/5288.

126 «Impartió sus órdenes»: *The Narrative of the Honourable John Byron*, Byron, p. 15.

127 levantaron el queche: Bulkeley escribió que este fue el primer bote que soltaron, pero otros relatos indican que fue la yola.

128 «Algunos de los hombres»: *A Voyage to the South Seas*, Bulkeley y Cummins, p. 13.

128 «Tenemos motivos para»: Ibíd., 14.

128 «Me vi obligado»: *The Narrative of the Honourable John Byron, Byron*, p. 16.

129 «Le ayudamos»: *The Sequel to Bulkeley and Cummins's «Voyage to the South Seas»*, Campbell, p. 14.

129 Los náufragos se apiñaron: Bulkeley y el carpintero, Cummins, se unieron al grupo un poco más tarde porque estaban en el barco haciendo acopio de suministros.

129 «Es lógico pensar»: *The Narrative of the Honourable John Byron, Byron*, pp. 17-18.

130 «desfallecidos, entumecidos»: Ibíd., p. 18.

130 enmarañadas matas de hierba: Mi descripción de la isla se basa no solo en los relatos de los náufragos, sino también en mi propio viaje y exhaustiva exploración de la isla.

130 «Nuestra incertidumbre»: *The Narrative of the Honourable John Byron*, Byron, p. 18.

131 «haber perdido la vida»: *The Sequel to Bulkeley and Cummins's «Voyage to the South Seas»*, Campbell, p. 14.

131 «Unos cantaban salmos»: Ibíd.

132 «¡Maldito seas!»: Ibíd., p. 15.

132 «una pandilla de»: *A Voyage to the South Seas*, Bulkeley y Cummins, p. 14.

Capítulo 9

133 «La mayoría estábamos»: *The Narrative of the Honourable John Byron*, Byron, p. 19.

133 «El propio mar»: Ibíd., pp. vi-vii.

133 «presa del más»: Ibíd., p. 20.

134 «el alma se muere»: *Narrative of the Surveying Voyages of His Majesty's Ships Adventure and Beagle*, P. Parker King, vol. 1, p. 179. En su cita, King toma prestado un verso del poeta James Thomson.

134 «Como estábamos»: *The Narrative of the Honourable John Byron*, Byron, p. 21.

134 «horripilante espectáculo»: Ibíd., p. 26.

135 «La lluvia»: *A Voyage to the South Seas*, Bulkeley y Cummins, p. 14.

135 «imposible subsistir»: *The Narrative of the Honourable John Byron*, Byron, p. 25.

135 «improvisar una especie»: *A Voyage to the South Seas*, Bulkeley y Cummins, p. 15.

135 «las murmuraciones»: Ibíd., p. 18.

135 «las cosas empezaron»: Ibíd., p. xxviii.

136 «sus propios jefes»: Ibíd.

136 «es probable que»: Ibíd., p. 21.

136 «siempre había obedecido»: Ibíd., p. xxiv.

136 *Presencia de ánimo*: Ibíd., p. 212.

137 «Aquí crecen fundamentalmente»: *The Narrative of the Honourable John Byron*, Byron, p. 53.

137 «una especie de petirrojo»: Ibíd., p. 51.

137 «los únicos habitantes»: Ibíd.

137 «Como para rematar»: *European Encounters with the Yamana People of Cape Horn, Before and After Darwin*, Anne Chapman, pp. 104-105.

138 «El bosque era tan»: *The Narrative of the Honourable John Byron*, Byron, p. 52.

138 «fiera muy grande»: Ibíd., p. 53.

138 «Por lo que respecta a»: *A Voyage to the South Seas*, Bulkeley y Cummins, p. 15.

138 «difícilmente puede»: *The Narrative of the Honourable John Byron*, Byron, p. vi.

139 «un espectáculo»: Ibíd., p. 32.

Capítulo 10

140 Experimento Minnesota: Para más información acerca del experimento, ver el estudio de Ancel Keys, Josef Brozek, Austin Henschel y Henry Longstreet Taylor titulado *The Biology of Human Starvation*; «The Psychology of Hunger», de David Baker y Natacha Keramidas, *American Psychological Association* 44, n.º 9 (octubre de 2013), p. 66; *In the Heart of the*

Sea: The Tragedy of the Whaleship Essex, de Nathaniel Philbrick; y The Great Starvation Experiment: Ancel Keys and the Men Who Starved for Science, de Todd Tucker.

141 «¿A cuántas personas…?»: Citado en The Great Starvation Experiment: Ancel Keys and the Men Who Starved for Science, Todd Tucker, p. 139.

141 «Me voy a»: Ibíd., p. 102.

141 «lo endeble que»: Citado en In the Heart of the Sea, Philbrick, p. 171.

141 nada en su entorno: Cuando Charles Darwin visitó posteriormente la Patagonia, quedó maravillado de que «las inanimadas obras de la naturaleza –roca, hielo, nieve, viento y agua– reinen aquí con total y absoluta soberanía».

141 «todos contra todos»: Leviathan, or, The Matter, Forme, & Power of a Common-wealth Ecclesiasticall and Civil, Thomas Hobbes, p. 91.

141 «planes, reuniones»: Articles of War, Rodger, pp. 16-17.

142 «Mi primera idea fue»: Informe de Cheap a Lindsey, 26 de febrero, 1744, JS.

142 «Las dificultades»: The Narrative of the Honourable John Byron, Byron, p. 27.

142 «Había varias cubas»: A Voyage to the South Seas, Bulkeley y Cummins, p. 19.

143 «Saqué varias»: Ibíd., p. 17.

143 «Siguiendo órdenes», The Sequel to Bulkeley and Cummins's «Voyage to the South Seas», Campbell, p. 21.

143 «en nuestra situación»: Ibíd., p. 29.

143 «estaba reventado»: A Voyage to the South Seas, Bulkeley y Cummins, p. 18.

144 «Estaban tan»: Ibíd., p. 16.

144 «según la más frugal»: The Narrative of the Honourable John Byron, Byron, p. 27.

144 «El estómago»: A Voyage to the South Seas, Bulkeley y Cummins, p. 58.

145 «manifestado una gran»: The Sequel to Bulkeley and Cummins's «Voyage to the South Seas», Campbell, p. 19.

145 «De no haber sido»: Ibíd., p. 21.

145 «un alimento sano»: *A Voyage to the South Seas*, Bulkeley y Cummins, p. 55.

145 «Tuve el honor»: *The Sequel to Bulkeley and Cummins's «Voyage to the South Seas»*, Campbell, p. 31.

145 «¡Hasta el mismo capitán…!»: Ibíd.

146 «chalanas, barcas-barrica»: *A Voyage to the South Seas*, Bulkeley y Cummins, p. 47.

146 «a la búsqueda de»: *The Narrative of the Honourable John Byron*, Byron, p. 48.

146 pato vapor: Charles Darwin comparaba el modo en que este ánade corretea por la superficie del mar con el de «el pato común cuando huye perseguido por un perro».

147 «la velocidad con que»: *The Narrative of the Honourable John Byron*, Byron, p. 51.

147 «Esto es una casa de»: *A Voyage to the South Seas*, Bulkeley y Cummins, p. 30.

147 «La Providencia»: Ibíd., p. 174.

148 «cuidadoso a la hora»: Ibíd., p. 14.

148 «viviendas irregulares»: *The Narrative of the Honourable John Byron*, Byron, p. 99.

148 «una especie de aldea»: Ibíd.

150 «A la caza de algo»: Los extractos de citas proceden de los diarios de Byron y de Bulkeley.

150 «El mal humor»: *The Narrative of the Honourable John Byron*, Byron, p. 35.

150 «Han abierto la tienda»: *A Voyage to the South Seas*, Bulkeley y Cummins, p. 27.

150 «crimen horrendo»: *The Narrative of the Honourable John Byron*, Byron, p. 67.

CAPÍTULO 11

151 «La temperatura cae en picado»: *A Voyage to the South Seas*, Bulkeley y Cummins, p. 17.

151 «No llevaban más ropa»: *The Narrative of the Honourable John Byron*, Byron, pp. 33-34.

151 «con aspecto de perro»: Ibíd., p. 137.

152 «Era evidente»: Ibíd., p. 33.

152 Eran un grupo: Para obtener información acerca de los kawésqar y otros habitantes de la región, recurrí a diversas fuentes. Cito las principales: *Travels and Archaeology in South Chile*, de Junius B. Bird; *Uttermost Part of the Earth: Indians of Tierra del Fuego*, de Lucas E. Bridges; *The Fuegian Indians: Their Life, Habits, and History*, de Arnoldo Canclini; *European Encounters with the Yamana People of Cape Horn, Before and After Darwin*, de Chapman; *Analytical and Critical Bibliography of the Tribes of Tierra del Fuego and Adjacent Territory*, de John M. Cooper; *Los nómades del mar*, de Joseph Emperaire; *The Lost Tribes of Tierra del Fuego: Selk'nam, Yamana, Kawésqar*, de Martin Gusinde; el ensayo de Diego Carabias Amor «The Spanish Attempt Salvage», publicado en *The Wager Disaster*, de Layman; *The Indians of Tierra del Fuego*, de Samuel Kirkland Lothrop; *Patagonia: Natural History, Prehistory, and Ethnography at the Uttermost End of the Earth*, editado por Colin McEwan, Luis Alberto Borrero y Alfredo Prieto; *The Settlement of the Chonos Archipelago, Western Patagonia, Chile*, de Omar Reyes; y *Handbook of South American Indians*, de Julian H. Steward. Recurrí asimismo a exposiciones e información detallada sobre los kawésqar y los yaganes en el Museo Antropológico Martin Gusinde y el Museo Chileno de Arte Precolombino.

152 kawésqar: A lo largo de los años, los extranjeros han aludido a este pueblo por otros nombres, entre ellos alacaluf. Sin embargo, los descendientes consideran que su verdadero nombre es kawésqar.

154 no hay pruebas creíbles de ello: Los yaganes ni siquiera consumían buitres, dado que estos podían haber picoteado restos humanos.

154 «Su casa podía»: *European Encounters with the Yamana People of Cape Horn, Before and After Darwin*, Chapman, p. 186.

155 «pueblo feliz»: Instrucciones para el comodoro An-

son, 1740, en *Documents Relating to Anson's Voyage Round the World*, Williams, ed., p. 41.

155 «Cuando vieron que»: *Magellan's Voyage*, Pigafetta y Skelton, p. 48.

155 varios kawésqar fueron raptados: En el año 2008, los restos de cinco de estas víctimas fueron descubiertos en una colección del Instituto y Museo Antropológico de la Universidad de Zúrich. Posteriormente fueron devueltos a Chile, donde recibieron un adecuado sepelio kawésqar: los huesos ungidos con aceite, colocados en pieles de león marino y cestos de espadaña, y luego depositados en una gruta. Para más información, véase el artículo «Remains of Indigenous Abductees Back Home After 130 Years», *Spiegel*, 13 de enero, 2010.

156 «signos de amistad»: *The Narrative of the Honourable John Byron*, Byron, p. 33.

156 intentos de comunicarse: Para más información acerca de la peculiar lengua kawésqar, véase «Say No More», artículo de Jack Hitt publicado en *The New York Times Magazine*, 29 de febrero, 2004. Hitt señala las numerosas y sutiles diferencias para denotar el pasado: «Se puede decir "Un ave pasó volando", y en función del uso de distintos tiempos verbales, puede significar hace unos segundos, hace unos días, hace tantísimo tiempo que uno no sería quien observó el paso del ave (pero sí conoce al observador) o, en fin, un pasado mitológico, un tiempo verbal para indicar que la historia es tan antigua que ya no posee una verdad descriptiva sino más bien esa otra verdad que surge de historias o anécdotas que conservan su poder narrativo pese a ser repetidas con mucha frecuencia».

156 «No pronunciaron una»: *The Narrative of the Honourable John Byron*, Byron, p. 34.

156 «Aquella novedad»: Ibíd., p. 33.

156 «de un comportamiento»: *The Sequel to Bulkeley and Cummins's «Voyage to the South Seas»*, Campbell, p. 20.

156 «los trató con»: Ibíd., p. 19.

157 «los mejillones más grandes»: *A Voyage to the South Seas*, Bulkeley y Cummins, p. 16.

157 «¡un magnífico ejemplo...!»: *The Sequel to Bulkeley and Cummins's «Voyage to the South Seas»*, Campbell, p. 20.

157 «mucho más a gusto en»: *The Narrative of the Honourable John Byron*, Byron, p. 45.

157 «Doblan los extremos»: Ibíd., pp. 125-126.

157 llevado consigo la corteza: Los kawésqar también usaban a menudo pieles de foca para cubrir los techos y paredes de sus moradas.

158 «Los indios prestan mucha»: *A Voyage to the South Seas*, Bulkeley y Cummins, p. 27.

158 «Buceando hasta el»: *The Narrative of the Honourable John Byron*, Byron, p. 133.

158 «del que asoman»: Ibíd., p. 134.

158 «Su agilidad»: *A Voyage to the South Seas*, Bulkeley y Cummins, p. 28.

158 «se diría que la»: *The Narrative of the Honourable John Byron*, Byron, p. 133.

159 «muy sagaces»: Ibíd., p. 100.

159 «Este método»: *A Voyage to the South Seas*, Bulkeley y Cummins, p. 58.

159 «sometidos ahora a»: *The Narrative of the Honourable John Byron*, Byron, p. 45.

159 «De haber podido»: Ibíd.

Capítulo 12

160 «Este animal me»: *The Narrative of the Honourable John Byron*, Byron, p. 36.

160 «ración más pequeña»: *A Voyage to the South Seas*, Bulkeley y Cummins, p. 29.

160 «Nuestra subsistencia»: Ibíd., p. 54.

161 «te golpea el rostro»: Ibíd., p. 56.

161 «vérselas con un»: Ibíd., p. 30.

161 «tan extremas que»: Ibíd., p. 46.

161 «nos pareció más»: Ibíd., p. 55.

161 «Los rugidos del hambre»: *The Narrative of the Honourable John Byron*, Byron, p. 47.

162 ... *don Juan hubo de*: *The Complete Works of Lord Byron*, George Gordon, Lord Byron, p. 715.

162 «rondaban por donde»: *The Sequel to Bulkeley and Cummins's «Voyage to the South Seas»*, Campbell, p. 20.

162 «apuñalada en varios»: *The Narrative of the Honourable John Byron*, Byron, p. 40.

162 «no menos de»: Ibíd., p. 38.

162 «el espíritu de los»: Ibíd., pp. 102-103.

163 «quejándose continuamente»: *The Sequel to Bulkeley and Cummins's «Voyage to the South Seas»*, Campbell, p. 20.

163 «estado de anarquía»: Ibíd., p. 17.

163 «nadie podía prever»: Ibíd., p. 20.

163 «Como no me gustaba»: *The Narrative of the Honourable John Byron*, Byron, p. 36.

163 «hacer que uno»: *A Voyage to the South Seas*, Bulkeley y Cummins, p. 57.

164 «no sea que el diablo», *The Christian's Pattern, or, A Treatise of the Imitation of Jesus Christ*, Thomas de Kempis, p. 20.

164 «una opinión parecida»: *A Voyage to the South Seas*, Bulkeley y Cummins, p. 44.

165 «prácticas ruines»: Ibíd., p. 47.

165 «preguntarle»: Ibíd.

165 «Se impartieron»: Ibíd., p. 20.

165 «Agotado después de pasar»: *The Narrative of the Honourable John Byron*, Byron, p. 28.

165 «había notado en»: Ibíd., p. 53.

166 «honda y plana»: Ibíd., p. 56.

166 «la ración diaria de»: *A Voyage to the South Seas*, Bulkeley y Cummins, p. 44.

166 «Opino que»: Ibíd.

166 «No fue solo»: Ibíd.

166 «por las normas de»: Ibíd., p. 60.

167 un juicio público: Para más información sobre los consejos de guerra, ver *Crime and Punishment in the Royal Navy*, de John D. Byrn; *Crime and Punishment in the Royal Navy of the Seven Years' War, 1755-1763*, de Markus Eder; *Naval Courts Martial*, de David Hannay; *Principles and Practice of Naval and Military Courts Martial*, de John M'Arthur; *Articles of War*, de Rodger; y *The Wooden World*, de Rodger.

167 varios oficiales: Cheap y otros oficiales de navío supervisaban los consejos de guerra contra marineros, mientras que Pemberton y sus oficiales presidían cualquier proceso contra infantes de marina.

167 «delito no ha supuesto»: *A Voyage to the South Seas*, Bulkeley y Cummins, p. 44.

167 «Estoy convencido»: Citado en *From the Lower Deck*, Henry Baynham, p. 63.

167 «una alternativa cercana a»: *A Voyage to the South Seas*, Bulkeley y Cummins, p. 44.

168 «la espalda ya no parece»: *Thirty Years from Home*, Leech, p. 116.

168 «Cuando azotan»: Citado en *Five Naval Journals, 1789-1817*, H. G. Thursfield, ed., p. 256.

169 «Me esforcé por»: Informe de Cheap a Lindsey, 26 de febrero, 1744, JS.

169 «Nosotros, llevados por»: *The Narrative of the Honourable John Byron*, Byron, p. 67.

169 «muerto y tieso»: Ibíd., p. 68.

Capítulo 13

170 «perpetuar su malvado»: *The Narrative of the Honourable John Byron*, Byron, pp. 36-37.

170 «todo sentido»: Informe de Cheap a Lindsey, 26 de febrero, 1744, JS.

170 «el pueblo»: *A Voyage to the South Seas*, Bulkeley y Cummins, p. 20.

171 «las constantes dificultades»: Informe de Cheap a Lindsey, 26 de febrero, 1744, JS.

171 «celoso hasta el»: *The Narrative of the Honourable John Byron*, Byron, p. 41.

171 «¿Con qué...?»: *A Voyage to the South Seas*, Bulkeley y Cummins, p. 19.

171 «Hoy el señor»: Ibíd., p. 18.

172 «Aunque Shelvocke»: Ibíd., p. 19.

173 «a aplicar medidas»: Informe de Cheap a Lindsey, 26 de febrero, 1744, JS.

CAPÍTULO 14

174 «revolcándose en su»: *The Narrative of the Honourable John Byron*, Byron, p. 40.

174 «me cogió de»: Ibíd.

174 «infames palabras»: *A Voyage to the South Seas*, Bulkeley y Cummins, p. 22.

174 «La infeliz víctima»: *The Narrative of the Honourable John Byron*, Byron, p. 42.

175 «Pero, en vista de las»: *A Voyage to the South Seas*, Bulkeley y Cummins, p. 21.

175 «Ya lo veo»: Ibíd., p. 22.

175 «un tumulto y un»: *The Narrative of the Honourable John Byron*, Byron, p. 41.

175 «sofocado por»: Ibíd., p. 42.

175 «siempre son complejas»: *The Surgions Mate*, John Woodall, p. 140.

176 «Muchos lo vieron como»: *A Voyage to the South Seas*, Bulkeley y Cummins, p. 23.

176 «que ve lo que»: *The Surgions Mate*, Woodall, p. 2.

177 «Si vive»: *A Voyage to the South Seas*, Bulkeley y Cummins, p. 24.

177 «pues Dios es»: *The Surgions Mate*, Woodall, p. 139.

177 «Abandonó este»: *A Voyage to the South Seas*, Bulkeley y Cummins, p. 25.

177 «muy querido»: *The Narrative of the Honourable John Byron*, Byron, 42.

177 «extraordinariamente afectada»: Ibíd., p. 41.

177 «de diversas maneras»: *A Voyage to the South Seas*, Bulkeley y Cummins, p. 25.

177 «Le dimos la»: Ibíd.

CAPÍTULO 15

178 «el amor de los»: *A Voyage to the South Seas*, Bulkeley y Cummins, p. xxviii.

178 «toda compostura»: Ibíd., p. 52.

179 «En este asunto»: Ibíd., p. 20.

180 «tan necesario como»: *The Narrative of the Honourable John Byron*, Byron, pp. 43-44.

180 puliendo el diseño: Para obtener información acerca de cómo se construyó la embarcación, eché mano de los grandes conocimientos de Brian Lavery, destacado historiador naval y gran autoridad en estos temas, quien tuvo la paciencia de guiarme a lo largo del proceso.

180 «Soportan fuertes dolores»: *A Voyage to the South Seas*, Bulkeley y Cummins, p. 46.

181 «No debemos»: Ibíd., p. 66.

182 «En cualquier ocasión»: *An Account of Several Late Voyages and Discoveries to the South and North*, Narborough, Tasman, Wood y Martens, p. 116.

182 «empresa de locos»: *A Voyage to the South Seas*, Bulkeley y Cummins, p. xxviii.

182 «Uno puede errar»: *An Account of Several Late Voyages and Discoveries to the South and North*, Narborough, Tasman, Wood y Martens, p. 118.

183 «males desesperados»: A Voyage to the South Seas, Bulkeley y Cummins, p. xxviii.

183 «hay aquí ánades»: *An Account of Several Late Voyages and Discoveries to the South and North*, Narborough, Tasman, Wood y Martens, p. 119.

183 «Atravesar el estrecho»: *A Voyage to the South Seas*, Bulkeley y Cummins, p. 31.

185 «Al perder el barco»: Ibíd., p. 73.

185 Los abajo firmantes: Ibíd., p. 33.

186 «Este papel»: Para esta y posteriores citas de la escena, ibíd., pp 36-40.

188 «soborno»: Ibíd., p. 48.

189 «ahora plena capacidad»: *The Sequel to Bulkeley and Cummins's «Voyage to the South Seas»*, Campbell, p. 17.

189 «A nuestro modo de»: *A Voyage to the South Seas*, Bulkeley y Cummins, p. 45.

CAPÍTULO 16

190 «violentas sacudidas»: *A Voyage to the South Seas*, Bulkeley y Cummins, p. 48.

190 «las reglas de»: Ibíd., p. 60.

191 «Un motín es»: Citado en «The Anatomy of Mutiny», Elihu Rose, *Armed Forces & Society*, p. 561.

192 «prácticas traicioneras»: *Major-General Thomas Harrison: Millenarianism, Fifth Monarchism and the English Revolution, 1616-1660*, David Farr, p. 258.

192 «Suponíamos»: *A Voyage to the South Seas*, Bulkeley y Cummins, p. 61.

192 «justificar su postura»: Ibíd., p. 49.

192 «acabarán sin duda»: Ibíd.

193 «de manera harto»: Ibíd., p. 67.

193 «¡Por Inglaterra!»: Para esta y posteriores citas de la escena, ibíd., pp. 51-52.

194 «Sí, señor»: Ibíd., p. 56.

194 «mis amotinados»: Informe de Cheap a Lindsey, 26 de febrero, 1744, JS.

194 «obligado a»: *A Voyage to the South Seas*, Bulkeley y Cummins, p. 52.

194 «El capitán mostró»: Ibíd.

195 «Yo estaba allí»: *The Narrative of the Honourable John Byron*, Byron, p. 111.

195 «el remedio final»: Ibíd., p. 30.

196 una solución: Según Brian Lavery, autoridad en construcción de barcos, ese era el método que tuvieron que emplear.

197 «con cierta rudeza»: *The Sequel to Bulkeley and Cummins's «Voyage to the South Seas»*, Campbell, p. 23.

197 «peligroso seguir»: *A Voyage to the South Seas*, Bulkeley y Cummins, p. 62.

197 «Caballeros»: Para esta y posteriores citas de la escena, ibíd., pp. 63-64.

198 «Ahora lo considerábamos»: *The Sequel to Bulkeley and Cummins's «Voyage to the South Seas»*, Campbell, p. 26.

199 «Hubo que alargar»: *The Narrative of the Honourable John Byron*, Byron, pp. 60-61.

199 «por el bien de»: *A Voyage to the South Seas*, Bulkeley y Cummins, p. 67.

200 «que me peguen un tiro»: Ibíd., p. 66.

200 «¡Que se quede…!»: Ibíd., 67.

200 «en una embarcación tan»: Ibíd., p. 74.

200 «hecho pedazos»: Informe de Cheap a Lindsey, 26 de febrero, 1744, JS.

200 «una muy pequeña»: Ibíd.

201 De los secesionistas originales: Bulkeley dice que había ocho, pero todas las otras versiones (incluidas las de Cheap, Byron y Campbell) afirman que eran siete.

201 «Estamos tan»: *A Voyage to the South Seas*, Bulkeley y Cummins, pp. 76-77.

201 «la máxima insolencia»: Informe de Cheap a Lindsey, 26 de febrero, 1744, JS.

202 «Fue la última»: *A Voyage to the South Seas*, Bulkeley y Cummins, p. 72.

217 «a un paso del»: Ibíd., p. 86.

217 «El pueblo»: Ibíd.

217 «crudo en cuanto»: Ibíd., p. 95.

217 «La pobre criatura»: Ibíd., p. 93.

217 «Las personas que no»: Ibíd., pp. 94-95.

218 «si en verdad»: Ibíd., p. 96.

CAPÍTULO 19

219 «amenazas, los desórdenes»: *The Narrative of the Honourable John Byron*, Byron, p. 65.

219 «Había recuperado»: *The Sequel to Bulkeley and Cummins's «Voyage to the South Seas»*, Campbell, p. 31.

219 «Empecé a concebir»: Informe de Cheap a Lindsey, 26 de febrero, 1744, JS.

220 «Una noche cundió»: *The Narrative of the Honourable John Byron*, Byron, pp. 102-103.

220 «todo mi corazón»: *The Sequel to Bulkeley and Cummins's «Voyage to the South Seas»*, Campbell, p. 35.

221 «Aquí no disponemos»: Ibíd., p. 37.

223 «Me [...] despertó»: *The Narrative of the Honourable John Byron*, Byron, p. 82.

223 «Estuvimos así»: Ibíd., p. 83.

223 «Se ha optado por»: *The Sequel to Bulkeley and Cummins's «Voyage to the South Seas»*, Campbell, p. 46.

224 «a todos nos causó»: Ibíd, pp. 45-46.

224 «Al percibir»: *The Narrative of the Honourable John Byron*, Byron, p. 88.

224 «Estábamos resignados»: Ibíd., p. 90.

224 «a toda idea de»: Ibíd., p. 89.

224 «Consideramos que»: *The Sequel to Bulkeley and Cummins's «Voyage to the South Seas»*, Campbell, p. 48.

225 «Hemos bautizado»: *The Narrative of the Honourable John Byron*, Byron, p. 89.

225 «A estas alturas»: *The Sequel to Bulkeley and Cummins's «Voyage to the South Seas»*, Campbell, p. 47.

225 «y designar a alguien»: *The Narrative of the Honourable John Byron*, Byron, p. 103.

225 *En silencioso horror*: *The Complete Works of Lord Byron*, George Gordon Byron, p. 623.

CAPÍTULO 20

227 «Ver que el bote»: *A Voyage to the South Seas*, Bulkeley y Cummins, p. 98.

227 «A las ocho»: Ibíd., p. 105.

228 «a un hombre de»: *The Voyage of the Beagle*, Darwin y Amigoni, p. 230.

228 «habían muerto como»: Citado en *The Blind Horn's Hate*, de Richard Hough, p. 149.

228 «tan grande»: *A Voyage to the South Seas*, Bulkeley y Cummins, p. 101.

230 «una roca picuda»: Ibíd., p. 106.

230 «el pueblo comiendo»: Ibíd.

230 «Seguir camino»: Ibíd., p. 109.

231 «Se los ve allá»: Ibíd.

231 «en la costa de»: Ibíd., pp. 112-113.

232 «Si limpia tuvieras»: *The Christian's Pattern, or, A Treatise of the Imitation of Jesus Christ*, Thomas de Kempis, p. 33.

232 «Apenas hay»: *A Voyage to the South Seas*, Bulkeley y Cummins, p. 108.

232 «nuestros pobres camaradas»: Carta del teniente Baynes a su hermano, 6 de octubre, 1742, ERALS-DDGR/39/52.

233 «Estoy convencido de»: *A Voyage to the South Seas*, Bulkeley y Cummins, p. 120.

233 «Parecía sorprenderles»: Ibíd.

234 «es justo merecedor»: Ibíd., p. 103.

234 «el día de»: Ibíd., p. 120.

234 «Pensamos que»: Ibíd., p. 121.

234 «esta maravilla»: Ibíd., p. 120.

234 «a petición suya»: Ibíd., p. 124.

CAPÍTULO 21

237 «Aquí nos»: *A Voyage to the South Seas*, Bulkeley y Cummins, p. 137.

237 «no eran horas»: Ibíd., pp. 137-138.

238 «o bien»: Ibíd., p. 138.

238 «unos hombres que»: Ibíd., p. 136.

238 «dar cuenta de»: Ibíd., p. 127.

239 «Algunos de nuestros»: Ibíd., p. xxix.

239 «descubrieron que»: Ibíd.

239 «Confiábamos en»: Ibíd., p. xxix.

239 «No pensábamos en»: Ibíd., p. 151.

239 «narración imperfecta», Ibíd., p. 72.

240 «Puesto que las cosas»: Ibíd., p. 152.

240 «hacer un resumen»: Ibíd., p. 153.

240 «Hemos satisfecho»: Ibíd., p. 158.

241 «Nuestras familias»: Ibíd., pp. 151-152.

241 «Tras sobrevivir»: Ibíd., pp. xxiii-xxiv.

241 «no fuera que»: Ibíd., p. 161.

242 «Esto no va»: Ibíd., p. xxix.

242 «Hemos recibido»: Ibíd., p. xxx.

243 «demasiado activos»: Ibíd., p. xxix.

243 «Recluir al capitán»: Ibíd., p. xxviii.

243 «procurado evitarlas»: Ibíd., p. xxxi.

243 «un sencillo estilo»: Ibíd., p. xxiii.

243 «El dinero es»: Ibíd., p. 159.

244 «¿Cómo osa usted...?»: Ibíd., p. 172.

244 «Estamos tan dispuestos»: *The Universal Spectator*, 25 de agosto y 1 de septiembre, 1744.

244 «en cada página»: Prólogo de Arthur D. Howden Smith a *A Voyage to the South Seas*, Bulkeley y Cummins, p. vi.

Capítulo 22

246 «bajo la única luz»: Informe del capitán Murray al Almirantazgo, 10 de julio, 1741, TNA-ADM 1/2099.

246 nunca los había censurado: Un hermano del capitán del Severn agradecía que Anson hubiera apoyado y protegido a su familiar de «los reparos de esos hijos de buena familia que sin moverse de su casa, ni correr el menor riesgo, gustan de censurar a todo aquel a quien no entienden ni pueden entender».

247 «una melancolía»: *Log of the Centurion: Based on the Original Papers of Captain Philip Saumarez on Board HMS Centurion, Lord Anson's Flagship During His Circumnavigation, 1740-44*, Leo Heaps, p. 175.

247 «Ardió toda»: *A Narrative of Commodore Anson's Voyage into the Great South Sea and Round the World*, Millechamp, NMM-JOD/36.

247 «como ovejas putrefactas»: *The Gentleman's Magazine*, junio de 1743.

247 «Debería serme»: Carta de Anson a lord Hardwicke, 14 de junio, 1744, BL-ADD MSS.

248 «Teníamos como ejemplo»: *The Universal Spectator*, 25 de agosto y 1 de septiembre, 1744.

248 «Es casi imposible»: *A Narrative of Commodore Anson's Voyage into the Great South Sea and Round the World*, Millechamp, NMM-JOD/36.

248 «A menos que»: *Commodore Anson's Voyage into the South Seas and Around the World*, Somerville, pp. 183-184.

249 «el más indigno»: *The Universal Spectator*, 25 de agosto y 1 de septiembre, 1744.

249 «se esforzaron por»: *A Narrative of Commodore Anson's Voyage into the Great South Sea and Round the World*, Millechamp, NMM-JOD/36.

249 Mientras surcaban el: Mi descripción de la caza del galeón y la escena de batalla subsiguiente se basa fundamen-

talmente en los numerosos relatos e informes de primera mano de quienes participaron en ella. Para más información, véanse las cartas y despachos de Anson; *Log of the Centurion*, de Heaps; *The Life of Augustus Keppel, Viscount Keppel, Admiral of the White, and First Lord of the Admiralty in 1782-3*, vol. 1, de Keppel; *A Narrative of Commodore Anson's Voyage into the Great South Sea and Round the World*, de Millechamp; *A True and Impartial Journal of a Voyage to the South Seas*, de Thomas; *A Voyage Round the World*, de Walter; y *Documents Relating to Anson's Voyage Round the World*, de Williams. Eché mano asimismo de varias excelentes obras de historia, entre ellas *Commodore Anson's Voyage into the South Seas and Around the World*, de Somerville, y *The Prize of All the Oceans*, de Williams.

249 «los ingleses»: Informe del servicio de espionaje enviado al gobernador de Manila, en *Documents Relating to Anson's Voyage Round the World*, Williams, ed., p. 207.

249 «Caballeros, y»: *Commodore Anson's Voyage into the South Seas and Around the World*, Somerville, p. 217.

250 «ese espíritu que»: Ibíd.

250 «un acto desesperado»: *The Prize of All the Oceans*, Williams, p. 161.

250 «Haciendo practicar»: *A Voyage Round the World*, Walter, p. 400.

250 «Nos mantenemos en»: Ibíd., p. 401.

251 «Todo el mundo»: Diario de Saumarez, en *Documents Relating to Anson's Voyage Round the World*, Williams, ed., p. 197.

251 «Nuestro barco»: *A Narrative of Commodore Anson's Voyage into the Great South Sea and Round the World*, Millechamp, NMM-JOD/36.

254 «enfrentarme a la muerte»: *The Life of Augustus Keppel, Viscount Keppel, Admiral of the White, and First Lord of the Admiralty in 1782-3*, vol. 1, Keppel, p. 115.

255 «No veías más que»: *A Narrative of Commodore Anson's Voyage into the Great South Sea and Round the World*, Millechamp, NMM-JOD/36.

256 «muy bien ideado»: *A True and Impartial Journal of a Voyage to the South Seas*, Thomas, p. 289.

256 «En el preciso»: Citado *en Anson's Navy: Building a Fleet for Empire, 1744-1763*, Brian Lavery, p. 102.

257 «asustados ante el»: *A True and Impartial Journal of a Voyage to the South-Seas*, Thomas, pp. 282-283.

258 «Demasiado tarde»: Fragmento de *Historia General de Philipinas*, Juan de la Concepción, en *Documents Relating to Anson's Voyage Round the World*, Williams, ed., p. 218.

258 «profusamente repletas»: *Log of the Centurion*, Heaps, 224.

258 «un poco de humanidad»: *The Universal Spectator*, 25 de agosto y 1 de septiembre, 1744.

259 fracasos espeluznantes: En noviembre de 1739, justo en el inicio de la guerra, el almirante Edward Vernon y sus fuerzas capturaron el asentamiento español de Portobelo, en la actual Panamá, pero a la victoria no tardó en seguirle toda una serie de calamitosas derrotas.

259 «TRIUNFO DE»: *Daily Advertiser*, 5 de julio, 1744.

259 Una parte del dinero: Para obtener información sobre las cantidades concedidas a los marineros y oficiales (Anson incluido), véase *The Prize of All the Oceans*, de Williams.

259 «Fue el tesoro»: *The Command of the Ocean: A Naval History of Britain, 1649-1815*, Rodger, p. 239.

260 balada marinera: Esta canción festeja no solo la captura del galeón, sino también la de otro valioso botín cuatro años después.

260 «Riquezas llegaron»: *Naval Songs and Ballads*, Firth, p. 196.

Capítulo 23

262 «Qué pudo provocar»: Informe de Cheap a Lindsey, 26 de febrero, 1744, JS.

262 «cinco pobres diablos»: *The Sequel to Bulkeley and Cummins's «Voyage to the South Seas»*, Campbell, p. 55.

262 «abandonó esta»: Ibíd., p. 63.

262 «hacer un hoyo»: *The Narrative of the Honourable John Byron*, Byron, pp. 150-151.

262 «No osaríamos»: *The Sequel to Bulkeley and Cummins's «Voyage to the South Seas»*, Campbell, p. 58.

263 «Así es como»: *The Narrative of the Honourable John Byron*, Byron, p. 167.

263 «me entregué»: Ibíd., p. 158.

264 «Aquellas aguas»: Ibíd., p. 172.

264 «apenas si parecíamos», Ibíd., p. 169.

264 «Su cuerpo no podía»: Ibíd., pp. 169-170.

264 «Al capitán le»: Ibíd., p. 176.

265 «un considerable servicio»: *The Sequel to Bulkeley and Cummins's «Voyage to the South Seas»*, Campbell, p. 77.

265 «Lo festejamos»: Ibíd., p. 70.

265 «Nos pareció»: Ibíd., p. 78.

265 «Me vi reducido»: Informe de Cheap a Lindsey, 26 de febrero, 1744, JS.

265 «Los oficiales del rey»: *Anecdotes and Characters of the Times*, Carlyle, p. 100.

265 «agujero de los condenados»: *The Narrative of the Honourable John Byron*, Byron, p. 214.

265 «No había más»: Ibíd.

265 «Los soldados»: Ibíd.

266 «Cada día»: Informe de Cheap a Lindsey, 26 de febrero, 1744, JS.

266 «mis dos fieles»: Citado en *The Wager Disaster*, Layman, p. 218.

267 «obligado a engañar»: *The Narrative of the Honourable John Byron*, Byron, p. 262.

267 «cosa grande y»: *A Tour Through the Whole Island of Great Britain*, Defoe, p. 135.

267 «Habiendo estado»: *The Narrative of the Honourable John Byron*, Byron, p. 263.

268 «¡Con qué sorpresa…!»: Ibíd., p. 264.

268 «Pues qué puede»: Citado en *The Wager Disaster*, Layman, p. 217.

269 «me ufano en»: Ibíd., p. 216.

269 «nada que decir contra»: *A Voyage to the South Seas*, Bulkeley y Cummins, p. 170.

269 La prensa: Para más información sobre el particular durante aquella época, ver *From Grub Street to Fleet Street: An Illustrated History of English Newspapers to 1899*, de Bob Clarke; *The Literary Underground of the Old Regime*, de Robert Darnton; *The Poet and the Publisher: The Case of Alexander Pope, Esq., of Twickenham versus Edmund Curll, Bookseller in Grub Street*, de Pat Rogers; y *Ned Ward of Grub Street: A Study of Sub-Literary London in the Eighteenth Century*, de Howard William Troyer.

269 «atándolos de»: *Caledonian Mercury*, 6 de febrero, 1744.

269 «a menudo enigmático»: *Anecdotes and Characters of the Times*, Carlyle, p. 100.

270 «no podía verse»: *The Narrative of the Honourable John Byron*, Byron, p. x.

270 «egocentrismo»: Ibíd., p. ix.

271 «La ley es»: *The Crime of Sheila McGough*, Janet Malcolm, p. 3.

Capítulo 24

272 «Que los colgarán»: Esta y otras citas de la escena proceden de *A Voyage to the South Seas*, Bulkeley y Cummins, pp. 169-170.

273 La legislación naval británica: Para más información sobre el particular y los consejos de guerra, véanse *Crime and Punishment in the Royal Navy*, de Byrn; *Crime and Punishment in the Royal Navy of the Seven Years' War 1755-1763*, de Markus Eder; *Naval Courts Martial*, de David Hannay; *Principles and Practice of Naval and Military Courts Martial*, de John M'Arthur; *Articles of War*, de Rodger; y *The Wooden World*, de Rodger.

273 «Ellos querían»: *Lord Jim*, Joseph Conrad, p. 18.

274 «bajo pena de muerte»: Para esta y otras citas del reglamento, véase *Articles of War*, Rodger, pp. 13-19.

275 «ideado para transmitir»: *Crime and Punishment in the Royal Navy*, Byrn, p. 55.

275 motín a bordo del HMS Bounty: Sobre este particular hay libros suficientes para llenar una gran biblioteca. Yo he echado mano, principalmente, de la excelente narración de Caroline Alexander titulada *The Bounty: The True Story of the Mutiny on the Bounty*. Para más información, véase también *The Bounty Mutiny*, de Edward Christian y William Bligh.

276 uno de los condenados: Hay diferentes versiones sobre lo que dijeron los condenados antes de la ejecución.

276 «Hermanos del mar»: Citado en *The Bounty Mutiny*, Christian y Bligh, p. 128.

276 «a vanas ideas»: *A Voyage to the South Seas*, Bulkeley y Cummins, p. 170.

276 que los ahorcaran: Un capitán u otro oficial condenado a la pena capital solía tener la opción de elegir entre la horca y el pelotón de fusilamiento.

276 «ser abatidos por»: *A Voyage to the South Seas*, Bulkeley y Cummins, p. 171.

CAPÍTULO 25

277 «infundir un temor»: *Frank Mildmay, or, The Naval Officer*, Frederick Marryat, p. 93.

278 «hecho todo lo»: *The Trial of the Honourable Admiral John Byng, at a Court Martial, As Taken by Mr. Charles Fearne, Judge-Advocate of His Majesty's Fleet*, p. 298.

278 «matar de vez en»: *Candide and Related Texts*, Voltaire y David Wootton, p. 59.

278 «que tan justamente»: Cheap a Anson, 12 de diciembre, 1745, en *The Wager Disaster*, Layman, pp. 217-218.

279 «Que yo sepa»: *A Voyage to the South Seas*, Bulkeley y Cummins, p. 171.

279 «¿Acusa usted...?»: Este y otros testimonios citados del consejo de guerra proceden de TNA-ADM 1/5288.

279 «de *eso* en concreto»: Cursiva añadida para enfatizar.

281 «absuelto con honor»: *A Voyage to the South Seas*, Bulkeley y Cummins, pp. 172-173.

282 «cláusula de excepción»: *The Prize of All the Oceans*, Williams, p. 101.

282 «un incómodo tufillo»: De mi entrevista con el contraalmirante Layman.

283 «Estamos rodeados»: Citado en *The War of Jenkins' Ear*, Gaudi, p. 277.

283 ¿A qué vanagloriarse...?: *Daily Post* de Londres, 6 de julio, 1744.

283 la guerra misma: Para conocer mejor el trasfondo sobre los orígenes de la guerra, ver *Disaster on the Spanish Main*, de Chapman; *The War of Jenkins' Ear*, de Gaudi; y *Black and British: A Forgotten History*, de David Olusoga.

284 «la fábula de»: Citado en *A History of the Four Georges and of William IV*, Justin McCarthy, p. 185.

284 «suprimidos del»: *Black and British*, Olusoga, p. 25.

285 «imperio de las»: Citado en *The Oxford History of the British Empire: The Eighteenth Century*, P. J. Marshall, p. 5.

285 «altercados y»: Citado en «The Anatomy of Mutiny», *Armed Forces & Society*, Rose, p. 565.

285 «el motín que»: *The Prize of All the Oceans*, Williams, p. 101.

CAPÍTULO 26

286 los últimos náufragos en volver: En un sorprendente giro de los acontecimientos, Morris y los otros dos náufragos descubrieron que a bordo iba alguien que no esperaban: el guardiamarina Alexander Campbell, que regresaba a Inglaterra tras ser abandonado por el capitán Cheap.

286 «un acto de la mayor»: *A Narrative of the Dangers and Distresses Which Befel Isaac Morris, and Seven More of the Crew, Belonging to the Wager Store-Ship, Which Attended Commodore Anson, in His Voyage to the South Sea*, Morris, p. 10.

286 «una parte salvaje»: Ibíd.

287 «Pensé que había»: Ibíd., pp. 27-28.

287 «con gran insolencia»: Ibíd., p. 42.

288 «de la manera más»: Ibíd.

288 «¡Un motín!»: *The Sequel to Bulkeley and Cummins's* «*Voyage to the South Seas*», Campbell, p. 103.

288 «En un visto y no visto»: *A Narrative of the Dangers and Distresses Which Befel Isaac Morris*, Morris, p. 45.

288 «se sublevaban una»: *These Truths: A History of the United States*, Jill Lepore, p. 55.

289 «Así fue sofocada»: *A Narrative of the Dangers and Distresses Which Befel Isaac Morris*, Morris, p. 47.

290 «Doy por hecho»: Ibíd., p. 37.

290 «monopolizar esta travesía»: *A True and Impartial Journal of a Voyage to the South-Seas, and Round the Globe, in His Majesty's Ship the Centurion, Under the Command of Commodore George Anson*, Thomas, p. 10.

290 «sin ninguna duda»: *An Authentic Journal of the Late Expedition Under the Command of Commodore Anson*, Philips, p. ii. No había nadie llamado John Philips a bordo del Centurion, pero parece ser que la obra está basada en el diario de a bordo de un oficial.

291 «todo lo que pudo»: *A Voyage Round the World*, Walter, p. 155.

291 el «cabecilla»: Ibíd., p. 158.

291 «hombres entendieron que»: Ibíd., p. 156.

291 «Si bien la prudencia»: Ibíd., p. 444.

291 algo un poco extraño: Para más información acerca del misterio de quién escribió *A Voyage Round the World*, véanse *The Life of Lord George Anson*, de Barrow, y *The Prize of All the Oceans*, de Williams.

291 obra de un «negro»: Barrow, el biógrafo de Anson, llegó a la conclusión de que Walter «dibujó el esqueleto puro y duro», mientras que Robins «lo vistió de carne y músculos, y, gracias al calor de su imaginación [...] consiguió que por sus venas circulara la sangre».

291 «aversión a escribir»: Citado en *Anson's Navy*, Lavery, p. 14.

291 «Avisté el barco»: Carta de Anson al duque de New-castle, 14 de junio, 1744, TNA-SP 42/88.

292 «una empresa»: *A Voyage Round the World*, Walter, p. 2.

292 «en todo momento»: Ibíd., p. 218.

292 «siempre mantenía»: Ibíd., p. 342.

292 «destacaba por»: Ibíd., p. 174.

292 «Todo el mundo»: *The Life of Lord George Anson*, Ba-rrow, p. iii.

292 «un capitaine»: Citado en *History of England*, Mahon, vol. 3, p. 33.

292 «ingenioso autor de»: *Captain Cook's Journal During His First Voyage Round the World Made in H.M. Bark Endea-vour, 1768-1771*, James Cook, p. 48.

293 «una historia clásica»: Prólogo de Glyndwr Williams a su versión editada de *A Voyage Round the World*, p. ix.

293 «uno de los libritos»: *Complete Works of Thomas Carlyle*, Thomas Carlyle, vol. 3, p. 491.

293 «el libro de viajes»: *Imagining the Pacific: In the Wake of the Cook Voyages*, Bernard Smith, p. 52.

Epílogo

295 el «honor» de comunicar: Carta de Cheap al Almi-rantazgo, 13 de enero, 1747, en *The Wager Disaster*, Layman, pp. 253-255.

295 «matándolo en»: *Derby Mercury*, 24 de julio, 1752.

296 Jack el del Mal Tiempo: Una balada sobre John Byron decía así:

> *Puede que sea valiente, niéguelo quien pueda,*
> *pero el almirante John es un hombre sin suerte;*
> *y la madre de los guardiamarinas grita: «¡Fuera, ay!*
> *Mi muchacho ha navegado con Foulweather Jack».*

296 «la universal»: *Biographia Navalis, or, Impartial Memoirs of the Lives and Characters of Officers of the Navy of Great Britain, from the Year 1660 to the Present Time,* John Charnock, p. 439.

297 «impulsiva y precipitada»: *The Complete Works of Lord Byron,* Byron, p. 41.

297 «gran injusticia»: *Anecdotes and Characters of the Times,* Carlyle, p. 100.

297 «sencillo, interesante»: Citado en *The Fall of the House of Byron,* Emily Brand, p. 112.

297 «eran comparables»: *The Complete Works of Lord Byron,* Byron, p. 720.

297 *Como si a la inversa: The Collected Poems of Lord Byron,* Byron, p. 89.

298 *Quédate, viajero: The Life of Lord George Anson,* Barrow, p. 419.

298 el otrora famoso mascarón: Lo único que se salvó, gracias a un descendiente de Anson, fue una pequeña parte de la pata.

298 «notables y muy»: *White-Jacket, or, The World in a Man-of-War,* Melville, pp. 155-156.

298 Isla Wager continúa: La descripción de la isla se basa en la visita que yo mismo realicé.

299 tablones de madera podrida: Estos restos del casco, algunos de los cuales pude ver durante mi propia visita a la isla, fueron descubiertos en 2006 por una expedición organizada por la Scientific Exploration Society con el apoyo de la armada chilena. Para más información acerca de sus hallazgos, véanse «The Quest for HMS Wager Chile Expedition 2006», artículo publicado por la Scientific Exploration Society, y también «The Findings of the Wager, 2006», del comandante Chris Holt, miembro de la expedición, que aparece en *The Wager Disaster,* de Layman.

BIBLIOGRAFÍA SELECCIONADA

Adkins, Roy, y Lesley Adkins. *Jack Tar: Life in Nelson's Navy*, Abacus, Londres, 2009.

Akerman, John Yonge, ed. *Letters from Roundhead Officers Written from Scotland and Chiefly Addressed to Captain Adam Baynes, July MDCL-June MDCLX*, W. H. Lizars, Edimburgo, 1856.

Alexander, Caroline. *The Bounty: The True Story of the Mutiny on the Bounty*, Penguin Books, Nueva York, 2004.

Andrewes, William J. H., ed. *The Quest for Longitude*, Collection of Historical Scientific Instruments, Harvard University, Cambridge, Massachusetts, 1996.

Anónimo. *An Affecting Narrative of the Unfortunate Voyage and Catastrophe of His Majesty's Ship Wager, One of Commodore Anson's Squadron in the South Sea Expedition... The Whole Compiled from Authentic Journals*, John Norwood, Londres, 1751.

Anónimo. *An Authentic Account of Commodore Anson's Expedition: Containing All That Was Remarkable, Curious and Entertaining, During That Long and Dangerous Voyage... Taken from a Private Journal*, M. Cooper, Londres, 1744.

Anónimo. *The History of Commodore Anson's Voyage Round the World ... by a Midshipman on Board the Centurion*, M. Cooper, Londres, 1767.

Anónimo. *A Journal of a Voyage Round the World, in His Majesty's Ship the Dolphin, Commanded by the Honourable*

Commodore Byron... by a Midshipman on Board the Said Ship, M. Cooper, Londres, 1767.

Anónimo. *Loss of the Wager Man of War, One of Commodore Anson's Squadron*, Thomas Tegg, Londres, 1809.

Anónimo. *A Voyage Round the World, in His Majesty's Ship the Dolphin, Commanded by the Honourable Commodore Byron... by an Officer on Board the Said Ship*, Newberry and Carnan, Londres, 1768.

Anónimo. *A Voyage to the South-Seas, and to Many Other Parts of the World, Performed from the Month of September in the Year 1740, to June 1744, by Commodore Anson... by an Officer of the Squadron*, Yeovil Mercury, Londres, 1744.

Anson, Walter Vernon. *The Life of Admiral Lord Anson: The Father of the British Navy, 1697-1762*, John Murray, Londres, 1912.

An Appendix to the Minutes Taken at a Court-Martial, Appointed to Enquire into the Conduct of Captain Richard Norris, impreso para W. Webb, Londres, 1745.

Atkins, John. *The Navy-Surgeon, or, A Practical System of Surgery*, impreso para Caesar Ward y Richard Chandler, Londres, 1734.

Barrow, John. *The Life of Lord George Anson*, John Murray, Londres, 1839.

Baugh, Daniel A. *British Naval Administration in the Age of Walpole*, Princeton University Press, Princeton, 1965.

–, ed. *Naval Administration, 1715-1750*, Navy Records Society, Reino Unido, 1977.

Bawlf, Samuel. *The Secret Voyage of Sir Francis Drake, 1577-1580*, Walker, Nueva York, 2003.

Baynham, Henry. *From the Lower Deck: The Royal Navy, 1780-1840*, Barre Publishers, Barre, Massachusetts, 1970.

Berkenhout, John. «A Volume of Letters from Dr. Berkenhout to His Son, at the University of Cambridge», *The European Magazine and London Review* 19, febrero de 1791.

Bevan, A. Beckford, y H. B. Wolryche-Whitmore, eds. *The Journals of Captain Frederick Hoffman, R.N., 1793-1814*, John Murray, Londres, 1901.

Bird, Junius B. *Travels and Archaeology in South Chile*, University of Iowa Press, Iowa City, 1988.

Blackmore, Richard. *A Treatise of Consumptions and Other Distempers Belonging to the Breast and Lungs*, impreso para John Pemberton, Londres, 1724.

Bolster, W. Jeffrey. *Black Jacks: African American Seamen in the Age of Sail*, Harvard University Press, Cambridge, Massachusetts, 1997.

Boswell, James. *The Life of Samuel Johnson*, vol. 1, John Murray, Londres, 1831.

Bown, Stephen R. *Scurvy: How a Surgeon, a Mariner, and a Gentleman Solved the Greatest Medical Mistery of the Age of Sail*, Thomas Dunne Books, Nueva York, 2004.

Brand, Emily. *The Fall of the House of Byron: Scandal and Seduction in Georgian England*, John Murray, Londres, 2020.

Bridges, E. Lucas. *Uttermost Part of the Earth: Indians of Tierra del Fuego*, Dover Publications, Nueva York, 1988.

Brockliss, Laurence, John Cardwell y Michael Moss. *Nelson's Surgeon: William Beatty, Naval Medicine, and the Battle of Trafalgar*, Oxford University Press, Oxford y Nueva York, 2005.

Broussain, Juan Pedro, ed. *Cuatro relatos para un naufragio: La fragata Wager en el golfo de Penas en 1741*. Septiembre Ediciones, Santiago de Chile, 2012.

Brown, Kevin. *Poxed and Scurvied: The Story of Sickness and Health at Sea*, Seaforth, Barnsley, 2011.

Brown, Lloyd A. *The Story of Maps*, Dover Publications, Nueva York, 1979.

Brunsman, Denver. *The Evil Necessity: British Naval Impressment in the Eighteenth-Century Atlantic World*, University of Virginia Press, Charlottesville, 2013.

Bulkeley, John, y John Cummins. *A Voyage to the South Seas*, 3.ª ed. Con prólogo de Arthur D. Howden Smith, Robert M. McBride & Company, Nueva York, 1927.

Bulloch, John. *Scottish Notes and Queries*, vol. 1. 3 vols. A. Brown & Co., Aberdeen, 1900.

Burney, Fanny. *The Early Journals and Letters of Fanny Burney*, edición de Betty Rizzo, vol. 4, Clarendon Press, Oxford, 2003.

Byrn, John D. *Crime and Punishment in the Royal Navy: Discipline on the Leeward Islands Station, 1784-1812*, Scolar Press, Aldershot, 1989.

Byron, John. *The Narrative of the Honourable John Byron: Containing an Account of the Great Distresses Suffered by Himself and His Companions on the Coast of Patagonia, from the Year 1740, Till Their Arrival in England, 1746*, S. Baker and G. Leigh, Londres, 1769.

—, *Byron's Narrative of the Loss of the Wager: Containing an Account of the Great Distresses Suffered by Himself and His Companions on the Coast of Patagonia, from the Year 1740, Till Their Arrival in England, 1746*, Henry Leggatt & Co., Londres, 1832.

Byron, George Gordon. *The Collected Poems of Lord Byron*, Wordsworth, Hertfordshire, 1995.

—, *The Complete Works of Lord Byron*, Baudry's European Library, París, 1837.

—, *The Poetical Works of Lord Byron*, John Murray, Londres, 1846.

Camões, Luís Vaz de, y Landeg White. *The Lusíads*, Oxford World's Classics, Oxford University Press, Oxford y Nueva York, 2008.

Campbell, Alexander. *The Sequel to Bulkeley and Cummins's «Voyage to the South-Seas»*, W. Owen, Londres, 1747.

Campbell, John. *Lives of the British Admirals: Containing an Accurate Naval History from the Earliest Periods*, vol. 4, C. J. Barrington, Strand, and J. Harris, Londres, 1817.

Canclini, Arnoldo. *The Fuegian Indians: Their Life, Habits, and History*, Editorial Dunken, Buenos Aires, 2007.

Canny, Nicholas P., ed. *The Oxford History of the British Empire: The Origins of Empire: British Overseas Enterprise to the Close of the Seventeenth Century*, vol. 1, Oxford University Press, Oxford, 2001.

Carlyle, Alexander. *Anecdotes and Characters of the Times*, Oxford University Press, Londres, 1973.

Carlyle, Thomas. *Complete Works of Thomas Carlyle*, vol. 3, P. F. Collier & Son, Nueva York, 1901.

Carpenter, Kenneth J. *The History of Scurvy and Vitamin C*, Cambridge University Press, Cambridge y Nueva York, 1986.

Chamier, Frederick. *The Life of a Sailor*, edición de Vincent McInerney, Richard Bentley, Londres, 1850.

Chapman, Anne. *European Encounters with the Yamana People of Cape Horn, Before and After Darwin*, Cambridge University Press, Cambridge, 2013.

Chapman, Craig S. *Disaster on the Spanish Main: The Tragic British-American Expedition to the West Indies During the War of Jenkins' Ear*, Potomac Books, University of Nebraska Press, Lincoln, 2021.

Charnock, John. *Biographia Navalis, or, Impartial Memoirs of the Lives and Characters of Officers of the Navy of Great Britain, from the Year 1660 to the Present Time*, vol. 5, Cambridge University Press, Cambridge, 2011.

Chiles, Webb. *Storm Passage: Alone Around Cape Horn*, Times Books, Nueva York, 1977.

Christian, Edward, y William Bligh. *The Bounty Mutiny*, Penguin Books, Nueva York, 2001.

Clark, William Mark. *Clark's Battles of England and Tales of the Wars*, vol. 2, William Mark Clark, Londres, 1847.

Clarke, Bob. *From Grub Street to Fleet Street: An Illustrated History of English Newspapers to 1899*, Revel Barker, Brighton, 2010.

Clayton, Tim. *Tars: The Men Who Made Britain Rule the Waves*, Hodder Paperbacks, Londres, 2008.

Clinton, George. *Memoirs of the Life and Writings of Lord Byron*, James Robins and Co., Londres, 1828.

Cockburn, John. *The Unfortunate Englishmen*, Chalmers, Ray, and Co., Dundee, 1804.

Cockburn, William. *Sea Diseases, or, A Treatise of Their Nature, Causes, and Cure*, 3.ª ed., impreso para G. Strahan, Londres, 1736.

Codrington, Edward. *Memoir of the Life of Admiral Sir Edward Codrington*, Longmans, Green, and Co., Londres, 1875.

Cole, Gareth. «Royal Navy Gunners in the French Revolutionary and Napoleonic Wars», *The Mariner's Mirror* 95, n.º 3, agosto de 2009.

Coleridge, Samuel Taylor. *The Rime of the Ancient Mariner*, D. Appleton & Co., Nueva York, 1857.

Conboy, Martin, y John Steel, eds. *The Routledge Companion to British Media History*, Routledge, Londres y Nueva York, 2015.

Conrad, Joseph. *Lord Jim*, Wordsworth Editions, Ware, Hertfordshire, 1993.

–, *Complete Short Stories*, Barnes & Noble, Nueva York, 2007.

Cook, James. *Captain Cook's Journal During His First Voyage Round the World Made in H.M. Bark Endeavour, 1768-1771*, Elliot Stock, Londres, 1893.

Cooper, John M. *Analytical and Critical Bibliography of the Tribes of Tierra del Fuego and Adjacent Territory*, Government Printing Office, Washington DC, 1917.

Cuyvers, Luc. *Sea Power: A Global Journey*, Naval Institute Press, Annapolis, 1993.

Dana, R. H. *The Seaman's Friend: A Treatise on Practical Seamanship*, Thomas Groom & Co., Boston, 1879.

–, *Two Years Before the Mast, and Twenty-Four Years After*, Sampson Low, Son, & Marston, Londres, 1869.

Darnton, Robert. *The Literary Underground of the Old Regime*, Harvard University Press, Cambridge (Massachusetts) y Londres, 1982.

Darwin, Charles. *A Naturalist's Voyage*, John Murray, Londres, 1889.

–, *The Descent of Man*. vol. 1, D. Appleton and Company, Nueva York, 1871.

–, y David Amigoni. *The Voyage of the Beagle: Journal of Researches into the Natural History and Geology of the Countries Visited during the Voyage of HMS Beagle Round the World, Under the Command of Captain Fitz Roy, RN*, Wordsworth Classics of World Literature, Wordsworth Editions, Ware, 1997.

Davies, Surekha. *Renaissance Ethnography and the Invention of the Human: New Worlds, Maps and Monsters*, Cambridge University Press, Cambridge, 2016.

Defoe, Daniel. *The Earlier Life and Works of Daniel Defoe*, edición de Henry Morley, Ballantine Press, Edimburgo y Londres, 1889.

—, *The Novels and Miscellaneous Works of Daniel Defoe*, George Bell & Sons, Londres, 1890.

—, *Robinson Crusoe*. Penguin Classics, Penguin, Londres, 2001.

—, *A Tour Through the Whole Island of Great Britain*, Yale University Press, New Haven, 1991.

Dennis, John. *An Essay on the Navy, or, England's Advantage and Safety, Prov'd Dependant on a Formidable and Well-Disciplined Navy, and the Encrease and Encouragement of Seamen*, impreso para el autor, Londres, 1702.

Dickinson, H.W. *Educating the Royal Navy: Eighteenth- and Nineteenth-Century Education for Officers*, Routledge, Londres y Nueva York, 2007.

Dobson, Mary J. *Contours of Death and Disease in Early Modern England*, Cambridge University Press, Cambridge, 2002.

—, *The Story of Medicine: From Bloodletting to Biotechnology*, Quercus, Nueva York, 2013.

Drake, Francis, y Francis Fletcher. *The World Encompassed by Sir Francis Drake, Being His Next Voyage To That To Nombre de Dois. Collated with an Unpublished Manuscript of Francis Fletcher, Chaplain to the Expedition*, The Hakluyt Society, Londres, 1854.

Druett, Joan. *Rough Medicine: Surgeons at Sea in the Age of Sail*, Routledge, Nueva York, 2000.

Eder, Markus. *Crime and Punishment in the Royal Navy of the Seven Years' War, 1755-1763*, Ashgate, Hampshire (Inglaterra) y Burlington (Vermont), 2004.

Edwards, Philip. *The Story of the Voyage: Sea-Narratives in Eighteenth-Century England*, Cambridge University Press, Cambridge, 1994.

Emperaire, Joseph, y Luis Oyarzún. *Los nómades del mar*, Biblioteca del bicentenario 17. LOM Ediciones, Santiago de Chile, 2002.

Ennis, Daniel James. *Enter the Press-Gang: Naval Impressment in Eighteenth-Century British Literature*, University of Delaware Press, Newark, 2002.

Equiano, Olaudah, y Vincent Carretta. *The Interesting Narrative and Other Writings*, Penguin Books, Nueva York, 2003.

Ettrick, Henry. «The Description and Draught of a Machine for Reducing Fractures of the Thigh», *Philosophical Transactions* 459, XLI, 1741.

Farr, David. *Major-General Thomas Harrison: Millenarianism, Fifth Monarchism and the English Revolution, 1616-1660*, Routledge, Londres y Nueva York, 2016.

Firth, Charles Harding, ed. *Naval Songs and Ballads*, impreso para la Navy Records Society, Londres, 1908.

Fish, Shirley. *HMS Centurion, 1733-1769: An Historic Biographical-Travelogue of One of Britain's Most Famous Warships and the Capture of the Nuestra Señora de Covadonga Treasure Galleon*, AuthorHouse, Reino Unido, 2015.

—, *The Manila-Acapulco Galleons: The Treasure Ships of the Pacific: With an Annotated List of the Transpacific Galleons, 1565-1815*, AuthorHouse, Reino Unido, 2011.

Flanagan, Adrian. *The Cape Horners' Club: Tales of Triumph and Disaster at the World's Most Feared Cape*, Bloomsbury Publishing, Londres, 2017.

Frézier, Amédée François. *A Voyage to the South-Sea and Along the Coasts of Chile and Peru, in the Years 1712, 1713, and 1714*, Cambridge University Press, Cambridge, 2014.

Friedenberg, Zachary. *Medicine Under Sail*, Naval Institute Press, Annapolis, 2002.

Frykman, Niklas Erik. «The Wooden World Turned Upside Down: Naval Mutinies in the Age of Atlantic Revolution», tesis doctoral, Universidad de Pittsburgh, 2010.

Gallagher, Robert E., ed. *Byron's Journal of His Circumnavigation, 1764-1766*, Hakluyt Society, Londres, 1964.

Garbett, H. *Naval Gunnery: A Description and History of the Fighting Equipment of a Man-of-War*, George Bell and Sons, Londres, 1897.

Gardner, James Anthony. *Above and Under Hatches: The Recollections of James Anthony Gardner*, edición de R. Vesey Hamilton y John Knox Laughton, Chatham, Londres, 2000.

Gaudi, Robert. *The War of Jenkins' Ear: The Forgotten War for North and South America*, Pegasus Books, Nueva York, 2021.

Gilje, Paul A. *To Swear Like a Sailor: Maritime Culture in America, 1750-1850*, Cambridge University Press, Nueva York, 2016.

Goodall, Daniel. *Salt Water Sketches; Being Incidents in the Life of Daniel Goodall, Seaman and Marine*, Advertiser Office, Inverness, 1860.

Gordon, Eleanora C. «Scurvy and Anson's Voyage Round the World, 1740-1744: An Analysis of the Royal Navy's Worst Outbreak», *The American Neptune* XLIV, n.º 3, verano de 1984.

Green, Mary Anne Everett, ed. *Calendar of State Papers, Domestic Series, 1655-6*, Longmans & Co., Londres, 1882.

Griffiths, Anselm John. *Observations on Some Points of Seamanship*, J. J. Hadley, Cheltenham, 1824.

Gusinde, Martin. *The Lost Tribes of Tierra del Fuego: Selk'nam, Yamana, Kawésqar*, Thames & Hudson, Nueva York, 2015.

Hall, Basil. *The Midshipman*, Bell and Daldy, Londres, 1862.

Hannay, David. *Naval Courts Martial*, Cambridge University Press, Cambridge, 1914.

Harvie, David. *Limeys: The Conquest of Scurvy*, Sutton, Stroud, 2005.

Hay, Robert. *Landsman Hay: The Memoirs of Robert Hay*, edición de Vincent McInerney, Seaforth, Barnsley (Reino Unido), 2010.

—, *Landsman Hay: The Memoirs of Robert Hay, 1789-1847*, edición de M. D. Hay, Rupert Hart-Davis, Londres, 1953.

Haycock, David Boyd, y Sally Archer, eds. *Health and Medicine at Sea, 1700-1900*, Boydell Press, Woodbridge (Reino Unido) y Rochester (Nueva York), 2009.

Hazlewood, Nick. *Savage: The Life and Times of Jemmy Button*, St. Martin's Press, Nueva York, 2001.

Heaps, Leo. *Log of the Centurion: Based on the Original Papers of Captain Philip Saumarez on Board HMS Centurion, Lord Anson's Flagship During His Circumnavigation, 1740-44*, Macmillan Publishing Co., Nueva York, 1971.

Hickox, Rex. *18th Century Royal Navy: Medical Terms, Expressions, and Trivia*, Rex Publishing, Bentonville, Arizona, 2005.

Hill, J. R., y Bryan Ranft, eds. *The Oxford Illustrated History of the Royal Navy*, Oxford University Press, Oxford, 1995.

Hirst, Derek. «The Fracturing of the Cromwellian Alliance: Leeds and Adam Baynes», *The English Historical Review*, 108, 1993.

Hoad, Margaret J. «Portsmouth–As Others Have Seen It», *The Portsmouth Papers*, n.° 15, marzo de 1972.

Hobbes, Thomas. *Leviathan, or, The Matter, Forme, & Power of a Common-wealth Ecclesiasticall and Civil*, Barnes and Noble Books, Nueva York, 2004.

Hope, Eva, ed. *The Poetical Works of William Cowper*, Walter Scott, Londres, 1885.

Hough, Richard. *The Blind Horn's Hate*, W. W. Norton & Company, Nueva York, 1971.

Houston, R. A. «New Light on Anson's Voyage, 1740-4: A Mad Sailor on Land and Sea», *The Mariner's Mirror 88*, n.° 3, agosto de 2002.

Hudson, Geoffrey L., ed. *British Military and Naval Medicine, 1600-1830*, Rodopi, Ámsterdam, 2007.

Hutchings, Thomas Gibbons. *The Medical Pilot, or, New System*, Smithson's Steam Printing Officers, Nueva York, 1855.

Hutchinson, J. *The Private Character of Admiral Anson, by a Lady*, impreso para J. Oldcastle, Londres, 1746.

Irving, Washington. *Tales of a Traveller,* John B. Alden, Nueva York, 1886.

Jarrett, Dudley. *British Naval Dress,* J. M. Dent & Sons, Londres, 1960.

Jones, George. «Sketches of Naval Life», *The American Quarterly Review,* vol. VI, diciembre de 1829.

Journal of the House of Lords, vol. 27, junio de 1746, His Majesty's Stationery Office, Londres.

Keevil, J. J. *Medicine and the Navy, 1200-1900,* vol. 2, E. & S. Livingstone, Ltd., Edimburgo y Londres, 1958.

Kemp, Peter. *The British Sailor: A Social History of the Lower Deck,* Dent, Londres, 1970.

Kempis, Thomas de. *The Christian's Pattern, or, A Treatise of the Imitation of Jesus Christ,* William Milner, Halifax, 1844.

Kenlon, John. *Fourteen Years a Sailor,* George H. Doran Company, Nueva York, 1923.

Kent, Rockwell. *Voyaging Southward from the Strait of Magellan,* Halcyon House, Nueva York, 1924.

Keppel, Thomas. *The Life of Augustus, Viscount Keppel, Admiral of the White, and First Lord of the Admiralty in 1782-3,* 2 vols., Henry Colburn, Londres, 1842.

Keys, Ancel, Josef Brozek, Austin Henschel y Henry Longstreet Taylor. *The Biology of Human Starvation,* vol. 1, University of Minnesota Press, Minneapolis, 1950.

King, Dean. *Every Man Will Do His Duty: An Anthology of Firsthand Accounts from the Age of Nelson, 1793–1815,* Open Road Media, Nueva York, 2012.

King, P. Parker. *Narrative of the Surveying Voyages of His Majesty's Ships Adventure and Beagle,* vol. 1, Henry Colburn, Londres, 1839.

Kinkel, Sarah. *Disciplining the Empire: Politics, Governance, and the Rise of the British Navy,* Harvard Historical Studies, vol. 189, Harvard University Press, Cambridge (Massachusetts) y Londres, 2018.

Kipling, Rudyard. *The Writings in Prose and Verse of Rudyard Kipling,* Charles Scribner's Sons, Nueva York, 1899.

Knox-Johnston, Robin. *Cape Horn: A Maritime History*, Hodder & Stoughton, Londres, 1995.

Lambert, Andrew D. *Admirals: The Naval Commanders Who Made Britain Great*, Faber and Faber, Londres, 2009.

Lanman, Jonathan T. *Glimpses of History from Old Maps: A Collector's View*, Map Collector Publications, Tring (Inglaterra), 1989.

Lavery, Brian. *Anson's Navy: Building a Fleet for Empire, 1744-1763*, Seaforth Publishing, Barnsley, 2021.

–, *The Arming and Fitting of English Ships of War, 1600-1815*, Naval Institute Press, Annapolis, 1987.

–, *Building the Wooden Walls: The Design and Construction of the 74-Gun Ship Valiant*, Conway, Londres, 1991.

–, *Royal Tars: The Lower Deck of the Royal Navy, 857-1850*, Naval Institute Press, Annapolis, 2011.

–, ed. *Shipboard Life and Organisation, 1731-1815*, publicaciones de la Navy Records Society, vol. 138. Aldershot (Inglaterra), 1998.

–, *Wooden Warship Construction: A History in Ship Models*, Seaforth Publishing, Barnsley, 2017.

Layman, C. H. *The Wager Disaster: Mayhem, Mutiny and Murder in the South Seas*, Uniform Press, Londres, 2015.

Leech, Samuel. *Thirty Years from Home, or, A Voice from the Main Deck*, Tappan, Whittemore & Mason, Boston, 1843.

Lepore, Jill. *These Truths: A History of the United States*, W. W. Norton & Company, Nueva York y Londres, 2018.

Leslie, Doris. *Royal William: The Story of a Democrat*, Hutchinson & Co., Londres, 1940.

Lind, James. *An Essay on the Most Effectual Means of Preserving the Health of Seamen in the Royal Navy*, D. Wilson, Londres, 1762.

–, *A Treatise on the Scurvy*, impreso para S. Crowder, Londres, 1772.

Linebaugh, Peter, y Marcus Rediker. *The Many-Headed Hydra: Sailors, Slaves, Commoners, and the Hidden History of the Revolutionary Atlantic*, Beacon Press, Boston, 2013.

Lipking, Lawrence. *Samuel Johnson: The Life of an Author*, Harvard University Press, Cambridge (Massachusetts), 1998.

Lloyd, Christopher, y Jack L. S. Coulter. *Medicine and the Navy, 1200-1900*, vol. 4, E. & S. Livingstone, Edimburgo y Londres, 1961.

Long, W. H., ed. *Naval Yarns of Sea Fights and Wrecks, Pirates and Privateers from 1616-1831 as Told by Men of Wars' Men*, Francis P. Harper, Nueva York, 1899.

Lothrop, Samuel Kirkland. *The Indians of Tierra del Fuego*, Museum of the American Indian Heye Foundation, Nueva York, 1928.

MacCarthy, Fiona. *Byron: Life and Legend*, Farrar, Straus and Giroux, Nueva York, 2002.

M'Arthur, John, *Principles and Practice of Naval and Military Courts Martial*, 2 vols., A. Strahan, Londres, 1813.

McCarthy, Justin. *A History of the Four Georges and of William IV*, vol. 2, Bernhard Tauchnitz, Leipzig, 1890.

Magill, Frank N., ed. *Dictionary of World Biography*, vol. 4, Salem Press, Pasadena, 1998.

Mahon Philip Stanhope. *History of England: From the Peace of Utrecht to the Peace of Versailles*, vols. 2 y 3, John Murray, Londres, 1853.

Malcolm, Janet. *The Crime of Sheila McGough*, Alfred A. Knopf, Nueva York, 1999.

Marcus, G. J. *Heart of Oak*, Oxford University Press, Londres, 1975.

Marryat, Frederick. *Frank Mildmay, or, The Naval Officer*, Classics of Nautical Fiction Series, McBooks Press, Ithaca (Nueva York), 1998.

Marshall, P. J., ed. *The Oxford History of the British Empire: The Eighteenth Century*, vol. 2, Oxford University Press, Oxford y Nueva York, 1998.

Matcham, Mary Eyre, ed. *A Forgotten John Russell: Being Letters to a Man of Business, 1724-1751*, Edward Arnold, Londres, 1905.

McEwan, Colin, Luis Alberto Borrero y Alfredo Prieto,

eds. *Patagonia: Natural History, Prehistory, and Ethnography at the Uttermost End of the Earth*, Princeton Paperbacks, Princeton University Press, Princeton, 1997.

Mead, Richard. *The Medical Works of Richard Mead*, impreso para Thomas Ewing, Dublín, 1767.

Melby, Patrick. «Insatiable Shipyards: The Impact of the Royal Navy on the World's Forests, 1200-1850», Western Oregon University, Monmouth, 2012.

Melville, Herman. *Redburn: His First Voyage: Being the Sailor-Boy Confession and Reminiscences of the Son-of-a-Gentleman, in the Merchant Service*, Modern Library, Nueva York, 2002.

—, *White-Jacket: or, The World in a Man-of-War*, Richard Bentley, Londres, 1850.

Miller, Amy. *Dressed to Kill: British Naval Uniform, Masculinity and Contemporary Fashions, 1748-1857*, National Maritime Museum, Londres, 2007.

Miyaoka, Osahito, Osamu Sakiyama y Michael E. Krauss, eds. *The Vanishing Languages of the Pacific Rim*, Oxford Linguistics, Oxford University Press, Oxford y Nueva York, 2007.

Monson William. *Sir William Monson's Naval Tracts: In Six Books*, impreso para A. y J. Churchill, Londres, 1703.

Morris, Isaac. *A Narrative of the Dangers and Distresses Which Befel Isaac Morris, and Seven More of the Crew, Belonging to the Wager Store-Ship, Which Attended Commodore Anson, in His Voyage to the South Sea*, G. and A. Ewing, Dublín, 1752.

Mountaine, William. *The Practical Sea-Gunner's Companion, or, An Introduction to the Art of Gunnery*, impreso para W. y J. Mount, Londres, 1747.

Moyle, John. *Chirurgus Marinus, or, The Sea-Chirurgion*, impreso para E. Tracy y S. Burrowes, Londres, 1702.

—, *Chyrurgic Memoirs: Being an Account of Many Extraordinary Cures*, impreso para D. Browne, Londres, 1708.

Murphy, Dallas. *Rounding the Horn: Being a Story of Williwaws and Windjammers, Drake, Darwin, Murdered Missiona-*

ries and Naked Natives—a Deck's Eye View of Cape Horn, Basic Books, Nueva York, 2005.

Narborough, John, Abel Tasman, John Wood y Friedrich Martens. *An Account of Several Late Voyages and Discoveries to the South and North*, Cambridge University Press, Cambridge, 2014.

Nelson, Horatio. *The Dispatches and Letters of Vice Admiral Lord Viscount Nelson*, edición de Nicholas Harris Nicolas, vol. 3, Henry Colburn, Londres, 1845.

Newby, Eric. *The Last Grain Race*, William Collins, Londres, 2014.

Nichols, John. *Literary Anecdotes of the Eighteenth Century*, vol. 9, Nichols, Son, and Bentley, Londres, 1815.

Nicol, John. *The Life and Adventures of John Nicol, Mariner*, edición de Tim F. Flannery, Grove Press, Nueva York, 2000.

Nicolson, Marjorie H. «Ward's "Pill and Drop" and Men of Letters», *Journal of the History of Ideas* 29, n.º 2, 1968.

O'Brian, Patrick. *The Golden Ocean*, W. W. Norton & Company, Nueva York, 1996.

—, *Men-of-War: Life in Nelson's Navy*, W. W. Norton & Company, Nueva York, 1995.

—, *The Unknown Shore*, W. W. Norton & Company, Nueva York, 1996.

Oliphant, Margaret. «Historical Sketches of the Reign of George II», *Blackwood's Edinburgh Magazine* 104, n.º 8, diciembre de 1868.

Olusoga, David. *Black and British: A Forgotten History*, Macmillan, Londres, 2017.

Osler, William, ed. *Modern Medicine: Its Theory and Practice*, vol. 2, Lea Brothers & Co., Filadelfia y Nueva York, 1907.

Pack, S. W. C. *Admiral Lord Anson: The Story of Anson's Voyage and Naval Events of His Day*, Cassell & Company, Londres, 1960.

—, *The Wager Mutiny*, Alvin Redman, Londres, 1964.

Padfield, Peter. *Guns at Sea*, St. Martin's Press, Nueva York, 1974.

The Parliamentary History of England from the Earliest Period to the Year 1803, vol. 10, T. C. Hansard, Londres, 1812.

Peach, Howard. *Curious Tales of Old East Yorkshire*, Sigma Leisure, Wilmslow, Inglaterra, 2001.

Peñaloza, Fernanda, Claudio Canaparo y Jason Wilson, eds. *Patagonia: Myths and Realities*, Peter Lang, Oxford y Nueva York, 2010.

Penn, Geoffrey. *Snotty: The Story of the Midshipman*. Hollis & Carter, Londres, 1957.

Pepys, Samuel. *The Diary of Samuel Pepys: A New and Complete Transcription. Vol. 2: 1661*, edición de Robert Latham y William Matthews, HarperCollins, Londres, 2000.

–, *The Diary of Samuel Pepys: A New and Complete Transcription. Vol. 10: Companion*, edición de Robert Latham y William Matthews, University of California Press, Berkeley y Los Ángeles, 1983.

–, *Everybody's Pepys: The Diary of Samuel Pepys*, edición de O. F. Morshead, Harcourt, Brace & Company, Nueva York, 1926.

–, *Pepy's Memoires of the Royal Navy, 1679-1688*, edición de J. R. Tanner, Clarendon Press, Oxford, 1906.

Philbrick, Nathaniel. *In the Heart of the Sea: The Tragedy of the Whaleship Essex*, Penguin, Nueva York, 2001.

Philips John. *An Authentic Journal of the Late Expedition Under the Command of Commodore Anson*, J. Robinson, Londres, 1744.

Pigafetta, Antonio, y R. A. Skelton. *Magellan's Voyage: A Narrative of the First Circumnavigation*, Dover Publications, Nueva York, 1994.

Pope, Alexander. *The Works of Alexander Pope*, vol. 4, impreso para J. Johnson, J. Nichols and Son y otros, Londres, 1806.

Pope, Dudley. *Life in Nelson's Navy*, Unwin Hyman, Londres, 1987.

Porter, Roy. *Disease, Medicine, and Society in England, 1550-1860*, Cambridge University Press, Cambridge, 1995.

Purves, David Laing. *The English Circumnavigators: The Most Remarkable Voyages Round the World,* William P. Nimmo, Londres, 1874.

Rediker, Markus. *Between the Devil and the Deep Blue Sea: Merchant Seamen, Pirates, and the Anglo-American World, 1700–1750,* Cambridge University Press, Cambridge, 2010.

Reece, Henry. *The Army in Cromwellian England, 1649-1660,* Oxford University Press, Londres, 2013.

Regulations and Instructions Relating to His Majesty's Service at Sea, 2.ª ed., Londres, 1714.

Reséndez, Andrés. *The Other Slavery: The Uncovered Story of Indian Enslavement in America,* Mariner Books, Houghton Mifflin Harcourt, Boston y Nueva York, 2017.

Reyes, Omar. *The Settlement of the Chonos Archipelago, Western Patagonia, Chile.* Springer Nature Switzerland AG, Cham (Suiza), 2020.

Richmond, H. W. *The Navy in the War of 1739-48,* 3 vols., Cambridge University Press, Cambridge, 1920.

Robinson, William. *Jack Nastyface: Memoirs of an English Seaman,* Naval Institute Press, Annapolis, 2002.

Rodger, N. A. M. *Articles of War: The Statutes Which Governed Our Fighting Navies, 1661, 1749, and 1886,* Kenneth Mason, Homewell, Havant, Hampshire, 1982.

–, *The Command of the Ocean: A Naval History of Britain, 1649-1815,* W. W. Norton, Nueva York, 2005.

–, «George, Lord Anson», en *Precursors of Nelson: British Admirals of the Eighteenth Century,* edición de Peter Le Fevre y Richard Harding, Stackpole Books, Mechanicsburg (Pennsylvania), 2000.

–, *The Safeguard of the Sea: 660-1649,* W. W. Norton, Nueva York 1999.

–, *The Wooden World: An Anatomy of the Georgian Navy,* W. W. Norton, Nueva York, 1996.

Rogers, Nicholas. *The Press Gang: Naval Impressment and Its Opponents in Georgian Britain,* Continuum, Londres, 2007.

Rogers, Pat. *The Poet and the Publisher: The Case of Alexander Pope, Esq., of Twickenham versus Edmund Curll, Bookseller in Grub Street*, Reaktion Books, Londres, 2021.

Rogers, Woodes. *A Cruising Voyage Round the World*, impreso para A. Bell, Londres, 1712.

Roper, Michael. *The Records of the War Office and Related Departments, 1660-1964*, Public Record Office Handbooks, n.° 29, Public Record Office, Kew (Reino Unido), 1998.

Rose, Elihu. «The Anatomy of Mutiny», *Armed Forces & Society* 8, 1982.

Roth, Hal. *Two Against Cape Horn*, Norton, Nueva York, 1978.

Rowse, A. L. *The Byrons and Trevanions*, A. Wheaton & Co., Exeter, 1979.

Scott, James. *Recollections of a Naval Life*, vol. 1, Richard Bentley, Londres, 1834.

Shankland, Peter. *Byron of the Wager*, Coward, McCann & Geoghegan, Nueva York, 1975.

Slight, Julian. *A Narrative of the Loss of the Royal George at Spithead, August, 1782*, S. Horsey, Portsea, 1843.

Smith, Bernard. *Imagining the Pacific: In the Wake of the Cook Voyages*, Yale University Press, New Haven, 1992.

Smollett, Tobias. *The History of England, from the Revolution to the Death of George the Second*, vol. 2, Clowes and Sons, Londres, 1864.

–, *The Miscellaneous Works of Tobias Smollett*, vol. 4. Mundell, Doig, & Stevenson, Edimburgo, 1806.

–, *The Works of Tobias Smollett: The Adventures of Roderick Random*, vol. 2, George D. Sproul, Nueva York, 1902.

Sobel, Dava. *Longitude: The Story of a Lone Genius Who Solved the Greatest Scientific Problem of His Time*, Walker, Nueva York, 2007.

Somerville, Boyle. *Commodore Anson's Voyage Into the South Seas and Around the World*, William Heinemann, Londres y Toronto, 1934.

Stark, William F., y Peter Stark. *The Last Time Around Cape*

Horn: The Historic 1949 Voyage of the Windjammer Pamir, Carroll & Graf, Nueva York, 2003.

Steward, Julian H., ed. *Handbook of South American Indians*, vol. 1, U.S. Government Printing Office, Washington DC, 1946.

Stitt, F. B. «Admiral Anson at the Admiralty, 1744-62», *Staffordshire Studies*, n.º 4, febrero de 1991.

Styles, John. *The Dress of the People: Everyday Fashion in Eighteenth-Century England*, Yale University Press, New Haven, 2007.

Sullivan F. B. «The Naval Schoolmaster During the Eighteenth Century and the Early Nineteenth Century», *The Mariner's Mirror* 62, n.º 3, agosto de 1976.

Thomas, Pascoe. *A True and Impartial Journal of a Voyage to the South-Seas, and Round the Globe, in His Majesty's Ship the Centurion, Under the Command of Commodore George Anson*, S. Birt, Londres, 1745.

Thompson, Edgar K. «George Anson in the Province of South Carolina», *The Mariner's Mirror*, n.º 53, agosto de 1967.

Thompson, Edward. *Sailor's Letters: Written to His Select Friends in England, During His Voyages and Travels in Europe, Asia, Africa, and America*, J. Potts, Dublín, 1767.

Thursfield, H. G., ed. *Five Naval Journals, 1789-1817*, vol. 91, Publications of Navy Records Society, Londres, 1951.

The Trial of the Honourable Admiral John Byng, at a Court Martial, as Taken by Mr. Charles Fearne, Judge-Advocate of His Majesty's Fleet, impreso para J. Hoey, P. Wilson y otros, Dublín, 1757.

Trotter, Thomas. *Medical and Chemical Essays*, impreso para J. S. Jordan, Londres, 1795.

Troyer, Howard William. *Ned Ward of Grub Street: A Study of Sub-Literary London in the Eighteenth Century*, Barnes & Noble, Nueva York, 1967.

Tucker, Todd. *The Great Starvation Experiment: Ancel Keys and the Men Who Starved for Science*, University of Minnesota Press, Minneapolis, 2007.

Velho, Alvaro, y E. G. Ravenstein. *A Journal of the First Voyage of Vasco Da Gama, 1497-1499*, Cambridge University Press, Cambridge, 2010.

Vieira, Bianca Carvalho, André Augusto Rodrigues Salgado y Leonardo José Cordeiro Santos, eds. *Landscapes and Landforms of Brazil*, Springer, Nueva York, Berlín y Heidelberg, 2015.

Voltaire y Davod Wootton. *Candide and Related Texts*, Hackett, Indianápolis, 2000.

Walker, N. W. Gregory. *With Commodore Anson*, A. & C. Black, Londres, 1934.

Walker, Violet W., y Margaret J. Howell. *The House of Byron: A History of the Family from the Norman Conquest, 1066-1988*, Quiller Press, Londres, 1988.

Walpole, Horace. *The Letters of Horace Walpole*, vol. 3, Lea and Blanchard, Filadelfia, 1842.

Walter, Richard. *A Voyage Round the World*, F. C. & J. Rivington, Londres, 1821.

–, George Anson y Benjamin Robins. *A Voyage Round the World, in the Years MDCCXL, I, II, III, IV,* edición de Glyndwr Williams, Oxford University Press, Londres y Nueva York, 1974.

Ward, Ned. *The Wooden World*, 5.ª ed., James Reid Bookseller, Edimburgo, 1751.

Watt, James. «The Medical Bequest of Disaster at Sea: Commodore Anson's Circumnavigation, 1740-44», *Journal of the Royal College of Physicians of London* 32, n.º 6, diciembre de 1998.

Williams, Glyndwr, ed. *Documents Relating to Anson's Voyage Round the World*, Navy Records Society, Londres, 1967.

–, *The Prize of All the Oceans: Commodore Anson's Daring Voyage and Triumphant Capture of the Spanish Treasure Galleon*, Penguin Books, Nueva York, 2001.

Willis, Sam. *Fighting at Sea in the Eighteenth Century: The Art of Sailing Warfare*, Boydell Press, Woodbridge, Suffolk (Reino Unido), 2008.

Wines, E. C. *Two Years and a Half in the American Navy: Comprising a Journal of a Cruise to England, in the Mediterranean, and in the Levant, on Board of the U. S. Frigate Constellation, in the Years 1829, 1830, and 1831*, vol. 2, Richard Bentley, Londres, 1833.

Woodall, John. *De Peste, or the Plague*, impreso por J.L. para Nicholas Bourn, Londres, 1653.

–, *The Surgions Mate*, Kingsmead Press, Londres, 1978.

Yorke, Philip C. *The Life and Correspondence of Philip Yorke, Earl of Hardwicke, Lord High Chancellor of Great Britain*, vol. 3, Cambridge University Press, Cambridge, 1913.

Zerbe, Britt. *The Birth of the Royal Marines, 1664-1802*, Boydell Press, Woodbridge, Suffolk y Rochester (Nueva York), 2013.

ÍNDICE ALFABÉTICO